U0731507

县域农业主导产业选择及生态适宜性预测研究

王 梁 著

山东人民出版社
国家一级出版社 全国百佳图书出版单位

图书在版编目（CIP）数据

县域农业主导产业选择及生态适宜性预测研究／王
梁著．—济南：山东人民出版社，2015.11
　　ISBN 978 - 7 - 209 - 09322 - 4

　　Ⅰ．①县… Ⅱ．①王… Ⅲ．①县—区域农业—农业产
业—产业发展—生态环境—研究—中国 Ⅳ.①F327

　　中国版本图书馆 CIP 数据核字（2015）第 280062 号

县域农业主导产业选择及生态适宜性预测研究

王梁　著

主管部门　山东出版传媒股份有限公司
出版发行　山东人民出版社
社　　址　济南市胜利大街 39 号
邮　　编　250001
电　　话　总编室（0531）82098914
　　　　　市场部（0531）82098027
网　　址　http://www.sd-book.com.cn
印　　装　莱芜市华立印务有限公司
经　　销　新华书店

规　　格　16 开（169mm × 239mm）
印　　张　14.5
字　　数　240 千字
版　　次　2015 年 11 月第 1 版
印　　次　2015 年 11 月第 1 次
ISBN 978 - 7 - 209 - 09322 - 4
定　　价　36.00 元
如有质量问题，请与出版社总编室调换。

发展县域农业经济、推进农业主导产业化是当前和十三五时期我国县域农业和农村工作的重点，其关键在于县域农业主导产业的选择和主导产业结构的优化。农业主导产业的选择和主导产业结构的优化不仅仅是县域资源利用和农业产业地选择，而且还是县域农业发展战略的转换和资源的重组，因此科学、合理、有效地选择县域农业主导产业及对其结构调整优化是实现县域农业资源优化配置及农业产业化发展的关键技术。

县域农业主导产业是县域农业产业结构的核心，是县域农业特色经济的主要体现。选择、优化县域农业主导产业，形成各具特色的县域农业产业经济，是我国县域政策和农业产业政策的重要内容，也是新时期农业产业结构调整的重要举措。十二五规划强调，"要打破行政分割，重塑市场经济条件下的新型地区经济关系。改变追求经济门类齐全的做法，发挥比较优势，发展有市场竞争优势的产业和产品，通过区域规划和政策，引导和调动地方政府的积极性，形成各具特色的区域经济"。改革开放以来，随着县域农业主导产业利益主体地位的确立，各地区发展具有竞争优势的农业主导产业已成为县域农业经济发展中引人注目的战略问题，为此，各级地方政府进行了战略研讨、规划、计划，并采取了若干重大措施。

本书以县域农业主导产业为研究对象，以区域产业经济学理论、区域产业结构优化理论以及生态适宜性理论为基础，对县域农业主导产业选择及其生态适宜性进行了研究。本书以县域农业主导产业为核心，重点开展以下两大部分的研究：（1）理论方法研究：主要从三个方面研究了县域农业主导产业选择及其结构发展生态适宜性理论方法，即：县域农业主导产

1

业指标体系、县域农业主导产业选择方法、县域农业主导产业结构发展生态适宜性分析方法。（2）应用性研究分析：主要开展以江苏省昆山市和射阳县的农业产业为实例，对本书提出农业主导产业选择及其生态适宜性分析方法进行应用性验证研究，同时提出了基于县域生态资源环境的农业主导产业结构调整优化途径。

　　本书可为生态学、农业经济管理等专业的师生和从事农业主导产业管理的政府部门提供参考。

目 录

第一章 引 言

　　县域农业经济的发展始终伴随着县域农业主导产业结构的演进，县域农业主导产业结构的演进推动着县域农业经济的发展，两者互为依存、相辅相成。现代产业经济学理论认为，县域资源配置结构的演化是社会经济发展的结果，合理的县域农业主导产业结构，可以使社会总资源得到有效的配置和利用，可以提高单位资源产出效益，使社会经济总量增长有充足的后劲，以较高速度增长。正是在研究县域农业主导产业经济发展和农业主导产业结构演进规律的过程中，才逐渐产生和形成了县域农业主导产业的基本理论。发展县域农业经济推进农业主导产业化是当前和今后时期我国县域农业和农村工作的重点，而其关键在于县域农业主导产业的选择和主导产业结构的优化。农业主导产业的选择和主导产业结构的优化不仅仅是县域资源利用和农业产业的选择，而且是县域农业发展战略的转换和资源的重组。积极培育和发展农业主导产业，将我国千百年来传统的粗放式县域农业发展方式转向为县域现代化农业的道路，探索县域农业增长方式的重要内容，是实现区域经济由不平衡向平衡发展的关键所在。国内外针对产业结构研究较多，但是针对农业主导产业的研究较少，大多数从产业经济学角度进行分析问题。本书将产业经济学与生态学结合，首次提出农业产业结构生态经济适宜性的概念，从生态学角度进行农业主导产业结构的定量分析。

　　本书以县域农业主导产业为研究对象，以现有的农业产业统计数据为依据，对县域农业主导产业的选择及其结构优化理论进行研究，重点研究县域农业主导产业的指标体系、县域农业主导产业结构分析模型以及县域农业主导产业结构发展生态经济适宜性评价模型，通过县域农业主导产业结构优化实证应用，提出县域农业主导产业结构优化途径，为县级农业主管部门制定县域农业主导产业选择及结构优化规章制度提供理论参考。

1.1 研究的背景及意义

1.1.1 研究背景

在县域农业经济发展中，农业产业结构内各个产业部门的地位并不相同，在每个发展阶段上，都有农业主导产业起带头作用。在众多的农业产业部门中，每一发展阶段都有与之相对应的、起主导作用的产业。农业经济的增长总是先从农业主导产业采用先进科学技术开始。不同农业产业的增长速度和所处生命周期的阶段各不相同，有些农业产业渐渐衰退而后退出，有些产业逐渐发展壮大而后成为主导。不同农业产业间此消彼长的"自然演化"过程，构成了县域农业产业结构演进的主要内容，其中最直接的体现就是农业主导产业的更替，县域农业主导产业的变更也是县域农业产业结构变动的主要标志。

县域农业主导产业是县域农业产业结构的核心，是县域农业特色经济的主要体现。选择、优化县域农业主导产业，形成各具特色的县域农业产业经济，是我国县域政策和农业产业政策的重要内容，也是新时期农业产业结构调整的重要举措。"十五"规划强调，"要打破行政分割，重塑市场经济条件下的新型地区经济关系。改变追求经济门类齐全的做法，发挥比较优势，发展有市场竞争优势的产业和产品，通过区域规划和政策，引导和调动地方政府的积极性，形成各具特色的区域经济"。改革开放以来，随着县域农业主导产业利益主体地位的确立，各地区发展具有竞争优势的农业主导产业，已成为县域农业经济发展中引人注目的战略问题，为此，各级地方政府进行了战略研讨、规划、计划，并采取了若干重大措施。

县域农业主导产业结构优化属于产业结构理论的范畴，县域农业主导产业结构优化的恰当与否将对县域农业经济发展，及县域农业经济发展对农业产业结构产生自觉、正反馈的调整将起到重要的影响作用。因而，县域农业主导产业选择是县域农业经济发展与农业产业结构优化的核心问题之一。从理论上来看，县域农业主导产业结构优化理论作为产业结构理论的重要组成部分，是县域农业生产力不断发展的内在要求和结果，是随着农业经济的发展而发展的，是在县域农业产业经济理论不断创新与发展的前提下，县域农业产业结构优化理论与县域农业经济发展理论有机融合的结果。就其本质而言，县域农业主导产业选择是政府基于县域农业经济发展战略的需要，对原有农业产业结构下的县域农业经济资源在不同农业产业间进行的重新规划。在这一过程中，不同的农业产业结构、不同的政府行为和不同的政策取向都会影响到政府对县域农业主导产业的选择，进而对县域农业经济发展产生重大影响。在以往的县域农业主导产业选择理论研究中，更多的研究侧重于对县域农业主导产业及其结构的一般概述性分析和主导产业发展的一般趋势研究，主要是定性选择方面的理论研究，在定量分析研究上较少。

目前，政府采取县域农业主导产业选择与农业产业结构优化是进一步提高县域农业经济竞争力的重要途径与措施，是实现农业产业资源优化配置的一种重要手段。然而，就全国来看，除少数地区外，大部分地区尚未形成有一定竞争力、发展前景好、带动作用强的农业主导产业；有些地区则将支柱产业简单地移植到主导层次，有些地区农业主导产业的地位、作用不突出；县域间农业主导产业结构雷同，低水平重复建设现象不时发生。实践中的这些问题，固然有所有制、体制以及决策管理等方面的原因，但从思想认识上讲，也是因为我们对县域农业主导产业与县域农业支柱产业界定不清晰，对县域农业主导产业作为"主导部门"的产业属性及其作用于不同地域空间的特性缺乏统一的认识有关。为此，我国学者借鉴区域经济学、产业经济学和发展经济学的相关理论，对县域农业主导产业进行了多方面的理论探讨和实证分析，积累了一定的研究成果，为把农业主导产业分析引向县域层次，作了开拓式的工作。但这项开辟工作也存在一些问题和不足。如在研究方法上，偏重农业产业结构和农业产业关联分析，忽视农业产业空间聚集和协同效应的分析；在研究内容上，缺乏从县域的空间角度对我国县域主导产业发展的特殊背景和形成机制的实证考察，注重农业主导产业选择研究而对农业产业的生长环境、生态经济适宜性、优化措施等探讨不够等。

我国是一个农业历史悠久的国家，农业在整个国民经济中占有重要的地位。自1949年新中国成立以来，尤其是80年代改革开放以来，中国的农业发展迅速，以有限的耕地养活了占全世界22%的人口，取得了令世人瞩目的成就。目前，我国县域农业经济发展进入一个新的阶段，具有以下几个新的特征：一是我国县域农业和农村经济与县域非农业产业经济的关联度逐渐增加；

二是县域农业经济与县域总体经济的互相促进、共同发展的关系越来越紧密；三是县域农业发展的制约因素由过去主要是资源约束变为资源、需求和环境约束；四是县域农业经济的专业化和规模化程度逐步提高、一体化经营步伐加快，混合经济趋势显现；五是科技进步成为县域农业和农村经济发展的主要推动力量；六是金融对县域农业和农村经济发展的制约增强；七是县域农业发展已由单纯追求产量，向产量和质量、效益并重，积极推进农业产业化经营，大力发展高商品率、高附加值、高创汇率的县域农业主导产业和产品的新阶段转变；八是农民收入的增加，已从靠农产品产量的增加和价格的提高，向根据市场调整结构和发展多种经营转变。

综观我国县域农业产业结构发展的历程可以看到，各县域农业主导产业为县域经济的发展做出了巨大贡献，同时也形成了鲜明的特色，但是县域农业主导产业趋同是一大问题，而导致这一问题的原因是对农业主导产业的性质和功能认识不足，选择及优化农业主导产业结构优化的方法不当。时至今日，县域农业主导产业趋同问题依然没能很好地解决。随着县域农业经济的不断发展，尽快增加对县域农业主导产业的认识，解决好县域农业主导产业选择及结构优化的问题，已成为我国各县域特别是经济欠发达的县域加快农业产业结构优化、实现县域农业经济和县域整体产业经济快速发展的当务之急。本书就是基于这样的大背景，将县域农业主导产业结构选择与结构发展生态适宜性作为研究主题。

1.1.2 意 义

1.1.2.1 县域农业主导产业结构优化是实现农业经济可持续发展的必然要求

在我国，县域是具有比较完整的社会、经济结构与功能的基层行政单元。县域经济是整个国民经济的一个基本单元，是一种以特定行政区为范围的区域经济。县一级作为基层政权，贴近实际，处于政策落实与行政管理的前沿，同时城乡社会的各种矛盾在此交汇，县乡的各种政治、经济及社会问题都在此处理，其重要地位不言而喻。21世纪，中国县域农业的发展面临着耕地减少、人口膨胀、水资源短缺、粮食供给压力加大等问题，以农业为主的县域更是普遍存在着人均农业资源占有率低和利用率低、劳动生产率低和粮食生产科技水平低及减灾、防灾、抗灾能力低的"四低"现象。

中共中央在 2010 年一号文件中明确提出，发展现代农业，推动社会主义新农村建设。其中，县域农业主导产业可持续发展是否能够实现直接关系到农村经济的发展和社会主义新农村建设的成就。据调查，我国沿海某省农产品中平均 Pb 含量超过 30.5%，某污染严重地区稻谷中 Cr 含量超国家粮食卫生指标 100%，Cd 超 60%[1]。根据国土资源部公开的数据[2]，我国耕地、林地、牧地总量 2010 年分别为 12244.43 万顷、23504.7 万顷和 26270.68 万顷，分别列世界第 4 位、第 5 位和第 2 位，但人均约为当前世界平均的 38%、31% 和 35%，以耕地为例，我国一直以不到世界 10% 的耕地养活世界 22% 的人口。从 1996 年到 2010 年全国耕地面积由原来的 19.51 亿亩降到 18.26 亿亩，是世界上耕地资源消耗速度最快的国家之一。目前我国水土流失面积达 356 万平方公里，超过国土面积的 1/3，每年流失的土壤总量达 50 亿吨，近 50 年来，我国因水土流失毁掉的耕地达 5000 多万亩，从县域农业农村居民社会能源利用效率来说，我国农业能量利用率为 25%，仅相当于欧美国家 20 世纪 70 年代初的水平。我国农业灌溉水的生产效率为生产粮食 1.0 千克/立方米，自然降水的生产效率为 0.3～0.75 千克/立方米，与经济发达国家有很大差距。我国万元 GDP 用水量为 400 立方米，全国农业灌溉用水有效利用率仅为 45%，而在发达国家这一指标已达到 80%～90%。

因此根据上述我国农业资源利用与农业产业发展之间的关系可知，构建县域农业主导产业结构选择和优化体系是实现农业经济可持续发展的必然要求，从宏观上来看，其表现在三个方面：①有利于更好地解决县域农业主导产业发展与环境保护双向协调，在发展县域农业经济的同时，注意资源、环境的保护，使资源、环境能永续地支撑农业主导产业发展；通过县域农业主导产业的持续发展促进资源环境的有效保护，使资源和环境的开发、利用、保护有机地结合，既避免县域农业主导产业发展以破坏资源与环境为代价，又避免单纯强调保护而阻碍了资源的开发利用。②有利于重新认识县域农业主导产业的基础地位和作用，使县域农业的功能不断得到拓宽，增加农民收入，缩小城乡差距，促进县域农村协调发展。③有利于从我国国情出发，调整县域农业主导产业发展战略和方向，合理开发利用资源环境，促进县域农业主导产业的可持续发展。从微观上来看，其表现在两个方面：①县域农业主导产业结构优化的进程直接关系到县域农村经济的发展和农村全面建设小康社会的步伐。农业主导产业是构成县域农业经济的基础，也是县域农业经济的核心，基于县域农业主导产业在整个县域经济发展中所处的主体地位，只有大力发展优质高效的县域农业主导产业，实现县域农业结构优化及农业资源合理配置，才能促进县域农业经济的发展。因此，研究县域农业主导产业的结构优化，对促进县域农业主导产业的可持续发展乃至整个县域农业经济的发展都具有十分重要的意义。②为县域农业主导产业可持续发展对策提供科学依据。本书的研究从县域农业主导产业的选择、县域农业主导产业的结构发展等方面开展研究，其研究结果将直接有助于研究县域农业主导产业可持续发展，为县域农业部门提供发展制度依据。县域农业主导产业可持续发展是发展现代农业对县域农业发展提出的要求，研究县域农业主导产业结构优化，对县域农业主导产业实现可持续发展、发展现代农业具有非常重要的意义。县域农业主导产业是一个国家农业主导产业的基本单元和重要的组成部分，特别是粮食主产区内的县域农业主导产业，既是国家农业主导产业的基本组成力量，也是"确保国家粮食安全"的关键。因此，对县域农业主导产业结构优化研究，既有一定的理论意义，也有重要的现实意义。

1.1.2.2　县域农业主导产业结构优化是适应农业产业结构演进的客观需要

从范围上讲，县域农业主导产业结构是县域内农业产业结构的一个有机组成部分。一方面，其形成与发展受到县域农业经济政策与产业政策的限制和约束；另一方面，县域农业主导产业结构是一个开放性的结构，需要县域内外进行合理的农业产业化分工。对县域农业主导产业结构优化的目的是要在不违背农业经济发展和农业产业结构研究规律的前提下缩短县域农业主导产业演进的过程。

随着县域农业经济的发展，各个县域内的农业主导产业也是一个动态发展的过程，因而对县域农业主导产业结构优化的过程中必须考虑县域农业主导产业与农业产业结构演进的客观关系。根据相关研究资料，我国县域农业主导产业的优化随着农业结构演进而对农业经济发展提供了有利的保障。如东海县位于江苏省东北部，人口110万，耕地面积337万亩，人均耕地面积3.06亩。2010年全县实现国内生产总值（GDP）352.36亿元，其中，农业主导产业增加值45.1亿元。到2010年为止,农业在该县经济发展中仍占主导地位,是较为典型的农业大县。随着农村经济体制改革的深化和农村产业结构的调整,农业产值在农村社会总产值中的比重逐渐下降,农村农业产业构成比重由1978年的71.6%改变为2010年的12.80%。但是农业主导产业却从1978年的11.2%改变为2010年的72.80%。从1978年到1999年,该县的农业产业总值增长了35.3倍。同一时期该县的人均GDP则由1978年的238元增长到2010年的35655元,农民人均纯收入也由1978年的135元增长到2010年的8232元[3,4]。

结合目前县域农业主导产业的发展来看,县域农业产业结构的演变是一个渐进和有序的过程,将受到县域内农业经济政策、农业非主导产业发展水平、县域农业资源以及县域内市场调节等因素的影响而影响,因此,县域内个别农业主导产业的优势在逐渐减小。随着县域农业经济发展的阶段和环境条件改变,县域农业主导产业结构也要随之变化,不同的县域及县域中不同的发展阶段,会具有不同的农业主导产业结构特征和发展要求,但是对任何县域农业经济发展阶段来说,只有合理的县域农业主导产业结构才能有效地促进和满足县域农业经济的发展要求,从某种程度上讲,农业主导产业结构调整是一个县域内农业主导产业的转换问题。农业主导产业优化是指农业主导产业由低级别向高级别的提升与转换。许多县域的经济发展经验证明,农业主导产业的形成、发展和更新过程也就是促进县域内农业产业结构的升级过程,两者是相辅相成的,因此县域农业主导产业结构优化是适应农业产业和农业产业结构演进的客观需要。

1.1.2.3　县域农业主导产业结构优化是发展现代农业的首要问题

中共中央、国务院《关于积极发展现代农业扎实推进新农村建设的若干意见》指出,农业不仅具有食品保障功能,而且具有原料供给、就业增收、生态保护、观光休闲、文化传承等功能。只有发展现代农业,才能开发农业的多种功能,提高农业综合生产能力。目前我国县域农业产业的发展朝着以机械化、科技化、商品化、可持续发展为主要特征的现代农业产业方向发展。张晓山认为,现代农业是指处于一个时期和一定范围内具有现代先进水平的农业形态[5]。具体就是指用现代工业力量装备的、用现代科学技术武装的、以现代管理理论和方法经营的、生产效率达到现代先进水平的农业。贾乃新认为,现代农业是用工业装备、使用现代科学技术进行商品化生产的高效农业[6]。现代农业是农业发展的高级阶段，也是世界各国农业生产发展所追求的目标。孔祥智、李圣军认为[7]现代农业是充分利用现代的生产要素的农业，是农业生产商品化、专业化、产业化、社会化程度不断提高的农业，是农民组织化程度不断提高的农业，是资源节约型、环境友好型的可持续发展的农业，同时也是政府公共财政补贴的农业。林东升认为现代农业是技术密集型产业，假日农业、休闲农业、观光农业、旅游农业等新型农业形态也迅速发展；现代农业在突出现代高新技术的先导性、农工科贸的一体性、产业开发的多元性和综合性的基础上，还强调资源节约、环境零损害的绿色性；现代农业生产中，农户广泛地参与到专业化生产和社会化分工中[8]。同时认为在时间上没有确定的外延，在空间上也没有确定的内容，而且可以一直用下去。农业部软科学委员会将现代农业界定为以相对完善的生产条件和物质装备为基础，有效运用现代化的生产手段、科学知识和管理方式等要素来组织生产和经营，并符合可持续发展原则的农业[9]。王天生认为现代农业是指处于一个时期和一定范围内具有现代先进水平的农业形态。而农业现代化则是指农业由原来落后的传统形态向先进的现代形态转变的过程，同时也是指农业要达到的现代水平，是一个相对的、动态的历史概念，而不具有规定的模式和发展路径[10]。因此，发展现代农业，客观上要求尽快建立现代农业制度[11]。《人民日报》社论指出必须用现代物质条件装备农业，用现代科学技术改造农业，用现代产业体系提升农业，用现代经营形式推进农业，用现代发展理念引领农业，用培养新型农民发展农业，提高农业水利化、机械化和信息化水平，提高土地产出率、资源利用率和劳动生产率，提高农业素质、效益和竞争力。建设现代农业的过程，就是改造传统农业、不断发展农村生产力的过程，就是转变农业增长方式、促进农业又好又快发展的过程。[12]胡恒洋等认为现代农业具有以下几个明显的特征：一是现代农业是产业体系更为完整的农业；二是现代农业是技术密集型的农业；三是现代农业是市场导向型的农业；四是现代农业是产业化经营的农业；五是现代农业是多功能（生态、观赏、休闲、美化等）的农业[13]。根据上述有关学者的对现代农业的阐述及研究可知，现代农业是未来我国县域农村农业发展的方向，也是建设社会主义新农村的核心，而作为县域农业产业中的主导地位的农业产业是未来我国县域农业农村结构的重要组成部分，对县域农业主导产业结构的调整关系着未来县域现代农业的建设，同时现代农业的建设和发展趋势也决定着对县域农业主导产业结构的调整，因此县域农业主导产业结构优化是发展现代农业的首要问题。

总之，大力培植发展县域农业主导产业，是县域农业经济发展的必由之路。正确选取了农业主导产业，就找到了农业经济发展的主动力。农业主导产业通过前向、后向和旁侧三方面效应诱导、带动和促进其他产业发展，从而有利于各产业的协调发展，有利于县域农业主导产业结构优化，有利于促进整个县域经济健康发展。

1.2 国内外研究综述

1.2.1 我国县域农业经济发展现状

自改革开放以来，我国县域社会、经济环境发生了翻天覆地的变化，人民生活水平得到较大提高。但随着县域经济得到长足发展的同时，带有农村经济性质的县域农业经济则显得较为滞后，并且各县域农业经济发展极为不平衡。2008 年，温家宝总理在政府工作报告中提出："加快发展高产优质高效生态安全农业，支持农业产业化经营和龙头企业发展，加强农村现代市场流通体系建设，壮大和提升农村二三产业，增强县域农业经济实力。"[14,15] 县域农业经济是县域经济的基础，而发展高科技、高回报的现代农业，使农业走上产业化道路无疑会成为县域经济的一个新的增长点。根据《中国统计年鉴 2011》的统计数据，全国县级区域数为 2856 个，国内生产总值为 401202 亿元，其中县域农业经济国内生产总值为 40533.6 亿元，占全国生产总值的 10.1%。全国总人口为 13.409 亿人，其中农村人口为 6.711 亿人，占全国人口比例的 50.5%，从 2001 年到 2010 年全国农业人口速度指标为 -1.8%，说明我国县域农业人口在降低，农村劳动力数量在减少。2010 年全国粮食播种面积 10987 万公顷，比 2009 年增加 89 万公顷，同比增长 0.8%；粮食总产量为 54641 万吨，同比增长 2.9%。稻谷 2010 年产量 19722 万吨，同比增长 1.1%；玉米总产业量为 17843 万吨，同比增长 2.7%；大豆播种面积为 820 万顷，同比减少 11%；棉花种植面积为 485 万顷，同比减少 2.1%；油料作物播种面积为 700 万公顷，同比下降为 4%；糖料作物种植面积为 192 万顷，同比增长 12%。肉类等产品产量为 7780 万吨，同比增长 3.6%。水产品进出口总量为 716.6 万吨，同比增长 6.8%。如图表 1-1 所示为我国县域农业主要农产品产量及速度变化指标，表 1-2 所示为 2000~2010 年全国主要农产品人均生产量，从表中可以看出，我国县域农业经济中粮食、棉花以及水果等主要农产品增长速度保持相对较为稳定，可以说，县域农业经济发展了，我国广大农民的生活水平才真正地提高了。我国县域农业经济是以行政区划——县为单位的农业经济，是一个县所在的行政范围内全部农业经济活动的总和[16]。从内涵上看，所谓"县域"是以县城为中心，包括乡（镇）、村在内的区域范畴。"县域农业经济"是县级行政区域范围内的各类农业经济的总和，是国民经济中具有综合性和区域性的基本单元。

表 1-1　　　　　我国县域农业主要农产品产量及速度变化指标

Table 1-1　　　China's major agricultural products of the county agricultural yield and speed of change indicators

指标 （万吨）	总量指标					速度指标（%）		
	1978	1990	2000	2009	2010	1979~ 2010	1991~ 2010	2001~ 2010
粮食	30476.5	44624.3	46217.5	53082.1	54647.7	1.8	1.0	1.7
棉花	216.7	450.8	441.7	637.7	596.1	3.2	1.4	3.0
油料	521.8	1613.2	2954.8	3154.3	3230.1	5.9	3.5	0.9
甘蔗	2111.6	5762.0	6828.0	11558.7	11078.9	5.3	3.3	5.0
甜菜	270.2	1452.5	807.3	717.9	929.6	3.9	-2.2	1.4
茶叶	26.8	54.0	68.3	135.9	147.5	5.5	5.2	8.0
水果	657.0	1874.4	6225.1	20395.5	21401.4	11.5	12.9	13.1
肉类	—	—	6013.9	7649.7	7925.8	—	—	2.8
奶类	—	—	919.1	3677.7	3748.0	—	—	15.1
水产品	465.4	1237.0	3706.2	5116.4	5373.0	7.9	7.6	3.8
能源消费总量	57144	98703	145531	306647	324939	5.6	6.1	8.4

注：数据来源于《中国农业统计年鉴》。

表 1 – 2   2000 ~ 2010 年全国主要农产品人均生产量

Table 1 – 2   Main agricultural products per capita production in 2000 – 2010

年份	粮食 （公斤）	棉花 （公斤）	油料 （公斤）	糖料 （公斤）	茶叶 （公斤）	水果 （公斤）	猪牛羊肉 （公斤）	水产品 （公斤）
2000	366.04	3.50	23.40	60.47	0.54	49.30	37.57	29.35
2001	355.89	4.19	22.53	68.05	0.55	52.35	37.99	29.85
2002	356.96	3.84	22.63	80.39	0.58	54.30	38.49	30.89
2003	334.29	3.77	21.82	74.83	0.60	112.68	39.50	31.64
2004	362.22	4.88	23.66	73.84	0.64	118.36	40.39	32.76
2005	371.26	4.38	23.60	72.50	0.72	123.65	41.98	33.90
2006	379.89	5.75	20.14	79.78	0.78	130.45	42.65	34.96
2007	380.61	5.78	19.49	92.48	0.88	137.62	40.09	36.02
2008	399.13	5.66	22.29	101.31	0.95	145.10	42.38	36.96
2009	398.70	4.79	23.69	92.21	1.02	153.19	44.43	38.43
2010	408.66	4.46	24.16	89.80	1.10	160.04	45.79	40.20

注：（1）本表计算中所使用的人口数字为年平均人口数（下表同）；2003 年起水果产量含果用瓜。（2）2000 ~ 2006 年猪牛羊肉数据、2000 ~ 2006 年水产品数据根据农业普查结果进行了修订。

根据我国县域农业发展现状，我国县域农业经济发展具有以下几个基本特征：（1）区域性。我国县域农业经济随着地域的不同，在发展程度上，主导产业发展上以及农业经济所占县域经济的比重上都不同，县域农业经济一般都形成了自己的经济特点。（2）层次性。一般而言县域农业经济还可以分为村级农业经济层次的基础层、乡（镇）农业经济层次的中间层和县（区）级农业经济层次的中心层，是一个多层次的县域农业经济系统，同时县域农业经济还可以根据是否为主导农业产业而分为非主导农业经济及主导产业农业经济。（3）开放性。由于县域内的自然资源、农业经济社会发展水平等条件的不同，县域之间必然存在着差异和梯度。县域农业经济的发展，必然以人力流、资金流、物资流、信息流与外界进行广泛的交往为前提条件。县域农业经济不是地方保护主义的地方"割据经济"，而是没有行政区划边界的区域农业经济。

1.2.2 县域农业主导产业选择理论研究综述

1.2.2.1 国外农业主导产业选择理论研究综述

国外对于县域农业主导产业选择的研究较少，主要集中在区域主导产业理论研究方面，主要针对的是如何更加准确地选择县域农业主导产业，侧重于选择基准的构建以及对该基准如何更好地进行定量分析[17]。主导产业理论是随着产业经济学理论的兴起而在西方主要国家逐步形成的。主导产业选择理论是在汲取了古典经济学、现代经济学、发展经济学等学科思想的基础上而形成的，其理论构成了产业经济学和发展经济学不可分割的重要组成部分。在亚当·斯密"绝对优势"理论的基础上所建立起来的比较优势理论为主导产业选择理论的出现奠定了基础，它从根本上说明了主导产业的存在的必要性。赫希曼的产业关联理论和熊彼特的创新理论，从不同角度为主导产业的形成、演变和发展提供了理论基础[18~25]。

20 世纪美国发展经济学家罗斯托在吸取熊彼特创新理论和郝希曼不平衡发展理论的基础上，对主导产业理论进行了较为系统的研究，并成为主导产业理论的奠基者。罗斯托考察了经济成长的历史演变过程，运用结构分析和心理分析的方法，认为在经济成长的各个阶段，国民经济不同部门的增长率都存在着广泛的差异，这时整个经济的发展是某些关键部门迅速增长所产生的直接或间接的效果，并指出经济成长阶段的演进以主导部门的更替为特征。罗斯托对主导产业部门的带动作用作了较全面的分析[26~30]。主导产业正是通过"扩散效应"，促进社会经济结构的变化，带动其他产业部门的发展，为经济的进一步增长创造条件。罗斯托是最早提出主导产业理论的学者，是一位把经济理论和经济史结合起来进行研究的经济学家，其经济成长阶段论的突出特点，就在于他结合"主导部门"的序列变化来考察经济成长的各个阶段。他的理论在经济学界产生过广泛的影响。然而，罗斯托虽然首次提出了主导部门的概念，并阐述了主导部门带动经济成长的传导过程，但却没有明确指出在实践中主导产业的选择标准。

在主导产业选择方面做出突出贡献的是日本著名的经济学家筱原三代平，他明确提出主导产业选择基准，其主导产业选择理论以经济增长的非均衡性作为理论基础，认为经济增长首先出现于某些主导产业部门，主导产业选择存在着客观标准，依据这些基准，可以对一个国家或地区的主导产业进行识别。这些基准就是"需求收入弹性准则"和"生产率上升准则"[31]（产业界称之为"筱原两基准"）。筱原三代平提出选择主导产业选择基准后，对日本的产业政策形成了一定程度的影响。但筱原三代平在选择主导产业过程会存在失效的问题，主要有三个原因：第一，筱原三代平两基准并没有反映出主导产业的全部特征。第二，政府目标的多重性尤其是非经济目标常常使政府行为导入误区。如由于政治的和社会的压力致使援助困难企业有时可能比资助主导产业更迫切。第三，两基准指标虽然是明确的、可计算的，但对未来数值的测算难度大，实际决策时并未进行精确计算，只是依据估计和分析而决策，带有很大的随意性[32]。筱原三代平提出的"需求收入弹性基准"和"生产率上升率基准"在日本得到了实践，而且取得巨大的成功。尽管有日本学者对筱原三代平的两基准实际作用和科学性提出了质疑，但区域主导产业理论从提出到实践完成了一次从发现规律到应用规律的完美跳跃。

1.2.2.2　国内农业主导产业选择理论及其定量模型研究综述

关于主导产业的理论渊源，我国有些文献介绍是源于美籍奥地利经济学家罗斯托（Walt Whitman Rostow）1960年出版的《经济成长的阶段》，有些文献介绍是源于美国著名经济学家赫希曼（A. O. Hirschman）1958年出版的《经济发展战略》。但不管是罗斯托还是赫希曼，几乎所有的学者都把他们的思想综合在一起统称为主导产业理论；也有认为西方没有区域主导产业理论的。四川大学黄勤认为，我国称之为"区域主导产业"的完整范畴，在西方区域经济理论中，只能看到"区域专门化""输出部门""推动型单位"等与之相近的概念；在《新帕格尔雷夫经济学大辞典》中，没有单独的"区域主导产业"的词条。区域主导产业在区域经济研究中是在区域分工、产业聚集和输出基地等理论中发展起来的。区域主导产业作为我国和其他发展中国家区域产业结构研究的一个范畴，主要是现代产业经济学关于主导部门理论在区域经济分析的延伸和应用[33~34]。

我国20世纪80年代末开始讨论关于主导产业的问题，这个时期对主导产业的研究主要集中在国家层面。杨沐、周叔莲[35~36]从理论和实证方面对产业政策和具有代表性的产业进行了分析研究，并深入探讨了政府产业政策的导向、实施手段以及产业政策与其他宏观经济政策的协调配合。王慧炯、李泊溪等[37]对我国具有代表性产业的技术经济规模进行了测算和估计，并根据测算结果提出了这些产业如何达到最低技术经济规模的政策措施。马建堂、贺晓东等[38]对我国的市场结构、行业集中度和绩效进行了实证研究。杨治[39]、杨公朴[40]、苏东水[41]等探讨了我国产业结构的演变，影响产业结构的因素，主导产业与经济增长之间的关系，以及产业关联、产业布局等，同时进行了实证研究。周振华[42]提出了增长后劲、短缺替代弹性和瓶颈效应三条基准。这三条基准以"结构矛盾的环节来推进整个产业发展"的战略方针为基本框架，主要是着眼于经济发展的后劲，有利于克服政府和公众为追求眼前利益、行为短期化的趋势。王岳平等[43]提出了高需求收入弹性、高生产率上升率、高关联度、高技术扩散与带动及动态比较优势原则，是比较完善的选择基准，但是其考虑的范围是整个国民经济体系。

1997年以后，各级区域越来越重视优先发展主导产业，研究主导产业开始从国家层面转移到区域经济层面。冯杰、荣超[44]和提出地区主导产业选择应坚持四个原则：一是有所为，有所不为；二是强化对市场的分析与预测；三是更多地着眼于所在或相邻区域之间的产业分工协作关系；四是必须协调与高一级地区产业发展战略之间的关系。张德荣等[45]则从产业的内涵和外延两方面探讨地区主导产业选择的特点，研究引入了"地区个性"和"子产业"两个概念。宋彤[46]以新疆环博斯腾湖为例，说明了区域发展循环经济的重要性，并分析了该区域经济发展的特征，同时论述了发展循环经济的三个循环圈及五条循环经济主导产业链。赵成柏[47]运用宏观、微观经济学相关理论和博弈论分析工具，对主导产业的作用是"政府选择"还是"市场选择"，是否需要对主导产业进行扶植等问题进行了探讨，并得出在现阶段情况下政府选择和发展主导产业是必要的结论。

部分学者着眼于主导产业选择基准研究。关爱萍等[48]指出区域主导产业判定和选择的六项基准：持续发展基准、市场基准或需求基准、效率基准、技术进步基准、产业关联基准和竞争优势基准。张大松等[49]提出区域主导产业选择的七项标准：区内增加值比重、产业专门化、比较劳动生产率、比较资金利税率、市场占有率、感应度系数、影响力系数。张魁伟[50]提出了区域主导产业选择依据体系的七个标准：动态上的比较优势、高收入需求弹性、高生产率上升率、产业关联度、生产要素相对集约、产业的就业容量、可持续发展要求。贾晓峰[51]从各产业的发展潜力与需求、劳动生产率的变化、产业之间的关联关系、进出口的状况和资金技术密集状况五大方面对新世纪江苏主导产业的战略性选择及发展进行了探讨。

近年来，在现有的农业主导产业数据统计的基础上，为了更好地选择县域农业主导产业，我国学者对县域农业主导产业的定量模型开展了研究。党耀国[52]分析了农业主导产业特征，建立了区域农业主导产业评价指标体系，运用灰色系统理论的原理，建立了农业主导产业选择的数学模型，并以河南省为例进行了实证研究。张新焕[53]运用灰色聚类法对新疆农业主导产业的相关统计数据进行量化分析，并以此结果为基础，结合新疆农业的实际情况对新疆农业主导产业作了进一步的分析。丁玉莲[54]运用综合优势指数法对江苏省内的各地区和其周边地区农业生产的比较优势进行了实证研究。刘颖琦[55]将波特的竞争优势理论运用到生态脆弱贫困县农业主导产业选择研究中，建立了主导产业选择模型，并依据模型设计了指标体系，并运用主因子法对内蒙古翁牛特旗进行了实证研究。张志英[56]运用产业关联分析方法对我国33个产业部门进行了分析，并根据分析结果确定了我国经济发展的主导产业。姜法竹[57]以产业关联度、需求收入弹性、生产率上升、区内相对比较优势和环境保护等为基准，构建了现代农业主导产业选择指标体系，并以黑龙江省林甸县为例进行了实际研究。杨丽琴[58]运用区位嫡法对四川藏区农业主导产业进行了量化分析，并结合四川藏区当地实际和产业比较优势，对农业主导产业作了进一步分析。苏艳娜[59]利用可变模糊评价模型，制定了评价指标体系，对河北省11个地区农业主导产业对农业发展的辐射带动作用进行了评价，得到农业主导产业对各地区农业发展的辐射带动程度与排名。陈森发[60]运用主成分分析法选定了生态农业县的主导产业，文中提出的方法可为生态农业县确定主导产亚、发展模式和发展途径提供重要参考。陈海霞[61]运用需求收入弹性系数、感应度系数、影响力系数等10个指标对江苏连云港的粮食、生猪等农业产业进行了一个综合评分，按照评价结果对主导产业进行了排序。关海玲[62]运用区位嫡法与显示性对称比较优势指数法分析了太原市各区域农业结构内部各行业的比较优势，结合太原市的资源禀赋、区位条件等优势，选择能够带动太原都市农业快速发展的主导产业，按照观光休闲农业圈、特色种养农业圈、科技示范农业圈及合作辐射农业圈四个圈层进行了合理布局。何振明[63]分析了山丹县农业主导产业的发展现状及存在问题，提出了完善土地流转政策、科学规划主导产业、加快龙头企业建设、加大科技投入力度、完善服务体系的发展农业主导产业业的措施。杨联丰[64]依据新昌县农业现状，选择在国内外市场具有产品特色、竞争优势的农产品确定为农业主导产业；并明确新昌县产业主攻方向、发展目标和建设重点，提出应实施扶优扶强战略，促进生产要素向农业主导产业集聚，从整体上提升农业的市场竞争力。但是国内外针对农业主导产业选择上都是从产业经济学角度进行研究，没有结合区域生态环境现状和生态经济适宜性角度进行分析研究，在某些方面与区域可持续发展存在一定的问题。

1.2.3 县域农业主导产业生态适宜性研究综述

1.2.3.1 生态农业的来由

20 世纪 70 年代以来，人们逐渐注意到，现代农业在给人们带来高效的劳动生产率和丰富的物质产品的同时，也造成了某种程度上的生态危机。从此，各国开始探索农业发展的新途径和新模式。农业生态适宜性便是各国的共同选择，为农业发展指明了正确的方向。1971 年美国土壤学家威廉姆·奥伯特（William A. Albrecht）在 *Acres* 杂志上首先提出来农业生态适宜性思想，即尽量减少能量投入，通过发展畜牧业施用农家肥、实行作物轮作等途径实现农业的自我循环[65]。农业生态适宜性思想提出来后，在全世界范围内很快形成了生态农业潮流，但是，生态农业发展至今，国内外对"生态农业"的定义却尚无定论。1981 年英国农学家凯利·瓦庭顿（M. Kiley - Worthington）在《生态农业及其有关技术》一书中将生态农业定义为：生态上能自我维持、低输入、经济上有生命力的，在环境、伦理、审美方面可接受的小型农业系统[66]。1984 年杰克逊（W. Jackson）将生态农业定义为：生态农业在尽量减少人工管理的条件下进行农业生产，保护土壤肥力和生物群种的多样化，控制土壤侵蚀，少用或不用化肥农药，减少环境压力，实现持久性发展。美国农业部将生态农业定义为：生态农业是一种完全不用和基本不用人工合成的化肥、农药、动植物生长调节剂和饲料添加剂，而是依靠作物轮作、秸秆、牲畜粪肥、豆科作物、绿肥、场外有机废料、含有矿物养分的矿石补充养分，利用生物和人工技术防治病虫草害的生产体系。德国对生态农业提出了以下条件：不使用化学合成的除虫剂、除草剂，使用有益天敌或机械除草方法；不使用易溶的化学肥料，而使用有机肥或长效肥；利用腐殖质保持土壤肥力；采用轮作或间作等方式种植；不使用化学合成的植物生长调节剂；控制牧场载畜量；动物饲养采用天然饲料；不使用抗生素，不使用转基因技术。1991 年中国科学家马世骏提出，生态农业是农业生态工程的简称，它以社会、经济、生态三效益为指标，应用生态系统的整体、协调、循环、再生原理，结合系统工程方法设计综合农业生态体系；在性质上属于社会—经济—自然复合生态系统的一个类型[67]。综上所述，可以认为生态农业是根据生态系统内物质循环和能量转化规律，运用现代科学技术和系统工程方法，以保持和改善农业系统内的生态动态平衡为主导思想，合理安排生产结构和产品布局，努力提高太阳能的固定率和利用率，促进物质在系统内部的循环利用和重复利用，以尽可能减少的燃料、肥料、饲料和其他原材料的输入获得尽可能多的农产品及其加工制品的输出，从而获得生态经济效益的农业发展模式。

1.2.3.2　县域农业主导产业生态适宜性评价综述

农业主导产业生态适宜性评价是县域农业主导产业发展规划的基础。20世纪初，生态适宜性评价在西方的县域农业主导产业发展规划中越来越受到重视[68~76]。马世骏和王如松认为，以人为主体的县域农村实际上是一个由社会、经济与自然三个亚系统组成的复合生态系统[77~86]。这表明在县域农业主导产业发展规划中进行生态适宜性评价是有科学基础的。在县域农业主导产业发展规划，通过深入分析县域生态系统的结构与功能、能流和物流以及空间结构的特征，分析生态条件与生态环境的适宜性，进而探讨生态环境的敏感性与县域开发时的生态风险，可维护与改善城市生态系统的完整性[87~95]。生态适宜性评价是生态规划的基础，也是县域农业主导产业发展规划的基础。生态适宜性评价的目标是根据县域农业自然资源与环境性能以及发展要求与资源利用要求，划分资源与环境的适宜性等级[95~103]。美国景观建筑师 McHarg 认为，在县域农业主导产业发展规划中不能仅考虑经济因素而不考虑自然和社会因素，必须考虑"生态决定因素"[104]。近些年，中国的县域城市化发展突飞猛进，县域农业主导产业发展规划亟待完善，生态适宜性评价急需开展。

1.2.4　县域农业主导产业结构优化研究综述

县域农业主导产业结构调整，就是对县域农业主导产业发展的各种资源进行权衡、改造和利用的过程，是通过发展现代农业，对资源和生产要素进行优化配置，提高农业生产率，参与国际市场竞争，满足人们对食物的需求，实现农业增效、农民增收和农业可持续发展的过程。其基本内容包括农业主导产业内部的结构调整和生态环境的调整。即县域农业主导产业结构调整可以理解为根据其所处的外部生态环境和县域内部农业产业结构因素的影响，从战略的高度对县域农村主导产业结构进行有取有舍、有进有退的调整，主要着眼于县域农村主导产业的改组、产业的审视和生产要素的再配置[73]。县域农业主导产业结构的调整、控制，农业产业结构的管理需要行政部门来决策。县是我国基本政权单位，在上级农业战略发展的宏观控制下，以县为单位调整农业主导产业结构。农业包括农（作物）、林、牧、副、渔五业。农（作物）、林业可归为种植业，牧、渔业可归为养殖业；副业是以种植业和养殖业产品为原料的多层次的加工业，实为农业物料加工业。调整农业主导产业结构就是要确定不同时期和不同条件下的几种主导产业的合理规模及其比例，使农业主导产业协调发展，取得高的经济效益。县域内农业农村经济发展中，除上述农业第一产业之外，还有以非种植业和非养殖业产品为原料的工矿业和第三产业，在国内的一些县域内，非种植和非养殖业也成为地区的主导产业，这些均属农村主导产业结构范畴，农业主导产业结构是农村主导产业结构的一个子系统。

　　对县域农业主导产业结构评价的常用方法主要包括：比重法、类比法、速度法、协调法[105~112]。比重法：比重法是根据各个农业主导产业产值或产量以及所占用资源在农业主导产业结构中的百分比，确定其合理的程度。它是衡量农业主导产业结构合理化的常用方法。类比法：评价一个县域农业主导产业结构合理程度经常将这个县域的农业主导产业结构同所选定的县域相比，但前提是相互比较的县域具有类似的地理资源。速度法：是部门内部或者部门之间的产业结构变动速度的比较，从而考察结构是否合理。协调法：就是从农业主导产业结构整体的观点出发，主要是在一定时期内对部门进行综合考查从而得出部门的合理比例关系，在生产、分配、流通、消费各个环节协调部门产业结构。这就需要对产业部门的内部因素和外部环境作深入细致的研究。目前的一些评价方法仅仅从单一指标上对被评价事物进行评价，比如协调法仅仅从各农业主导产业在不同环节运行中是否协调角度去评价；速度法仅仅从农业主导产业发展速度角度考虑，但由于速度快慢指标有其局限性，它只反映在一定时期结构的发展状态，关于县域农业主导产业结构的合理化程度并不能确切的说明，因此，仅仅从用发展速度角度来说明县域农业主导产业结构这是不全面的；类比法更注重的是同一农业主导产业结构在不同地域的相似程度，但相比较的两个地区在自然资源、地域和经济背景等方面要近似相同才可进行对比，否则所做的比较是无效的；比重法注重的是一个整体产业中各个产业的产值和量的比例关系，但不同的地域有其特有的优势，单纯地从产值和产量的比例评价，不能完全反映产业结构的合理程度。由于影响评价产业的因素往往是众多复杂的，对于一个产业的评价常常要涉及多个因素，如果只用单一的方法进行评价，并不能从整体上反映被评价产业结构的整体情况，文献[75]采用综合评价的方法，从多角度评价，在已有的比重法、协调法、类比法和速度法基础上，结合一定的农业产业结构指标体系，对产业结构的合理性进行评价。运用灰色因素分析法分析影响吉林省农业产业结构的主要因素，从而为吉林省农业产业结构调整重点指明方向。马九杰[113]、杜志雄[114]和王萍萍[115]从影响农民收入的因素入手，分析了农村产业结构调整与农民收入之间的关系，刘彦随[116]等在构建了比较优势评价指标的基础上，分析了1997～2001年各省、区农业结构调整效应，指出应发挥区域政策调控的作用。杨晓维认为在城镇非农劳动收入普遍高于农民收入的条件下，保证农村劳动力向城镇及非农产业的自由流动和转移，是实现农民收入稳定增长的基本途径。研究表明，解决"三农"问题，应通过促进农村劳动力向城镇转移、加快农村工业化进程、提高农业的信息服务水平和农民的组织化程度，即采用"三化"来推动城乡协调发展。

1.2.5 县域农业主导产业结构优化存在问题

县域农业产业结构是指在县域农业经济和农村社会再生产过程中，农业各个生产部门之间的组合与构成情况，以及它们在农业社会生产中所占的比重，反映的是一个县域内农业各个生产部门之间的比例关系及变化趋势，其是由县域内的自然资源、科技发展水平、区域关系以及经济制度等多种因素决定，是县域内经济技术长期发展的结果，是实现县域内社会总供给和总需求平衡的关键环节，县域农业主导产业结构是指在县域内，确定的农业主导产业之间构成情况，反映着县域内农业主导产业的比例关系，是县域内经济结构的重要组成部分，经过对县域农业主导产业结构优化研究现状分析可知，目前我国县域农业主导产业结构优化存在的问题主要有以下几个：

（1）县域农业主导产业评价指标体系结构不完善。目前我国对县域农业主导产业指标体系的建立还是以主导产业选择理论为依据，根据理论需要提出描述农业主导产业特征的基准，包括"三基准说""四基准说""五基准说""六基准说""七基准说"等，然而这些基准的选择主要是侧重于主导产业指标体系的构建和综合评价方法的选择，经济利益是主要参考价值。由于影响产业结构优化的因素众多，尽管国内外有关学者通过研究建立了主导产业评价指标体系，但未考虑指标之间可能存在的自相关、指标的时效性、地域性等问题，因此不能真实反映县域农业发展阶段面临的特殊问题。同时，缺乏对县域内特殊环境的适宜性。很少有学者结合社会子系统、生态环境子系统以及经济子系统三个方面来建立一个全面、完善的县域农业主导产业指标体系。

各指标的测算比较简化。比如有关关联度指标，绝大部分研究仍然利用Rasmussen的影响力系数和感应力系数。有关感应力系数现在已经广受质疑。但从国内有关县域农业主导产业选择理论来看，感应力指标仍然是利用 Leontief 逆阵来计算，而不是利用 Ghosh 逆阵来计算。此外，农业产业部门比较优势、技术进步率等指标不容易准确测度，需要对一些基准的测度进行讨论。

各指标的内在联系讨论不足。各指标体系的巨大差异给比较这些研究成果带来困难，指标之间的内在联系是理解县域农业主导产业选择指标体系巨大差异的关键。尽管各指标体系差别较大，一些指标是大部分指标体系的核心指标，如：关联度系数、技术进步率、需求收入弹性等指标。技术进步率是供给方面的基准，需求收入弹性是需求方面的基准，而关联基准是既包含了需求方面又包含了供给方面的基准，讨论这些基准之间的联系，对于我们构建指标体系有着指导意义。此外，规模指标有多种，如产值规模、增加值规模、利税规模、最终需求规模、就业规模等，不同规模指标含义不同，它们之间存在密切的联系，选择不同的规模指标对主导产业的选择也会产生影响。

（2）县域农业主导产业选择定量评价模型单一，不充分。当前，对于县域农业主导产业的选择定量评价模型方面的研究主要还是以传统的农业概念为研究基础，逐步向县域农业主导产业及其选择定量评价模型研究方面过渡，但对于县域农业主导产业的认识还不够深刻，对发展县域农业主导产业定量评价模型方面研究得还很不够，尤其是结合县域农业经济、社会、生态等实际限制或是约束条件发展县域农业主导产业选择定量模型的问题研究更是极少。国内对于县域农业主导产业选择定量评价模型及其应用研究主要侧重于利用综合评价方法给出农业产业的排序，并据此决定主导产业选择。但是实际中县域农业主导产业选择的问题是一个多目标、多对象的决策问题，并且各种目标会随着县域空间结构的变化而变化，会受到县域内生态因素的制约，会因为县域社会子系统的发展而不同，因此县域农业主导产业选择定量评价模型是多样性的，是随着县域内的经济、社会以及生态等系统的不同而不同。

（3）县域农业主导产业结构预测缺乏准确性。现阶段，县域农业主导产业结构战略性调整，可以说是我国县域农业经济发展所面临的艰巨而重要的任务，其中对县域农业主导产业结构进行合理有效科学的预测是县域农业主导产业结构调整的关键技术。目前对县域农业主导产业结构预测的研究国内相对来说较少，大部分的学者都将县域农业主导产业结构的调整重心转移到产业结构优化理论上，但是随着目前我国县域农业的发展，特别是城市建设的发展，城乡一体化的发展，对县域农业主导产业结构的发展造成了一定的影响。因此，对县域农业主导产业结构的预测应该结合县域社会的发展、县域生态环境的适宜性以及县域农业主导产业经济的发展三个方面来进行研究，然而由于县域农业主导产业指标体系的不完善、县域农业主导产业选择的不正确以及县域农业主导产业结构预测模型的不科学等因素的存在，我国县域农业主导产业结构预测缺乏一定的准确性，从而对县域农业主导产业的结构调整和优化的决策的制定造成了较大的影响。

1.3 研究内容、思路和方法、技术路线以及结构安排

1.3.1 研究内容

本书以县级行政区划形成的县级区域农业主导产业为研究对象，以区域产业经济学理论、区域产业结构优化理论以及生态适宜性理论为基础，对县域农业主导产业选择及其生态适宜性进行了研究。本书以县域农业主导产业为核心，主要开展以下两大部分的研究：（1）研究由县域农业主导产业指标体系、县域农业主导产业选择方法以及县域农业主导产业结构发展生态适宜性组成的县域农业主导产业选择及其生态适宜性分析方法。（2）应用性研究分析，主

要开展以昆山市和射阳县的农业产业为实例，对本书提出农业主导产业选择及其生态适宜性分析方法进行应用性验证研究。本书具体的研究内容有：

（1）县域农业主导产业评价指标体系研究。分析总结我国县域农业主导产业的特征及其评价原则，分别从县域农业经济、县域农村社会以及县域生态环境三个方面研究建立县域农业主导产业评价指标体系的方法，构建三个子系统的指标组成，开展县域农业主导产业结构发展生态适宜性研究，为县域农业主导产业基准选择提供理论基础。

（2）县域农业主导产业定性分析研究。主要是从县域农业经济发展阶段的需求、县域农业产业的布局、县域农业产业内外部环境三个方面开展对县域农业产业进行定性分析的方法研究。

（3）县域农业主导产业结构分析模型研究。开展经济子系统指标之间的多重相关性问题以及社会子系统指标中某些指标的不确定性问题研究，同时研究确定各个指标的相对重要性程度的方法。以模糊综合评价及变权灰色关联评价的模糊灰色关联理论为基础，开展模糊灰色关联农业主导产业评价定量模型研究，并进行相应的实例分析。

（4）县域农业主导产业结构发展生态适宜性研究。以生态适宜性"三基点"理论为基础，开展农业主导产业发展生态适宜性评价指标体系的最佳取值范围（上下限）、最低（最高）指标值范围，即单指标适宜性分析的基准阈值的研究，同时开展生态适宜性指标动态赋权的方法的研究，以有限的农业生态资源环境为基础，研究县域农业主导产业的生态适宜性与时间之间的关系，开展县域农业主导产业的生态适宜性预测模型研究。

（5）县域农业主导产业数目及其稳定性分析研究。以 Logistic 方程和统计分析为基础，开展县域农业主导产业数目发展模型研究，理论分析得到县域农业主导产业的最优数目。基于三个合理的假设，开展同一观测时刻内不同时间段的县域农业主导产业数目与县域农业生态资源消耗的数学模型研究，给出县域农业主导产业平衡点以及稳定条件。

（6）县域农业主导产业选择及其生态适宜性分析方法应用性验证研究。以本书提出的县域农业主导产业选择及其生态适宜性分析方法为理论依据，对昆山市和射阳县的农业主导产业进行实例验证分析。

（7）县域农业主导产业结构优化途径。以县域农业主导产业定量模型及其结构发展模型为理论基础，结合县域生态适宜性及经济发展需求，从推进县域农业主导产业规划建设、为县域农业主导产业发展提供良好的政策支持、加快人力资源的培养和引进力度、节约环境资源、保护生态环境、实行可持续发展探讨县域农业主导产业结构优化途径，为制定县域农业主导产业结构优化政策措施提供理论参考。

1.3.2 研究思路与方法

本书分别从主导产业理论分析、县域农业主导产业指标体系的建立、主导产业定性分析及定量模型的建立、县域农业主导产业结构发展生态适宜性分析及其预测，县域农业主导产业结构优化的途径等方面来研究县域农业主导产业选择及其生态适宜性分析方法，采用了理论分析、资料收集、数学分析、对比分析以及实例验证相结合的研究方法。

（1）理论分析。在查阅大量资料的基础上，分析我国县域农业主导产业选择及其生态适宜性分析的研究现状并提出目前对于县域农业主导产业选择及其生态适宜性研究的重要性及必要性。理论上以区域产业经济学理论、区域产业结构优化理论以及生态适宜性理论为基础，研究县域农业主导产业定性及定量评价方法、县域农业主导产业生态适宜性分析及其预测方法，从经济、社会、生态三个方面建立县域农业主导产业的评价指标体系。

（2）资料数据收集。结合理论分析，搜集了大量的相关研究成果。在数据分析及实例验证中，相关数据分别来自于《中国统计年鉴 2011》《中国农业统计年鉴 2008》《江苏省各县统计年鉴》《2010 年济南市统计年鉴》《射阳县农业统计年鉴》《昆山市农业统计年鉴》《中国农村经济形式分析与预测》《中国农业全书》等，除此之外还通过网上查询的方式进行数据搜集。

（3）数学分析、对比分析以及实例验证方法。对于数学分析部分采用了不同的数学分析软件（如 matlab、excel、origin 等），分别从不同的角度（如同类产业不同时间、不同产业在同一时间内、不同产业在不同时间内）对数据进行了分析，得到了县域农业主导产业的特征。

对比分析实例验证部分的研究主要采用文中提出的县域农业主导产业评价模型及其预测模型，综合运用统计和计量相结合的分析方法，在具体的问题分析上会对参考模型进行修改、完善和验证。

1.3.3 技术路线

县域农业产业现状分析 → 选题背景 ← 研究目的及意义 ← 农业经济可持续发展

县域农业主导产业研究现状 → 选题背景

研究目的及意义 ← 农业产业结构演进

研究目的及意义 ← 发展现代农业

主导产业经济学理论 → 县域农业主导产业选择及生态适宜性基础理论分析 ← 主导产业结构优化理论

农业经济可持续发展理论 → 县域农业主导产业选择及生态适宜性基础理论分析

经济子系统评价指标 → 县域农业主导产业结构评价指标体系 ← 县域生态环境子系统评价指标

县域农业主导产业结构评价指标体系 ← 县域社会子系统评价指标

县域农业主导产业选择方法研究

经济子系统指标主成分分析计算 → 评价指标体系

社会子系统指标灰色关联分析 → 评价指标体系

农业主导产业评价定量模型 ← 模糊灰色关联

县域农业主导产业结构发展生态适宜性

单指标适宜性分析基准阈值 → 生态适宜性综合评价方法

生态适宜性指标动态赋权 → 生态适宜性综合评价方法

生态适宜性预测模型

农业主导产业数目及稳定性分析 ← 县域农业主导产业数目发展模型

农业主导产业数目及稳定性分析 ← 主导产业数目与农业生态资源消耗数学模型

应用性研究分析

昆山市 | 射阳县

县域农业主导产业结构优化途径

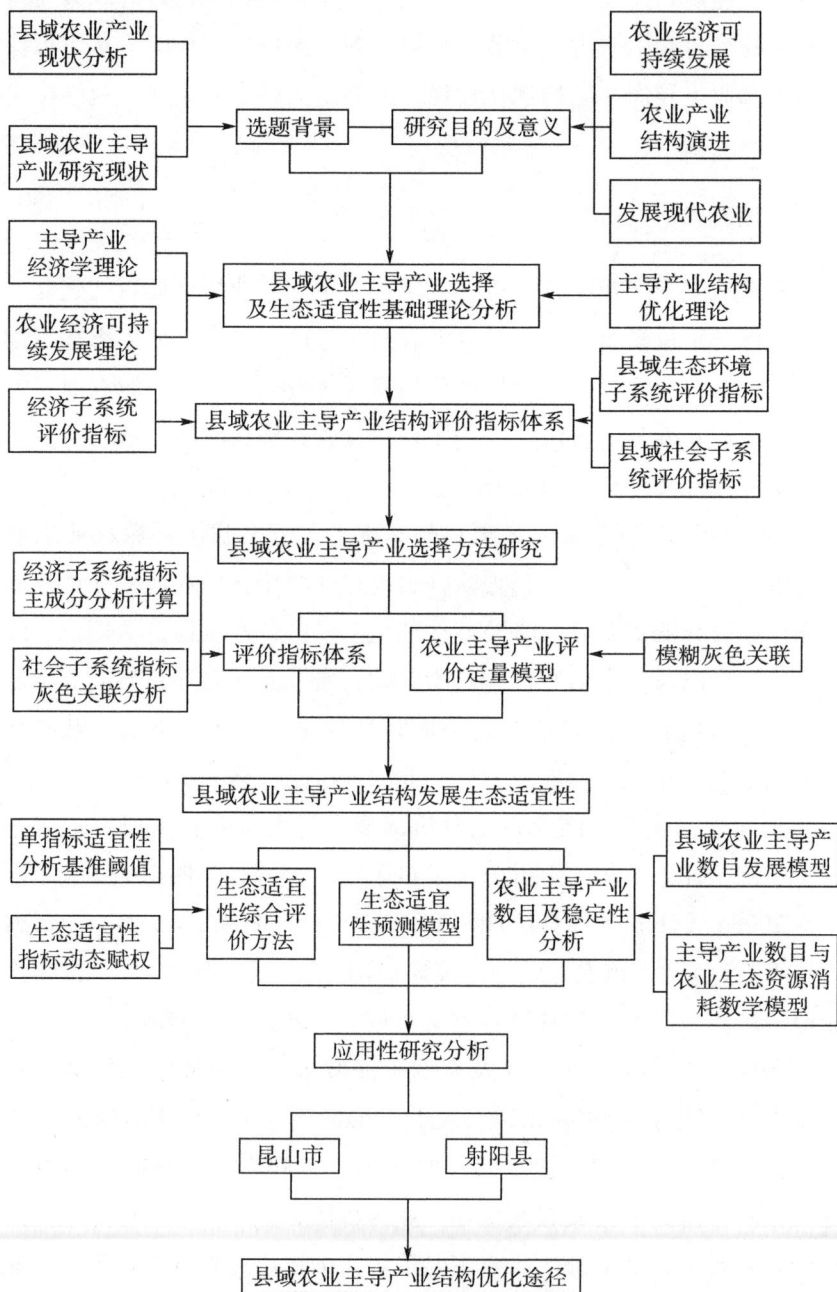

图 1-1 技术路线图
Figure 1-1 Technology roadmap

如图 1-1 所示，为本书研究的技术路线图。根据本书的选题背景和研究目的，明确本书研究的意义。以主导产业经济学理论、农业经济可持续发展理论以及主导产业结构优化理论为基础，分析县域农业主导产业选择及其生态适宜性基础理论。从经济子系统、社会子系统以及生态环境子系统三个方面建立县域农业主导产业结构评价指标体系。研究经济子系统主成分分析以及社会子系统灰色关联分析，对评价指标进行定量化研究，建立模糊灰色关联的农业主导产业评价定量模型。从县域农业主导产业结构发展生态适宜性综合评价方法、生态适宜性预测模型、农业主导产业数目及稳定性分析三个方面研究县域农业主导产业结构发展生态适宜性，以昆山市和射阳县为实例对本书理论方法进行实例验证分析，提出县域农业主导产业结构优化发展途径。

1.3.4 本书结构安排

本书以县级行政区划形成的县级区域农业主导产业为研究对象，以区域产业经济学理论、区域产业结构优化理论以及生态适宜性理论为基础，对县域农业主导产业选择及其生态适宜性进行了研究。本书以县域农业主导产业为核心，通过梳理相关理论研究文献，系统地总结了国内外关于主导产业的各种学说和观点；结合本书的研究方法和思路以及研究内容，进而寻找一套适用于县域农业主导产业选择及其生态适宜性研究的原则、基准、指标体系、定量评价模型以及主导产业生态适宜性预测模型，本书分为八章，具体结构安排如下：

第一章从本书的研究背景和研究意义出发，总结了我国县域农业经济发展现状、县域农业主导产业选择理论、县域农业主导产业生态适宜性研究、县域农业主导产业结构优化研究，分析了县域农业主导产业结构优化存在问题。确定了本书的研究内容、研究方法和思路、技术路线以及本书的结构安排。

第二章首先阐释了主导产业及相关概念，为本书的理论研究和实证分析打下坚实的理论基础。其次分别从区位论、县域经济发展理论、县域产业结构理论、农业主导产业演进理论、农业主导产业关联理论、比较优势理论、农业生态经济系统耗散结构论、农业生态经济系统协同发展论、农业生态经济系统开放循环论、农业生态经济系统协同控制论以及农业产业结构优化理论等方面对国内外县域农业主导产业选择及优化相关的理论研究进行了分析、归纳和评价，指出了主导产业选择及结构优化的理论研究不能只是局限于已有的研究角度和分析工具，同时也为本书主导产业选择及其结构发展生态适宜性研究提供了理论的参照系。

第三章阐述了区域主导产业的选择基准理论，结合县域农业主导产业结构特征和县域主导产业评价原则，给出了指标体系的选择原则和设计方法，从经济子系统、社会子系统以及生态环境子系统三个方面建立了县域农业主导产业结构指标体系。

第四章首先从两个方面分别对县域农业主导产业选择进行了分析，即：一个是定性的分析县域农业主导产业；另一个阐述了定量分析县域农业产业的方法。在假设县域农业产业符合生态环境的基础上，以主成分分析为理论基础，对县域农业主导产业经济子系统指标进行了分析。以灰色关联分析理论为基础，对县域农业主导产业社会子系统指标进行了分析。综合县域农业主导产业选择的经济子系统评价指标和社会子系统评价指标，推导了基于模糊综合评价及变权灰色关联评价的模糊灰色关联农业主导产业评价定量模型，给出了一个县域农业主导产业选择的科学的、可行的评价定量模型分析框架。

第五章首先阐述了县域农业主导产业生态适宜性评价方法及其指标因子权值赋值方法，构建了县域农业主导产业结构发展生态适宜性评价指标体系。基于生态适宜性"三基点"理论，确定了单指标适宜性分析的基准阈值，采用了剩余动态配权方法确定各因子的权重，建立了县域农业主导产业结构发展生态适宜性综合评价方法。以有限的农业生态资源环境为基础，建立了县域农业主导产业生态适宜性预测模型。结合 Logistic 方程和统计分析，在县域农业主导产业结构生态适宜性的基础上建立了县域农业主导产业数目发展模型。基于三个基本假设，建立了同一观测时刻内不同时间段的县域农业主导产业数目与县域农业生态资源消耗的数学模型，探讨了县域农业主导产业结构发展的稳定性问题。最后以济南章丘市为例，对本章的理论部分进行了验证，为下文的实证分析及县域农业主导产业结构优化和调整方案制定打下了基础。

第六章是应用研究以第三、四、五章为理论基础，首先分析了江苏省昆山市、射阳县农业产业基础情况，结合当前农业政策及相关条例，对江苏省昆山市（县级市）、射阳县的县域农业主导产业选择及生态适宜性进行了分析，在验证了本书提出的县域农业主导产业选择及其生态适宜性分析方法的同时也为昆山市及射阳县的农业产业结构优化及生态资源配置提供了参考。

第七章分别从县域农业主导产业资源的有效整合、县域农业主导产业发展的政策支持、人力资源的培养和科学技术的引进开发以及节约环境资源，保护生态环境，实行可持续发展等四个方面提出了县域农业主导产业结构优化发展途径，为县域农业主导产业结构调整和优化的政策提供了理论支持。

第八章是结论与展望。总结了本书的创新点及指出了文中存在的不足，对县域农业主导产业结构优化进行了展望。

参考文献

[1] 李光祥,赵静.关于生态农业的现状分析和发展对策[J].绿色科技, 2011,2(2):101-102.

[2] 北京现代循环经济研究院.产业循环经济[M].北京:冶金工业出版社,2007.

[3] 沈贵银.江苏省东海县农村产业结构变化对农民人均纯收入的影响分析[J].南京农业大学学报(社会科学版)2001,1(4):21-25.

[4] 徐翔,王华书,王旺国.村产业结构调整中比较优势与劣势的思考——以南京市为例[J].南京农业大学学报,2001,24(4):93-97.

[5] 张晓山.关于走中国特色农业现代化道路的几点思考[J].经济纵横, 2008(1):58-61.

[6] 贾乃新.吉林省玉米产业发展思路与对策明.中国农业资源与区划[J]. 2004(1):38-1.

[7] 孔祥智.试论我国现代农业的发展模式[J].教学与研究,2007(10): 9-13.

[8] 林东升.简论四川现代农业建设的实现途径[J].农村经济,2007(10): 49-50.

[9] 农业部软科学委员会办公室.推进农业结构调整与建设现代农业[M]. 北京:中国农业出版社,2005(7):259-295.

[10] 王天生.贵州新农村建设问题探讨[J].贵州农业科学,2006(4):5-9.

[11] 毕美家.发展现代农业的着力点[J].江淮,2007(5):39-40.

[12] 人民日报社论:掌握改革开放主动权,推动经济社会新发展.新华网: http://news.xinhuanet.eoln/polities/2007－01.

[13] 刘燕华.依靠科技创新发展现代农业[J].求是,2007(12)38-40.

[14] 温家宝.要加强农业基础建设 促进农业发展和农民增收,2008-03-05.

[15] 周金堂.积极应对"五化"挑战 转变县域经济发展方式.中国县域社会经济网:http://www.xyshjj.cn/News/zjsj/201009/44668.html.

[16] 温铁军.县域经济的由来与发展[J].山东省农业管理干部学院学报,2001(3):2-3.

[17] 张让刚.县域主导产业选择与发展研究——以河北省滦县为例[D].石家庄:河北师范大学,2008.

[18] 龙茂发,马明宗.产业经济学[M].成都:西南财经大学出版社,2001.

[19] 赫希曼.经济发展战略[M].北京:经济科学出版社,1958.

[20] 约瑟夫·熊彼特.经济发展理论[M].北京:商务印书馆,2000.

[21] Kingsley,G. Thomas. Perspectives on Devolution[J]. Journal of the American Planning Association,1996,62(4):586-599.

[22] Ellison,Glenn and Glaeser,Edward L. geographic Concentration of Industry:Does Natural Advantage,1880－1987[J]. Regional Science and Urban Economics,1997,29(1):22-30.

[23] Robinson,E. A. G. The Structure of Competitive Industry[M]. James Nisbet& Co. Ltd,1958.

[24] S. Rozelle. Rural Industrization and Increasing Inequality:Emerging Patterns in China's Reforming Economy[J]. Journal of Comparative Economics,1994,19(3):110-123.

[25] David B. Audretsch. Industrial Policy and Competitive Advantage[M]. Edward Elgar Publishing Limited,1998.

[26] Ahn,Choong Yong. Dynamics of Industrial Policy and Manufacturing Competitiveness in Successful Industrialize:Countries in East Asia[J]. Paper Presented at the UNIDO Workshop on the Industrial Development Policy Report 1997,1(01)27-28.

[27] Ahn, Choong Yong. East Asia's Economic Growth: Can it Continue[J]. Korea Forum, 1998, 3(03): 3-15.

[28] Allenand Vnrin. Structure Changed in a Developing Economy[M]. Princeton Univ. Press, 1970.

[29] Chenery, H. B. Structural Change and Development Policy[M]. Oxford University Press, 1979.

[30] Friedland, Jonathan. Kobe Beef: Officials Accuse Tokyo of Stifling City Development[J]. Far Eastern Economic Review, 1993, 02(156): 45-63.

[31] 筱原三代平. 产业构造与投资分配[M]. 一桥大学经济研究所, 1957(8).

[32] 卢正惠. 区域开发中主导产业的选择基准[J]. 经济问题探索, 2001(6): 19-23.

[33] 黄勤. 论区域主导产业, 四川大学博士学位论文[D]. 成都: 四川大学, 2002.

[34] 马利彪. 区域主导产业选择问题研究[D]. 长春: 吉林大学, 2009.

[35] 杨沐. 产业政策研究[M]. 上海三联书店, 1989.

[36] 周叔莲. 中国地区产业政策研究[M]. 北京: 中国经济出版社, 1990.

[37] 王慧炯, 李泊溪, 周林. 中国部门产业政策研究[M]. 中国财政经济出版社, 1989.

[38] 马建堂, 贺晓东, 杨开忠. 经济结构的理论、应用与政策[M]. 中国社会科学出版社, 1991.

[39] 杨治. 产业经济学导论[M]. 中国人民大学出版社, 1985.

[40] 杨公仆. 产业经济学教程[M]. 上海财经大学出版社, 1998.

[41] 苏东水. 产业经济学[M]. 高等教育出版社, 2003.

[42] 周振华. 产业结构优化论[M]. 上海: 上海人民出版社, 1992.

[43] 王岳平. 中国工业结构调整与升级: 理论、实证和政策[M]. 中国计划出版社, 2001.

[44] 冯杰, 荣超和. 关于地区或城市主导产业选择基准与方法的探讨[J]. 经济地理, 1999(12).

[45] 张德荣, 韩长金. 谈确立地区支柱产业及其选择标准[J]. 宏观经济管

理,1997(2).

[46] 宋彤.循环经济发展框架下:新疆环博斯腾湖主导产业选择研究[J].
生产力研究,2006(1):104-106.

[47] 赵成柏.选择和发展主导产业经济学分析[J].统计与决策,2006(2):
40-43.

[48] 关爱萍,王珍.区域主导产业的选择基准研究[J].统计研究,2002
(12).

[49] 张大松,赵英才.区域主导产业及其评价方法[J].吉林大学学报,
2002,32(2):94-98.

[50] 张魁伟.区域主导产业评价指标体系的构建[J].科技进步与对策,
2004(8).

[51] 贾晓峰,张晓丽.江苏主导产业战略性选择及发展研究[J].审计与经
济研究,2006(1):71-75.

[52] 党耀国,赵庆业,刘思峰,李炳军.农业主导产业评价指标体系的建立
及选择[J].农业技术经济,2000(1):6-9.

[53] 张新焕,王昌燕,杨德刚.新疆农业主导产业的定量选择及其分析[J].
干旱区地理,2004(12):610-61.

[54] 丁玉莲.农业产业化主导产业的选择与实证分析[J].现代经济探讨,
2003(10):27-29.

[55] 刘颖琦,李学伟,李雪梅.基于钻石理论的主导产业选择模型的研究
[J].中国软科学,2006(1):145-152.

[56] 张志英.产业关联分析法与我国主导产业的选择分析[J].统计研究,
2000(3):20-22.

[57] 姜法竹,张涛.现代农业主导产业选择的指标体系构建研究[J].中国
农业资源与区划,2008(6):55-59.

[58] 杨丽琴,邓艾.四川藏区农业主导产业选择及分析[J].社科纵横,2008
(2):50-52.

[59] 苏艳娜,魏天波,宗义湘.主导产业对农业发展的辐射带动作用可变模
糊评价——以河北省为例[J].农村经济,2008(10):59-41.

[60] 陈森发,梁雪春,王红霞.生态农业县主导产业选择研究[J].科研管

理,2008(1):172-178.

[61] 陈海霞,亢志华,马康平等.现代农业产业规划中主导产业选择方法研究及实例分析[J].安徽农业科学,2009,37(28):55-59.

[62] 关海玲、陈建成、曹文等.山西太原都市型现代农业主导产业选择分析[J].中国人口·资源与环境,2010,20(1):37-44.

[63] 何振明,曹玉芳.山丹县农业主导产业现状及发展措施[J].甘肃农业科技,2003(9):3-5.

[64] 杨联丰.新昌县农业主导产业的确立及发展策略研究[J].区域经济,2008(3):49-51

[65] ALBRECHT W A. The Albrecht papers Acres,USA,Raytown Mo,1975.

[66] KILEY WORTHINGTON M. Ecological Agriculture and Environment,1981,6(4):349-381.

[67] JACKSON W. Toward a Unifying Concept for Agriculture. boulder,co:westivem. 159-173.

[68] 欧阳志云,王如松.生态规划的回顾与展望[J].自然资源学报,1995,10(3):203-215.

[69] 马世骏,王如松.社会—经济—自然复合生态系统[J].生态学报,1984,9(1):1-9.

[70] Selman P L. Landscape Ecology and Countryside Planning:Version,Theory and Practice[J]. Journal of Rural Studies,1993, 9(1): 1-21.

[71] McHarg I L. Design With Nature, Garden City[M]. New York:Doubleday, 1969.

[72] 屠颐规.农业产业结构模型[J].农业工程学报,1987,12(04):28-42.

[73] 周宏,褚保金.合理农业产业系统结构的综合评价方法[J].农业技术经济,2002,2:21-23.

[74] 杨笑嫣.林省农业产业结构评价[D].吉林:吉林大学,2011.

[75] 马九杰.农业、农村产业结构调整与农民收入差距变化[J].改革,2001(6):33-36.

[76] 杜志雄,胡斌.农村产业结构变动与农民收入调整[J].北京:中国社科院,国家统计局农调队,2001:22-28.

[77] 王萍萍.农民收入与农业生产结构调整[J].战略与管理,2001(1):11-16.

[78] 刘彦随,陆大道.中国农业结构调整基本态势与区域效应[J].地理学报,2003(3):381-389.

[79] 杨晓维.农民收入与市场结构[J].北京师范大学学报(社科版),2005(5):88-94.

[80] 国务院发展研究中心农村经济研究部课题组."三化带三农"促进城乡协调发展[N].经济参考报,2005,2(26):1-6.

[81] 中华人民共和国国民经济和社会发展第十一个五年计划纲要[N].光明日报,2006-3-17(1).

[82] 周振华.产业结构优化论[M].上海:上海人民出版社,1992:89-90.

[83] 苏东水.产业经济学[M].北京:高等教育出版社,2000:24-26.

[84] 李红梅.世纪中国产业结构调整的战略选择[J].首都师范大学学报(社会科学版),2000(6):56-60.

[85] 张立厚,陈鸣中,张玲.石龙镇产业结构优化的系统仿真分析[J].工业工程,2000(3):51-54.

[86] 黄继忠.对产业结构优化理论中一个新命题的论证[J].经济管理新管理,2002(4):12-16.

[87] 杨治.产业经济学导论[M].北京:中国人民大学出版社,1985:22-23.

[88] 王述英.现代产业经济理论与政策[M].太原:山西出版社,1999:64-66.

[89] 徐杏.消费结构、产业结构和就业结构的联动分析[J].河海大学学报(哲学社会科学版),2000(3):5-9.

[90] 宋锦剑.论产业结构优化升级的测度问题[J].当代经济科学,2000(3):92-97.

[91] 陈静,叶文振.产业结构优化水平的度量及其影响因素分析[J].中共福建省委党校学报,2003(1):44-49.

[92] 关爱萍,王瑜.区域主导产业的选择基准研究[J].统计研究,2002(12):48-52.

[93] 姜照华,刘则渊.可持续发展产业结构优化模型及其求解方法[J].大

连理工大学学报,1999(5):710-713.

[94] 潘文卿. 一个基于可持续发展的产业结构优化模型[J]. 系统工程理论与实践,2002(7):23-29.

[95] 吕铁,周叔莲,中国的产业结构升级与经济增长方式转变[J]. 管理世界,1999(1):113-125.

[96] 谢曼. 构建重庆市产业结构优化模型——投入产出研究[J]. 生产力研究,2002(1):81-83.

[97] 赵卓,孙燕东,曾晖. GM(1,N)模型在产业结构分析中的应用[J]. 技术经济,2003(1):155-156.

[98] 蒋昭侠. 产业结构问题研究[M]. 北京:中国经济出版社,2005:151-152.

[99] 邬义钧,邱钧. 产业经济学[M]. 北京:中国统计出版社,2001:102-106.

[100] 汪传旭,刘大镕. 产业结构合理化的定量分析模型[J]. 技术经济,2002(4):51-53.

[101] 刘思峰,唐学问,党耀国. 产业结构有序度研究[J]. 经济学动态,2004(5):53-57.

[102] 伦蕊. 产业结构合理化的基本内涵与水平测评[J]. 特区经济,2005(6):54-56.

[103] 宋泓明. 中国产业结构高级化分析[M]. 北京:中国社会科学出版社,2004:241-24.

[104] 黄小清. 我国省际之间主要作物比较优势的量化分析[J]. 农业系统科学与综合研究,1997,13(1):4548.

[105] 李向红. 中国粮食比较优势的经验分析切[J]. 农村社会经济,1998(2):13-18.

[106] 钟甫于,傅龙波,徐志刚,等. 中国主要粮食产品的国内资源成本与比较优势及地区差异研究. 农业部软科学资助课题研究报告,南京农业大学经贸学院,1999.

[107] 钟甫宁,邢鹤. 我国种植业生产结构调整与比较优势变动的实证分析[J]. 农业现代化研究,2003,24(4):260-263.

[108] 钟甫宁,徐志刚,傅龙波.中国粮食比较优势的地区差异与生产结构调整对策[J].农村经济文稿,2000(2):20.

[109] 钟甫宁,徐志刚.中国种植业地区比较优势的测定与调整结构的思路[J].福建论坛,2001(12):29-32.

[110] 钟甫宁,叶春辉.中国种植业战略性结构调整的原则和模拟结果[J].中国农村经济,2004(4):31-35.

[111] 徐志刚,傅龙波,钟甫宁.中国粮食生产的区域比较优势分析[J].中国农业资源与区划,2001,22(1):45.

[112] 唐华俊,罗其友.基于比较优势的种植业区域结构调整[J].中国农业资源与区划,2001,22(5):34-36.

[113] 孙立新,秦富,白人朴.我国主要粮食作物比较优势研究[J].农业技术经济,2002,(5):2-28.

[114] 罗其友,李建平,陶陶,等.区域比较优势理论在农业布局中的应用[J].中国农业资源与区划,2002,23(6):24-30.

第二章 县域农业主导产业选择及生态适宜性基础理论

众所周知，县域农业经济发展水平取决于县域农业主导产业经济的产业结构的合理性和有效性，县域形成的农业主导产业决定了其经济产业结构的合理性与有效性。所以，从县域农业经济主导产业的定义出发，我们可以得出如下结论：县域主导产业的选择，是整个县域农业经济及其各产业部门之间实现快速发展的必备条件。另外，如果联系到时间因素，县域主导产业的动态转换所引起的区域产业结构演进过程的合理性与有效性成为了其产业结构的合理性和有效性的表现形式。换而言之，县域农业产业结构的调整过程就是主导产业的选择及其结构生态适宜性动态变化的过程。

本章首先介绍了产业的相关概念，在此基础上介绍农业产业和农业产业结构概念，以明确本书研究对象及范畴，分别阐述了县域农业主导产业经济学理论、农业生态经济系统可持续发展理论以及县域农业主导产业结构生态适宜性理论，为后续的县域农业主导产业评价指标体系的建立、评价模型分析以及实证分析作理论铺垫。

2.1 县域农业主导产业及相关概念概述

县域农业主导产业是县域农业产业结构的核心，代表着县域农业产业结构的演进方向，是县域农业产业结构调整的主要目标之一，也是准确把握产业演进方向的关键。它基本反映了一个县域内农业产业结构的主要状态，代表了该县域农业产业的技术水平和经济效益水平。

2.1.1 产业的含义

对于产业的定义，各学者有着不同的想法，具体如下：一、生产、流通、文化、服务、教育等，如果能为国民经济提供产品或劳务，那么就可称为产业；二、生产经营同类产品、服务的企业构成产业；三、同类经济活动的总和就是产业；四、产业不仅可以理解为具有同一属性的企业的集合，还可以作为国民经济进行划分的标志；五、具有某种同类属性的企业，其经济活动的集合可称为产业；六、营利性的行业可称之为产业。另外，产业通常与部门、行业等相关概念通用。学者王俊豪[3]曾经对产业进行了如下理解，他说：生产经营具有密切替代关系的产品或劳务，也可以理解为同一类产品或劳务的所有企业所构成的集合，就是产业。这些企业之间在生产技术、生产过程和生产工艺等基本生产条件上具有相似性。学者对产业的定义各不相同，不过从中可以总结出产业都具有以下三个特点：一、具有规模性；二、具有职业化规定性（专门的职业人员从事经济活动）；三、具有社会功能规定性。总之，具有以上三个特点的单元集合，我们可以称为产业。

2.1.2 主导产业的概念

艾伯特·赫希曼[4]，是美国的著名经济学家。他认为供给与需求的不一致在经济增长中起到了调解的作用。由于发展中国家的社会资源有限，所以应当采取从不均衡到寻求均衡的发展战略。何为主导产业？其是指：通过创新的方式使用未开发的资源，提高产业的增长率以带动其他相关部门的发展，核心的理念就是扩张和创新。通过分析以上观点，我们可以总结为：产业发展的某个阶段中，如果可以通过技术创新提高产业的增长率，并带动相关产业的增长，具有广大的市场前景和技术创新力量的相关产业部门，这样的产业可称之为主导产业。

2.1.3 农业主导产业的定义

通过探索先进的生产技术，扩大规模生产从而提高经济利益，并带领农民致富，这样的产业就是农业主导产业。农业主导产业和第二、第三产业有着很大的不同。农业主导产业，是主导产业在农民中的充分体现。著名学者认为农业主导产业是产业化经营的基础，同时也是经营的导向和主角。只有通过贸工农一体化和产供销一体化经营，这样才能提高农业的增值能力和效益。本书对于农业主导产业的定义，可理解为某阶段通过吸收技术创新成果，带动农业产业部门增长，从而增加农民的收入，为市场发展和产业规模生产奠定基础的农业产业。

2.1.4 县域农业主导产业的界定

县域农业主导产业的界定也是从主导产业的概念衍生而来。

随着时间的推移，有人提出了不同的看法。农业主导产业应该是可以吸收先进的技术、适应需求的大幅度增长、带动周边产业、自己保持高速增长的农业生产部门。还有人认为，在特定的时间段内，县域农业主导产业发展的势头高于其他产业，并且在相关产业结构中占有重要的位置。主导产业通过与其他产业的相互关联，可以对整个产业的经济增长和产业结构起到明显的主导性作用，并带动经济体系中的其他方面实现技术创新、制度创新以及产业增长。

不同于上面的理论，在经济地理学中，有学者认为主导产业应该是那些在经济增长中起带头作用的产业。县域农业主导产业在今后的时期里，收入的弹性会变动很大，与其他产业的关联作用还会变得更强，这样有利于提高劳动生产率。这类农业产业通常是直接为满足最终需求服务的，因而附加值高，技术水平先进，潜在的市场扩张能力强，对其他农业产业可起牵动作用。正确选择县域农业主导产业，并予以积极地扶持，是实现县域农业产业结构转换的核心[9]。

通过以上理论分析，我们可以得出：县域农业主导产业是指在整个的农业经济发展中，占据农业经济的首要地位并且直接影响全局，是通过与其他产业的前后关系直接关系整个县域经济增长的产业部门。同时，县域农业主导产业经济也是经济系统中发展速度最快，对整个农业经济有着推动、引导作用的直接主导化部门。一个农业产业要想成为主导产业，必须具备如下的条件：一、通过技术创新，获得科技进步，改进生产的方法。二、保持高速的增长率。三、有很强的比较优势。我们都知道，县域农业主导产业在地理上有一定的局限性，研究县域农业主导产业就是研究县域内的主导产业，综上所述，县域农业产业的调整和优化主要体现在选择上。

2.1.5 县域农业主导产业与县域农业产业结构的关系分析

县域农业主导产业是县域农业产业结构的核心和结构演化的主角，代表了县域农业产业结构演变的方向，因此，正确认识县域农业主导产业与县域农业产业结构的关系对于推动县域农业主导产业结构优化和县域农业经济持续健康发展具有重要意义。

2.1.5.1 县域农业主导产业与县域农业产业结构的区别及联系

一个县域的农业产业结构是由其主导产业所决定的，县域农业主导产业的发展决定了县域农业产业结构的发展状态，县域农业产业结构的演进也是由县域农业主导产业的有序转换推进的。一般地讲，县域农业产业结构的变动，主要是由于主导产业的变动所引起的[12]。调整县域农业产业结构，实质上就是以高效率的有优势的主导产业为核心，构筑起有机有序的县域农业产业结构。这是由于县域农业产业结构是县域农业产业间的组合和联系，而主导产业是这种组合、联系的主导环节[13]。

主导产业是县域农业产业结构的组成部分，是产业结构质的一个表现形式，代表着产业结构的演进状况。主导产业并不代表产业结构的全部，而只是产业结构的一个侧面，或者说体现了产业结构的一种状态，体现了县域农业中某些产业的具体情况。而产业结构是一个整体的概念，对于不同级别的县域农业经济体，产业结构往往可以描述出其中的变化状况。

县域农业产业在地域空间上具有层次性，县域农业产业结构就是指在一定层次的县域农业中的产业结构。县域农业产业结构可以根据需要区分为经济地带、大经济区和行政区划经济区[14]。虽然产业结构的基本演进规律是带有普遍性的，但是不同的县域级别中的农业产业结构并不完全相同，只能作为一个参考量。县域农业产业结构应该放到大的开放环境中去比较和调整，其演进也应该放到一个更大的区域中去研究，而县域农业主导产业却要立足在一定的县域内部，结合县域的具体优势、资源禀赋、市场结构和农业产业发展情况并参照一定的标准来确立。

2.1.5.2 县域农业产业结构和县域农业主导产业发展的方向

县域农业产业结构的演进是农业产业结构高度化的过程。县域农业产业结构高度化是指县域农业产业结构随着生产力发展、自然条件的演变、资源的约束和需求结构的变动，在协调、优化的基础上，向速度和效益更高层次推进的过程，也就是遵循产业结构演进的基本方向和一般趋势。这仅是从宏观角度来讲，而对于国内某个县域而言，则完全没有必要建立一套完整、独立的产业体系，而应该把握县域农业产业结构的基本趋势，然后结合各自县域农业内部的资源和与其他农业产业的比较优势，通过区际合作，依靠各自的比较优势，不仅是相对优势，还包括内生的比较优势来选择合适的县域农业主导产业带动县域农业经济的快速发展。

2.2 县域农业主导产业经济学理论

2.2.1 农业区位论

19 世纪二三十年代，德国经济学家杜能发表了专著《孤立国对农业和国民经济之关系》（简称《孤立国》），他是最早创建农业区位论的人。他在理论中提及：农业经营的方式和农产品的种类是取决于农产品本身在市场上的销售价格；而农产品的生产成本和运输成本也构成了农产品在销售中的销售成本；在农产品的总成本里，最为关键的核心部分则是由运输费用所决定的。

那么，我们可以将商业运作的人在某单位面积上的获利最大看作（P），把农业在生产中的所需成本看作（E），再将农产品在现有市场上的价格以及所有在运输途中消耗的费用分别看作（V）和（T）。我们将这几个因素所起到的作用串联在一起得到：

$$P = V - (E + T) \qquad (2-1)$$

因此，杜能的"六种耕作制度"也是根据这个公式演变而来的经济分析和区位地租理论所提出的。在这个耕作制度里，杜能将每一个耕作制度划分为一个区域，但每一个区域都比作"孤立国"中的唯一的市中心，并且将这些区域的分布划分成了同心圆状的分布，而这就是我们熟知的"杜能圈"（见图2-1）。

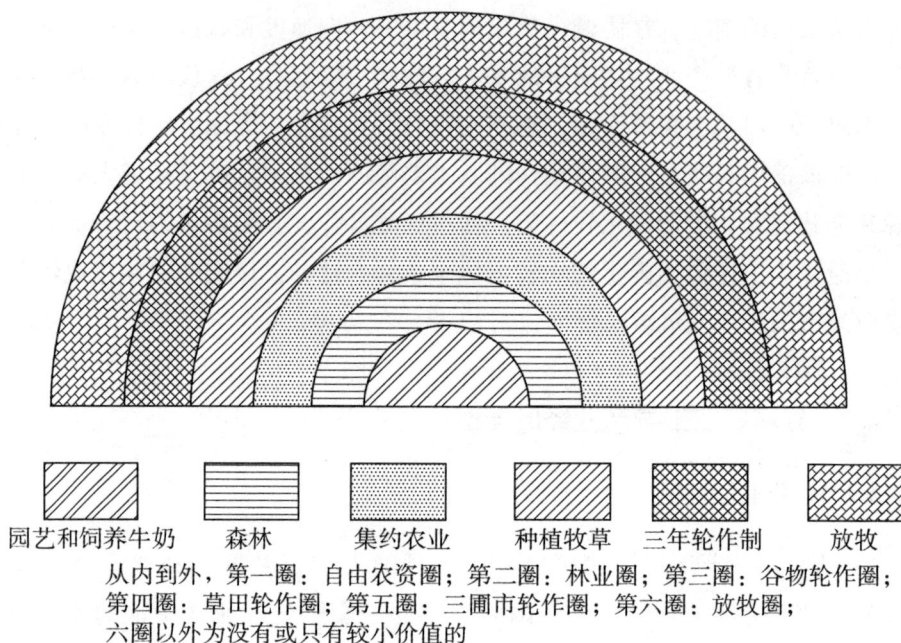

园艺和饲养牛奶　　森林　　集约农业　　种植牧草　　三年轮作制　　放牧

从内到外，第一圈：自由农资圈；第二圈：林业圈；第三圈：谷物轮作圈；
第四圈：草田轮作圈；第五圈：三圃市轮作圈；第六圈：放牧圈；
六圈以外为没有或只有较小价值的

图 2-1　杜能圈
Figure 2-1　Duneng circles

杜能农业区位论的特点是：用地价所能负担的能力同它的接近性这些主要的概念去说明在同心圆上土地利用的模式所形成的机制是怎样的。因此清晰可见的是，杜能所提出的区位论，能解决通过运用什么样的途径去构建合理的农业土地利用模式，去节约运费的消耗，从而使利润的增加最大化。而实践中我们也能看得出，在城镇土地中是存在这样"杜能圈"的结构模式的，因此杜能所提出的理论在一定程度上是适用于城镇土地的。

2.2.2　县域农业经济发展理论

县域农业经济发展理论有众多的不同流派，其代表性理论有输出基础理论、资源禀赋决定论、区域进化理论、区位改革创新理论、区位发展滞缓的假说等等

2.2.2.1　输出基础理论

县域农业"输出基础理论"是由在 1993 年获得诺贝尔奖的道格拉斯·诺思所提出，而这一理论是他在预测区域经济在长期变化的趋势中所形成的。时

隔两年后，道格拉斯·诺思出版了《区位理论与区域经济增长》一书，他把研究的基地放在了太平洋西北岸，在那里得出的结论是：区域外对于日常生活的所需品需求的扩大，不仅对区域的绝对收入水平有影响，同时也在一定程度上影响到辅助性产业的运作和特征，根据产业的分布特征所带来的人口分布的不同，城市化的进程的模式也同就业上下波动的范围存在着密不可分的关联。进一步分析，诺思在书中也指出：能使得县域农业经济产生乘数效应的是县域农业输出的增加，这样一来不仅使输出产业在投资上能增长，其他的农业经济活动也会增长，甚至于范围更广泛。所以剖析诺思理论中的观点来说：一个县域农业要求得发展，关键在于能否在该县域农业建立起输出基础产业，而特定县域农业能否成功地建立起输出基础产业，又将根据它在生产和销售成本等方面对其他区域所拥有的比较利益而定。

2.2.2.2　资源禀赋决定论

资源禀赋决定论是从空间或区位的角度来对县域农业发展进行实证研究的理论，由拍洛夫（H. S. Perloff）与温戈（L. Wingn）所提出。拍洛夫与温戈在《自然资源禀赋与经济增长》等书中，将诺思等人的县域农业输出基础思想作了进一步的推广，他们需要对不同区位的生产成本和收益进行比较分析，并且根据这些区位生产成本和收益的不同做出相应的投资和决策。而对于县域农业产业，不同区位的自然资源，其生产基本投入要素以及接触产品市场的概率也就不尽相同了，随之变化的还有农产品的成本同收益量之间的差值。此后，运营商也会就这一现象选择一个特定的区位做出乘数的决策投资，必定利于其所在的这一区位发展而不利于其他区位发展的决策投资。

2.2.2.3　经济进步延滞假说

关于经济发展滞缓这一假说，是由 1979 年诺贝尔奖的得主，美国著名的农业发展经济学家舒尔茨在针对区域经济研究中，考察了村镇地区同工业城市核心之间存在的关系，即"农业社区"与"经济进步中心"的关系所提出的。在 1950 年，舒尔茨发表的《农业部门贫困的反思》中，我们能看到舒尔茨最早对于"农业社区"的提出和重视，并且质问在美国经济高速发展的当下，为何"农业社区"的生活水平还在全国平均水平以下。而当时他所给出的答案是土地这些自然资源并不是决定"农业社区"贫富的关键，而是由它与工业城市的核心地带的远近距离所决定的。此后第二年，他进一步完善了他的这一理论体系，出版了《土地经济学构架：长期观点》一书，作为他所提出观点的力据。这就形成了后来的关于经济发展滞缓的假说。这个假说主要可以概括为三大点：（1）经济发展出现在一个特定的区位上，称作区位基，而经济中通常都存在这样的一个或几个区位基；（2）在工业化城市经济中，是典型的有区位基存在这一特征的，而不存在于农垦地区，"经济进步中心"的崛起，必然也会带动周边的农垦地区，这些农垦地区也在一定程度上要发展的比其他的农垦区更好；（3）通常来说，靠近或是位于特定经济发展的区位基中心的区位基组织和运行良好，周边的农垦因为影响也有良好的运行，与之相比区位基外的运行情况就没那么好。

2.2.2.4 区域创新扩散理论

在前人的研究和理论的基础上，贝里通过考察整个城市体系在区域经济发展中起到的作用，提出了他的"区域经济发展的创新扩散理论"。他在理论中提到了城市中心在发展中的两大作用：（1）经济的迅速增长并且通过城市等级向下逐渐传播是因为有了创新的渗透作用；（2）扩展利益，使其增长，可以通过从核心区域向腹地区域以及由大城市的中心向外围区域扩张。利益的增长很大程度上来源于运营商以及个体对创新理论的运用和实践。而区域的不平等同创新期间的收益产生的效应是呈递减函数的变化的，并且受到了扩散规定的范围限制。"经济中心"在发展过程中能很大或者最大程度上地影响到不同区域采纳和运用创新的顺序，经济变化也遵从由高级城市中心向低级城市中心传播，这样的过程，是"经济中心"本身具有的、能起到的发展作用。贝里指出：像这样大范围的创新扩散和发展，能让"经济中心"以及区域的经济创收新高。也就是说，通过城市等级，由高级城市中心向低级城市中心的传播与扩散和同要素不同区域的横向传递，能增长创收区域经济。我们从这个理论中也可以得出结论：能促进区域经济的增长是源于创新的扩散，并且是加速创新扩散，效果能显而易见。使创新不仅能在一线，二三线城市中心扩散，最理想的状态是能渗透到贫穷的村镇之中。同时，假如创新的扩散和潜力，在"城市中心"里与其本身的规模大小和运用采纳创新的几率有关联，那么，就可以考虑发展创新不仅仅在区域内，更应该将其扩散、传播到区域外，促使外围区域中心地带的人口增长，争取他们和创新中心能尽可能地最早接触并且采纳，将创新运用到实践中去[17~18]。

2.2.2.5　区域发展倒 U 字形假说

这一假说所阐述的是很多发展中国家在经济发展的进程中，区域经济会出现发展不平衡的情况，通常我们把这种情况叫作经济发展的瓶颈。对于为什么会出现区域经济发展不平衡的趋势，世界各地的专家学者也展开过有针对性的研究调查，从中脱颖而出的则是提出区域发展"倒 U 字形假说"的杰弗里·威廉逊。威廉逊运用大量的实验研究和论证，给出了答案：一个国家，在其发展的早期阶段就会有区域收入差距的扩大现象，而在经济和社会发展的进程中，发展到了某一个定点的时候，在这之后区域经济的差异就开始慢慢减小。而我们按照各国在区域经济中发展的水平将其顺序排列，我们不难发现，这些区域不平等的格局出现了所谓的倒"U"字形，这些国家包括哥伦比亚、菲律宾、波多黎各等。而这些国家和地区从收入上都已经达到了这个倒"U"字形的最顶端。同时，威廉逊在对单个的国家区域经济中收入的差异变化趋势的分析中，运用了横向的大面积的分析法，也就是横断面分析法，从 20 几个国家中抽出了 15 ~ 16 个国家，并且得到了分析所需要的一年以下的短期数据。这些数据的出现，更加肯定了"倒 U 字形假说"所提到的格局，以及假说存在的价值，即：如预料的那样，富足的国家各区域之间的经济发展最后会逐步趋于相同。事实也证明了这一点，富裕国家正在向这一阶段迈进，经济差异缩小；贫穷的国家则恰恰相反，区域经济收入的不断扩大是这一阶段最明显的特征。由此他提出了他的观点，就是在发展的开始阶段，区域与区域之间收入差距扩大和"南北"二元性状态的加剧成为了这一时候的标志特点，而随着国际的成熟和进步，这一时期的特点也会慢慢消失并被取代。

2.2.3　县域产业结构理论

这个理论解释了县域产业结构的变化方式、方向以及所通过的途径。就这一理论所形成的架构也影射出了众多的理论和观点，例如有以下的几个：

2.2.3.1　佩蒂·克拉克定理

1940 年，佩蒂·克拉克定理的发现者科林·克拉克在威廉·佩蒂的国民收入和劳动力之间的关系这一学说的理论基础上提出了著名的佩蒂·克拉克定理。他的这一定律阐述了在经济发展的当下社会中，人均的国民收入应当和经济发展水平相适应，而有所提高。一旦收入水平提高了，就会出现劳动力向第二产业和第三产业流动的情况；当人均国民收入水平更进一步提高时，第三产业就会吸收更多的劳动力转移。最终的结果就是：社会劳动力从最原始地集中在第一产业，将大部分转移到了第二、第三产业，而第一产业的劳动力明显减少。究其原因是，各个行业在经济发展中，相互之间所存在的收入有一个相对的差值，劳动力的流向是由低收入产业向高收入产业流动。我们切合实际地将这个理论同我们生产实践相结合，会发现：区域内的人均收入水平越是高，那么劳动力在农业之中所占的比重就越小，第二、第三产业的劳动力，占总劳动力的比重就会越大，反之也是成立的。

2.2.3.2 库兹涅茨法则

延续佩蒂·克拉克的研究定理，库兹涅茨在其基础上，分析了国家在国民收入和劳动力在产业之间的结构分布及其之间的变化，得出了一个新的理论。"库兹涅茨法则"基本包括三点：（1）随着经济的发展，第一产业在国民收入中所占比重、从事第一产业的劳动力占社会总劳动力的比重会不断地下降；（2）第二产业：工业部门的国民收入大体处于上升趋势，劳动力占社会总劳动力的比重变化不大，或者上升；（3）第三产业，也就是服务行业之中的劳动力，明显是上升的，在社会总劳动力中所占比重较大，但是国民收入水平不见得同劳动力的增加一样上升迅猛，处于基本持平，略有上升的状态。其实库兹涅茨的理论，同佩蒂·克拉克在某些大方向是相近的。他们基本都认为经济发展在各部门、各区域中出现了相对差异这个状态，是引起产业结构发生变化的根本原因。同时在他看来，在大多数的国家，第二、第三产业之中相对国民收入水平要高于第一产业的相对国民收入水平；正是因为如此，从而第一产业之中，劳动力的百分比通常要低于第二、第三产业劳动力的百分比；但是还有例外的是第三产业的劳动力比重在不断增长，而相对国民收入水平却在下降。

2.2.3.3 "标准结构"理论

钱纳里[19]提出了对人均的 GDP100～1000 这一期间经济发展变化描述的理论——"标准结构"，清晰地阐释了当国民人均收入大于 300 美元时，工业在产业链中的比重才会上升至初级产业比重之上；随着经济发展，人均收入水平的不断提高，从事初级产业的劳动力比重开始不断下滑，这些分散出的劳动力之中，约有近 8% 流向了工业产业；当人均国民收入水平开始大于 700 美元时，第二产业中劳动力的比重才会超过第一产业；然而人均收入水平开始大过

1500 美元时，第二、第三产业的劳动力所占的份额会上升，第一产业的劳动力这时候大概下降了约 16 个百分点。经济的不断发展，经济结构的转化也在这样的发展中展开，经济结构转化是区域由不发达发展到发达的本质和核心。其实区域经济水平的高低说到底是由于经济结构的内部存在差异所造成的。不同区域，经济为何会有不同的发展势头，源于发展的模式，当区域经济开始带来成功效应时，模式可以从现实转化为理想的模式进行操作，能使功能和效率最大化，区域中的经济产业结构差异的理论，其实对于当下的中国农业发展模式的调整，是一个很好的借鉴，同时也具有重要的指导意义。

2.2.4 农业产业关联理论

农业产业关联或农业产业联系是指农业主导产业之间的关联，它主要是通过农业产业与农业产业之间的投入与产出关系来研究分析的，所以农业产业关联理论也被称为投入产出理论。

2.2.4.1 农业产业关联理论及其渊源

农业产业关联理论的创始人是美国经济学家里昂惕夫[20]。他 1931 年就开始将与经济相关的理论作为自己的事业，并从事投入产出分析研究，把全部的心血都浇灌在了事业之上。他曾经提出了自己对于美国经济投入与产出这方面现象的一些观点，并发表了相关的研究成果来论述他的观点，这在很大程度上引起了学界的强烈反响。在他所出版的读物以及研究专著中所要表明的经济理论，就是从不同的角度来研究参与者所实现的不同的各项功能，实现各种形式意义上的买卖。其具体形式是：先根据统计资料将国民经济各部门间的产品相互交换数量编成一个棋盘式的投入产出布局形式，表中各横行反映每一部门产品在其他部门中的分配，各纵行反映每一部门在生产消费中从其他部门得到的产品投入，然后用数学方法将部门间相互依存关系列成线性方程组，以求其技术系数，又用这些系数建立的线性方程来计算最后需求的变动对各部门生产的影响或作其他分析。

投入产出分析的理论渊源来自法国重农学派的代表人物魁奈的经济表，以及马克思的两大部类再生产理论和洛桑学派的瓦尔拉般均衡的市场相互依存原理。投入产出分析的第一个理论渊源是魁奈的经济表。魁奈从他的重农主义理论出发，用简明的图式描绘了社会总资本的再生产过程，这是当时经济学发展史上第一个用图式的方法描绘社会再生产过程全貌的创举。

投入产出分析还参照了马克思的再生产理论，这在波兰经济学家兰格的作品中能够找到论证。第一，在里昂惕夫的生平中可以了解到，他以前在列宁格勒大学以及柏林大学学习过，而通过对有关文献的查找，可以知道他在里氏去德国之前还在苏联国民计委工作过一段时间。所以，兰格提到：从历史方面分析，里昂惕夫的理论或许产生于马克思的再生产理论以及苏联的物资平衡的实践，他不仅对苏联的经济文献很熟悉，同时还精通马克思的所有作品。1925年，里昂惕夫提出了他的最初的观点，那时他还在苏联生活。第二，兰格通过对里昂惕夫表式横行的分配方程式进行一系列的推导变换后，最终很自然地能够推导出马克思提出的国民经济最终产品与国民收入等值这一理论，另外，里昂惕夫表式的费用方程式对应了一个部类的总产品等式这个马克思的关系式。因此，兰格认为，里昂惕夫对部门间流出流入的观点能够当作是马克思表式的延伸。

另外，投入产出分析的产生还建立在瓦尔拉的一般均衡理论基础上。里昂惕夫把"均衡分析的一个经验性应用"作为《1919～1929年的美国经济结构》的副标题，由此可以看出的他对投入产出分析是采用"一般均衡论"来解释实际的经济问题。在瓦尔拉一般均衡论体系中，具有四个层次结构，即消费财货市场、生产劳务市场、资本财货市场以及流动资本市场四个方面的均衡。这四个结构又相互影响相互制约，同时又相互依赖，最终实现整体经济的平衡。通常，均衡论在所有特殊的市场中都有着一定的联系，这不仅说明各个价格之间存在联系，同时各生产要素之间也存在着必然的联系，消费品的价格和生产要素之间也存在相互制约、相互影响的关系。所以，完全抛开价格来研究某种消费品或生产要素的均衡价格是不科学的，这必须从整体上来把握和研究。里昂惕夫认为，瓦尔拉的一般均衡论太过于冗杂，包含了太多的信息，形式复杂，很难用来解释实际的经济问题。所以，里昂惕夫才把这些理论进行了整理和简化：第一，把经济主体的活动依据生产工艺的相似行为划分成许多个部门；第二，各个部门之间的结构关系必须明确，同时需要在"量"和"质"两方面都做到统一。经过改善后，里昂惕夫提出的以国民经济的均衡作为对象的模型就变成了一个能够计算的应用模型。

2.2.4.2 农业产业关联理论的发展

按照里昂惕夫曾经研究出的投入产出数据结构形式，霍夫曼在其相关的著作中对此也发表了自己的意见，他认为涉及这个产业关联相关的形式无非就是两种——前向、后向关联。所谓前向关联，指的就是某一个产业在提供单方向的过程当中与其他中介机构发生适当的联系的这样的一种形式，前者是指一个产业通过供给联系与其他产业部门发生的关联，而所谓的后相关联指的是在需求过程当中的类似的关联形式，这样的相互影响、相互指导的形式就是所谓的产业关联。当其中的任何一个方面发生变化时，都要对相应的参数或者是指标做出调整和修改，不能单一地把某种变化理解成是独立的而没有关联的，正是由于这种相互支持的关联性的形式的存在，才使得产业关联体现出其独特的优越性，在某一个参数的变化之中，都有一定的指导意义。

与此同时，以钱纳里和渡部经彦为首的经济分析团体把上世纪 50 年代末美国、日本、挪威、意大利这四个国家的投入产出经济资料做了较为清楚的分析和研究，他们为此专门建立了相关的档案库并把以霍夫曼为重要衡量标准的参数细节化地落实下来，统筹兼顾地建立并计算出了相关的投入产出所反映出的产业关联状态。举个具体例子来说，纺织产品的生产量在间接上取决于对棉花的需求，而如果我们大量地种植棉花，在很大程度上会使得农业化肥市场得到很大的波动，这种相互之间的联系和影响就会很具体地表现出来，但是这种方法只能在很小的程度上进行预测，并不能在宏观上进行估计。对于这一类问题我们通常使用产业关联总波及效应的手段，就是所谓的逆阵系数表。它的内容是说，当产业部门中的某一个元素发生了一定的调整时候，由此关联的其他元素也要发生相应的变化，并在总体上引起一定的改变。在这个数表当中，横表格上的具体数字反映的是产业相应的感应度的参数，它表明了产业的生产随产业的变化而波动的情况；而纵列所包含的意思是指产业对其他的影响程度的体现，也就是说，这一列中的数据表明了产业活动对其他产业相关的影响和干扰。总的来说，这样的影响用影响力系数来表征的话，影响力系数反映了该产业影响力的一般的、平均的趋势。影响力系数和感应度系数在产业关联分析中得到了广泛的应用。

2.2.5 比较优势理论

比较优势理论首先是从亚当·斯密的绝对优势理论开始的，然后经李嘉图的相对优势理论的改进，最后经过俄林要素禀赋理论的修正和不断改进。

2.2.5.1 绝对优势理论

亚当·斯密的著作《国民财富的性质及其增长的原因》中有一条绝对优势理论，这是国际贸易理论的一种。这条理论核心就在于，各个国家需要依靠自身的优势，着重生产具有绝对优势的产品，而且需要竭尽全力扩大产品的生产规模，提高出口产品的数量，这样的做法就是用本国具有优势的产品来换取自己很难生产或者生产成本很高的产品。

根据绝对优势的观点，两个国家要有贸易的产生，就必须满足其中的任何一方至少有一种商品的生产成本比另一方生产该产品的成本低，如果这个国家达不到这个要求，就没有办法参与到 Shiite 贸易的分工和合作中去。不过绝对优势理论在某些方面还是很局限的。某些产品就无法用这一理论来解释。例如，当一方的所有产品的生产都具有优势，而另外一方则完全处于劣势的时候，双方仍然可以进行贸易的这种现象就无法得到很好的解释。

2.2.5.2 相对优势理论

著名的英国经济学家大卫·李嘉图在长期对绝对优势理论充分理解和研究之后提炼并归纳出了相对优势理论这一国际贸易理论，因为这个缘故，它又被叫作比较优势理论。这条理论是亚当·斯密的绝对优势理论的发展，该理论根据对实例的研究和分析，论证了自由贸易发生、发展的合理性以及可行性在很大程度上影响着国际贸易理论的发展与完善。

比较优势理论则认为，两个国家之间能不能正常进行贸易的自由进行以及专业化的分工取决于相对劳动成本的不同。尽管某一方有可能会在生产两种商品的时候都处在不利的地位，但是如果这种"不利"的程度不可能完全相同，总有一方生产该商品的"不利"程度会小些，这种差距我们称之为相对比较优势。这样一来，这个国家就能够依靠两国之间的相对比较优势完成专业化生产，同时，还要尽量加大出口的数量，扩大生产规模，使贸易双方都能够获取各自的利益，从而合理配置各个有效资源，优化了双方的产业结构，提高产品的生产产量。有句谚语很形象地道出了这种关系，"两利相权取其重，两害相权取其轻"。

2.2.5.3 要素禀赋理论

瑞典的享负盛名的经济学家赫克歇尔和他所组成的研究团队对上面所提到过的比较优势理论进行了更大程度上的改善，并作出了一个较为重要的理论成果——要素禀赋理论，也就是通常所说的 H－O 模型，这一个理论是属于国际贸易的范畴之内的。简单地说，对于劳动力充足的国家，他们的长项在于生产劳动密集型这样的产品并得以大量的出口，而资金上很强大的国家，他们的优势在于他们能生产与劳动密集型相对应的资本密集型的产品，这就是具体的差异之所在。

2.2.6 增长极理论

20 世纪 50 年代，法国经济学家佩鲁第一次向全世界提出了他所谓的"极增长"这样全新的概念，并在他的名为《经济空间：理论与应用》的文章中进行了较为详细的诠释和阐述。这样的全新概念引起了法国经济学家、美国经济学家等等权威专家的兴趣，并在他们各自所组成的研究机构当中对这一概念进行了更为深层次的研究和修订。增长极的核心精髓在于其一直强调以平均恒定的形势的发展是一种不可能实现的理想状态，并不能真正在现实中实现，通常现实中我们所看到的这样的状态应该是一种以某一区域为重心向四周辐射的情况。鉴于这样的情况，我们应该选择具有代表意义的位置作为极增长，实现它推动经济发展的现实作用。另外我们不得不提，增长极与其他理论相比还有其独特的优势：其一，这样的理论和研究在很大程度上客观地描述了社会变革的真实内涵和本质，而非表象。其二，这样的概念中融入创新和改革的精神，符合社会和历史进步的潮流。其三，这样的概念通俗易懂，很容易受到来自于各个方面的关心和了解，并且在一定程度上很容易让人接受，不会与人产生很大的间隙。所以说，鉴于以上三点，这样的理论是很有实际意义的。不过，事物都有两面性，它在一定程度上也会使得两极分化严重，使得经济的不平衡状态越来越明显。简单地说，这样的理论的弊端在于，它会使得贫穷的地方越发困苦，而富裕的地方越发强盛，这也就是我们所说的回波效应，或称为马太效应。而另种效应就是扩散效应，总的来说，如果增长极的扩散效应大于回波效应，就会带动周边地区经济共同发展。然而通常回波效应会大于扩散效应，正由于这点的存在，因此在实际应用中应慎重。

2.3 农业生态经济系统可持续发展理论

根据可持续发展的理论研究，我们可以认为农业的可持续发展其实就是农业系统中各成员及各系统之间、系统和外部环境之间的有序化和持续化的运作过程。农业生产系统能否保持良性循环和生产力的可持续发展，这就成了农业可持续发展的核心思想。

农业生产系统、农业技术系统、农业经济系统这三个系统构成了农业生态经济系统。该系统具有物质循环、能量流动、信息传递、价值转移等基本功能。系统的正常发挥依赖于系统的整体结构，不同的机构体现了不同的功能。经济系统有别于生态系统。在反馈方面，经济系统属于增长型而生态系统属于稳定型。经济系统对自然的需求是无限的，但生态系统对资源的供给却是有限的。这就构成了生态经济系统的基本矛盾。通过农业经济系统和生态自然系统的结合，便构成了一个生态经济系统，这样做不仅可以增加系统的产出，同时对于维护生态系统的平衡也是至关重要。我们通过对生态经济系统的合理规划调节，建立了生态与经济目标的协调机制，从而实现了对农业经济生态系统的管理。

2.3.1 农业生态经济系统耗散运动结构理论

耗散运动具有稳定、动态、有序的结构特点，通过远离生态平衡以建立开放的系统，将原本无序的状态，通过转换变成一种在空间时间上有序的状态。该理论认为，对于一个孤立的系统来说，熵值是慢慢增加的，总过程从最初的无序慢慢变成有序。耗散机构可将我们的客观世界分为三种情况：（一）与外界没有物质和能量交换的孤立系统。（二）与外界有能量交换但没有物质交换的封闭系统。（三）与外界在能量和物质方面都有交换的开放系统。耗散系统主要研究是基于开放系统，通过研究一个非平衡系统向动态稳定变化的过程，其中所需要的条件，就是耗散条件。耗散理论认为，自然界的进化，就是一系列的非平衡转向平衡的过程。通过状态之间的转化，导致更多的负责组织的出现，我们平时所说的进化可以理解为动态平衡转化的过程。对于农村的可持续发展系统必须保持开放，必须不断地从外部系统吸收新的原材料、技术、资金、劳动力等。这样才能使不平衡性降低，从而增长农业系统的稳定性和有序性，使系统一直保持在一个比较稳定的耗散机构中。

2.3.2 农业生态经济系统协同发展论

在农业可持续发展系统中，生物之间是相互联系的，生物与环境也是互相依存的。生物之间存在着复杂的物质、能量的交换。通过学习生物理论，我们了解到生物为了更好地生存繁衍，必须不停地从外部环境中摄取必备的能量，如空气、光、水等必备的物质。另外，生物在发展的整个过程中，还不停地释放或排泄一些物质重新回到环境中，反哺环境。环境和生物之间通过相互的制约发展，使两者之间不断地交互作用，双方一起共同的进化。综上所述，生物不仅是环境中的生存者，同时也是制约环境发展的一个有利因素。作为生存者，生物不断地从环境中吸收有用的物质，通过消化吸收将一些有用的物质归还给环境系统，达到改造环境系统的目的。通过生物与环境系统的紧密结合，达到了生态系统的可持续发展。所以，农业通过合适的因时制宜、合理布局、合理轮作倒茬、种养结合等方法的结合使系统得到了很好的发展。如果违背这一原理，环境质量就会退化，严重的会导致资源枯竭。

2.3.3 农业生态经济系统开放循环论

我们都知道，自然界的生态系统遵守一个原则，那就是两条食物链、三大生物资源。一个良好的可持续发展的生态系统应该严格地执行生产功能、利用功能、转化功能，只有通过这样的相互联系的关系，步步相传，达到可持续的循环。植物产出的食物通过连续的生物重复使用，这一行为就是我们平常所说的食物链。食物在这个过程中每转化一次，能量就会被利用一部分。所以，整个的顺序和被利用的次数是有限的，一般是四到五次。如果食物链的级数比较短，那么到最后可以被利用的食物能量就会越多，同时越靠近食物链的出发点，可利用的还会更多。针对农业可持续发展中的食物链来说，这个食物链不仅是一条能量的转化途径，而且还是一条物质的传递途径。同时，如果从食物链的经济层面上看的话，能量在传递过程中，遵守食物链越短，可利用的能量就会越多，净利用率也会越高。但是，这个过程中人的作用也是很大，人的调节作用对这个食物链的发展有着很大的作用，不同的方法有着不同的效果。

2.3.4 农业生态经济系统协同控制论

农业生态系统在经济和环境上具有的矛盾性和结构的复杂性，使我们的调控成为必要。农业系统按性质划分可以分为线性平衡态系统、近平衡态系统、非平衡态系统。在实体方面有可以分为：自然系统、经济系统、社会系统、技术系统。所以，只要通过运用农学、地理学、生态学、经济学、社会科学等方面的综合知识才可以对其进行控制。有别于人工系统，农业系统不能达到完全的控制。我们只能是局部的控制，而且历史、科技等方面对系统的影响很大。一个系统能否真正地可持续发展，不仅受到系统内部结构和功能的影响，外部的影响也会对系统起到一定的催化作用，生态系统可持续离不开外部力量的帮助。我们要从系统的开发利用速度、规模等多个方面对系统进行调控，达到生态封闭系统的合理开发和利用自然资源，只有处理好了经济发展和资源利用之间的保护关系，生态系统才能得到很好的发展。农业系统内部不仅具有整体性，同时还具有关联性，所以对农业系统的控制要从不同的方面进行控制。对于农业系统中每一层的控制，由于相互作用还会给其他层次造成影响。所以，要综合考虑连带因素，做好统一的规划。

2.4 县域农业主导产业结构优化理论

县域农业主导产业化的优化，是指通过对农业系统内的能量流、物质流、信息流等内在机制和市场机制的调节，对整个系统的生产要素进行合理的配置，从而提高资源的利用率，进而实现经济、社会的生态目标。结合目前的科学理论，我们认为任何客观现实的事物在过程中都体现为特定的结构，结构作为食物和过程的体现，功能是结构和过程的属性。所以功能必定反应相关结构，结构也一定表现为特定的功能。按照理论所说，结构和功能相互影响，一方变化必定会导致另一方的变化。在农业产业结构中，效益和效率有着很大的差异，县域农业主导发展水平，直接表现在县域农业产业结构中要素的差别中。通过调整县域农业主导产业结构，这种变化的"结构效应"，在不需要增加任何生产要素的成本的前提下，会产生比原来更多的产出。

县域农业主导产业结构优化主要包括两个方面：一、县域农业主导产业结构合理化。二、县域农业主导产业结构高度化。县域农业主导产业结构合理化就是指系统内的各个子系统之间通过协调加强关联水平，要解决的核心问题是：资源在各主导农业间的合理规划和有效利用。县域农业主导产业结构高度化的过程就是该系统从低水平状态向高水平状态的发展，表现为系统内资源利用效率不断提高的过程。县域农业主导产业结构合理化的评价可以通过主导农业产业结构联系熵值进行测算。县域农业主导产业结构优化过程中，应该考虑以下两种重要联系：一是县域农业各主导产业部门间联系深度，当农业主导产业中的其中任何两个部门之间有联系发生时，就说明它们此时属于同一条农业产业链，若二者之间有直接联系发生时，此时就属于长度最短的农业产业链；若二者之间有间接联系发生，即需要通过其他产业（产品）在其中起联络作用时，其中的联络产业（产品）量越大，农业产业链长度越长，农产品的最终成型就会相对越好，产品的价值增长幅度越大，其对应的产出效益也就越高。该系统生产要素的可利用率可以由县域农业主导结构联系深度来代表。二是县域农业主导产业部门间联系广度，是指对于县域农业主导产业结构来说，当它与其中的另一个产业（产品）有联系的中间产业的量越大，其联系广度也就越大。农业产业结构内产业（产品）间在广度上的联系越大，其中的某一生产要素的利用率在与之最相符的农业产业部门中就越大，生产要素（劳动和资本等）的配置空间也就相对更大，同时其对经济波动的抵御能力以及相应的资源配置率也就越大。该系统生产要素的配置效率可以由县域农业主导产业结构的联系广度来表示。县域农业主导产业结构中的各要素之间的配置效果及效率越好，县域农业主导产业关联的多元化和丰富化程度越高，其熵值越小，县域农业主导产业结构关联有序程度越高，反之亦然。县域农业主导产业结构高度化的评价是通过农业产业结构运行熵进行测算的。测度县域农业主导产业结构高度化，可以通过不同时期该系统内重要指标的变化趋势，来构造一个模型，运用定量分析方法来反映县域农业主导产业结构高变化趋势。

2.4.1 双重二元经济结构理论

在二元结构理论中，影响最大的是美国经济学家阿瑟·刘易斯的二元结构理论，二元结构理论的诞生年限为 1954 年，这是他在一篇名为《劳动无限供给条件下的经济发展》的文章中提出的。一国经济体系在该理论中被划分为两个系统，一个是传统农业部门，它的劳动生产效率相对较低，另一个是现代工业部门，它的劳动生产效率相对较高，由于许多的农业剩余劳动力被劳动效率较高的工业部门所吸引，所以大量涌入工业部门，工业部门由于其超低的工资成本，从而获得了大量的超额利润，农业剩余劳动力因为工业部门的不断扩张被进一步吸收，其吸收效率几乎达到了百分之百，以至于最后这两个部门的劳动生产率都得到了提高，经济也整体性地发展了起来。该模型刻画了具有二元结构特征的发展中国家如何摆脱落后，获得发展的过程，该理论对发展中国家的经济发展政策产生了重大影响。目前，由城乡二元经济结构和农村内部二元经济结构构成的双重二元经济结构已构成我国整体经济结构的重要特征。当前我国存在的一系列重大现实问题，如"三农"问题突出，城乡居民收入水平、消费水平差距拉大，农村和城市长期分离，农业严重落后于工业和其他产业，农村劳动力转移和城市化严重滞后，农民不能完全享受与市民同等的国民待遇等问题，大都与二元结构有关[24~26]。我国的城乡二元结构对农民、农村和农业的影响是深重而漫长的。消除二元经济结构有利于贯彻扩大内需方针，有利于全国实现工业化、现代化和全面建设小康社会。而伴随乡镇企业的发展，农村工业部门的出现，打破了只有传统农村农业的局面，农村工业部门伴随着城市现代工业部门和传统农业部门的发展而壮大，原有单一城乡二元经济结构被打破，农村工业部门的出现奠定了农村内部二元结构的基础。农村内部出现的二元经济结构，主要指我国农村经济在发展过程中形成的两个差别较大的子系统的现象，一个是以乡镇企业为代表的市场化的生产效率较高的农村工业部门，一个是劳动生产率较低的半市场化的传统农业[27]。产生于农村内部的二元结构是农村经济发展过程中不可避免出现的现象，农村工业部门同样担任着吸收农村剩余劳动力、提高农村经济整体实力的任务。通过农村工业化吸收农业剩余劳动力以实现经济结构一元化，是城乡统筹发展的重要途径。我国在 20 世纪 80 年代以后进行了旨在消除二元结构的一系列改革措施，诸如城乡户籍制度改革、发展城市工业和第三产业、建立城乡统一的要素市场等，这些措施对于促进我国城乡发展，提高经济整体实力具有重要促进作用。但是，目前我国二元结构特征还较鲜明，这种状况严重制约了全面小康社会的实现。

2.4.2 结构相似性分析理论

龚仰军[28]给出了结构相似性分析的两种方法：相似判断法和距离判断法。在进行农业主导产业结构高度化的相对比较判别时，有两种不同的思路。一种思路是比较两个农业主导产业结构系统的相似程度，以两者"接近程度"对被判别农业主导产业结构的高度化进行衡量，即"相似判别法"；另一种思路是度量两个农业主导产业结构系统之间的差距，以两者之间的"差离程度"对被比较农业主导产业结构的高度化进行判别，即"距离判别法"。

记被判别的农业主导产业结构系统为 A，作为参考系的农业主导产业结构系统为 B，u_i 为产业 i 在整个农业主导产业结构系统中的比例，则 u_{Ai} 和 u_{Bi} 分别表示了产业 i 在农业主导产业结构系统 A 和农业主导产业结构系统 B 中的比例。并有：

$$\sum_{i=1}^{n} u_i = 1 \qquad (2-2)$$

其中 n 为产业个数。显然，应有 $\sum_{i=1}^{n} u_{Ai} = 1$，$\sum_{i=1}^{n} u_{Bi} = 1$

相似判别法的关键是构造一个关系式，将被判别农业主导产业结构系统与作为参照系的农业主导产业结构系统联系起来，并且这个关系式能反映出两者之间的相关程度。相似判别法的具体判别方法为夹角余弦法，其计算公式为：

$$r_{AB} = \left| \sum_{i}^{n} u_{Ai} u_{Bi} \right| \bigg/ \left[\left(\sum_{i}^{n} u_{Ai}^2 \right) \left(\sum_{i}^{n} u_{Bi}^2 \right) \right]^{1/2} \qquad (2-3)$$

由于此处的 u_{Ai} 和 u_{Bi} 皆大于零，故上式中分子的绝对值符号可以省略，该表达式也可以写成：

$$r_{AB} = \sum_{i}^{n} u_{Ai} u_{Bi} \bigg/ \left[\left(\sum_{i}^{n} u_{Ai}^2 \right) \left(\sum_{i}^{n} u_{Bi}^2 \right) \right]^{1/2} \qquad (2-4)$$

距离判别法的关键同样是构造一个关系式，这个关系式不但能联系被判别农业主导产业结构系统和作为参照系的农业主导产业结构系统，并且还能计算出两者之间的差离程度。距离判别法的具体判别方法有以下三种：

欧氏距离法，其计算公式为：

$$r_{AB} = \left[\sum_{i}^{n} (u_{Ai} - u_{Bi})^2 \right]^{1/2} \qquad (2-5)$$

海明距离法，其计算公式为：

$$r_{AB} = \sum_{i}^{n} |u_{Ai} - u_{Bi}| \tag{2-6}$$

兰氏距离法，其计算公式为：

$$r_{AB} = \sum_{i}^{n} |u_{Ai} - u_{Bi}| / (u_{Ai} + u_{Bi}) \tag{2-7}$$

上述三种方法的计算公式虽然不同，但都能表达出两个农业主导产业结构系统之间的"距离"。

2.4.3 农业产业结构自组织理论和耗散结构理论

自组织是复杂系统演化时出现的一种现象，是系统在形成空间、时间、功能结构的过程中，在没有外界干扰的情况下，仅依靠系统内部的相互作用来达到的一种易于存在和稳定的状态。系统自组织理论具体包括：耗散结构理论、超循环理论和协同理论。

耗散结构是由比利时物理化学家普里·高津1969年提出[29]，该理论阐述了自组织现象形成的外部条件和内部条件。该理论指出，一个远离平衡态的开放系统，必须是一个不断地与外界进行物质、能量和信息交换的系统。但外界达到了一定的阈值，状态就可能发生转变，由原来的无序转为有序，这就是我们所说的耗散系统。平衡与耗散系统有差别，产生需要的条件比较苛刻，必须是开放、远离平衡态、非线性、涨落和突变。系统的发展和维持需要不断地与外部进行作用。我们通常用熵衡量一个系统的混乱程度，熵值越大，那么就代表系统的无序程度越大。熵值的增加，表明了系统是不可逆的。如果一个系统孤立存在，并且不与外界进行任何交换，那么这个系统必将朝着均匀无序的状态发展。依次类推，系统的熵值继续增大，系统变化到了平衡的状态，这时熵值达到了最大。这就是为什么孤立的系统不能形成耗散结构的原因了。对于一个远离平衡态开放的耗散系统来说，与外界进行物质能量交换的同时，系统的熵值也在不停地变化，熵值可能变大、变小、不变。如果系统从外界获得的熵值大于了系统内部的话，系统呈现负熵状态。那么，该系统就会朝着有序的状态发展，最后呈现高度发展的态势。

1970年，欧洲学者提出了协同学的概念，协同系统是指，在外参量和子系统之间的相互作用下，通过自组织的方式，在宏观尺度上形成空间、时间或功能的有序结构。协同学所具有的特点及其演化规律为系统的发展奠定了基础。该理论指出了自组织理论的动力机制是系统内部大量的子系统之间的协同作用。

物质、人力资源、环境、土地等因素是农业产业机构系统构成的主体。系统内的各个子系统都有各自的变化规律，同时自然规律、生态规律、经济规律都制约着系统的发展。如果从系统熵的角度来看，内部自发熵在农业产业结构中是客观存在的，从外部引入的负熵比较少、农业技术更新慢、农业结构方式单一、农业种植方法创新少等多方面因素导致了传统农业的生产效率低，长期的自给自足经济状态的存在，导致该系统运行很慢，不宜形成比较完善有序的状态。现代农业在发展过程中，很重视新技术的引入，注重提高劳动率、品种、信息等多方面因素，这样不仅提高了农业产业结构，还促使该系统形成耗散系统，使该系统从混沌向有序转化。

2.5 本章小结

本章总结了县域农业主导产业选择及其结构优化的基础理论。首先阐释了县域主导产业及其相关概念，为本书的理论研究和实证分析打下坚实的理论基础。其次分别从区位论、县域农业经济发展理论、县域产业结构理论、农业主导产业演进理论、农业主导产业关联理论、比较优势理论、农业生态经济系统耗散结构论、农业生态经济系统协同发展论、农业生态经济系统开放循环论、农业生态经济系统协同控制论以及县域农业产业结构优化理论等方面对国内外县域农业主导产业选择及优化相关的理论研究进行了分析、归纳和评价，指出了主导产业选择及结构优化的理论研究不能只是局限于已有的研究角度和分析工具，同时也为本书县域农业主导产业选择及结构优化研究提供了理论的参照系。

参考文献

[1] 朱耀明. 产业经济研究[M]. 上海：中国纺织大学出版社，2000.

［2］戴伯勋,沈宏达.现代产业经济学［M］.北京:经济管理出版社,2001.

［3］王俊豪.现代产业经济学［M］.杭州:浙江人民出版社,2003.

［4］赫希曼.经济发展战略［M］.经济科学出版社,1958.

［5］大卫·李嘉图.政治经济学及赋税原理［M］.北京:商务印书馆,1990.

［6］江小涓.世纪之交的工业结构升级［M］.上海:上海远东出版社,1996.

［7］刘伟.工业化进程中的产业结构研究［M］.北京:中国人民大学出版社,1995.

［8］李小建,主编.经济地理学［M］.北京:高等教育出版社,1999.

［9］杨万钟.经济地理学导论［M］.上海:华东师范大学出版社,1999.

［10］李龙新.基于劳动力发展的主导产业选择研究［D］.上海:复旦大学,2006.

［11］苏东水.产业经济学［M］.北京:高等教育出版社,2000.

［12］杨公朴,夏大慰,龚仰军,主编.产业经济学教程［M］.上海:上海财经大学出版社,2008.

［13］W.罗斯托.经济增长的阶段——非共产党宣言［M］.中国社会科学出版社,2001.

［14］郭万达.现代产业经济辞典［M］.北京:中信出版社,1990.

［15］李震中.宏观经济管理学［M］.北京:中国人民大学出版社,1994.

［16］相子国.区域主导产业与支柱产业辨析［J］.广西经济管理干部学院学报,2004(3):30-32.

［17］赵慧英.试析主导产业与支柱产业的关系［J］.广西热带农业,2003(3):47-48.

［18］孙久文.论区域经济在国家和地区发展中的作用［J］.经济问题,2001(4):26.

［19］江世银,李长咏.区域产业结构调整与主导产业选择［J］.理论前沿,2003(12):42-45.

［20］苏东水.产业经济学［M］.北京:高等教育出版社,2000.

［21］姜学民等.生态经济学通论［M］.北京:中国林业出版社,1993.

［22］尚杰.农业生态经济学［M］.北京:中国农业出版社,2000.

［23］沈亨理.农业生态学［M］.北京:中国农业出版社,1996.

［24］张忠法.我国二元经济社会结构基本特征分析［M］.北京：中国农业出
版社,2001.

［25］邓鸿勋,陆百浦.走出二元经济社会结构基本特征分析.北京：中国发
展出版社,2004.

［26］孙东川,林福永.系统工程引论［M］.清华大学出版社,2005.

［27］蒋永穆.双重二元经济结构下的城乡统筹发展［J］.教学与研究,2005
（10）:22-29.

［28］龚仰军.产业结构研究［M］.上海：上海财经大学出版社,2002.

［29］孙东川,林福永.系统工程引论［M］.清华大学出版社,2005.

［30］付子顺.关于建立中国农业可持续发展体系的思考［J］.经济经纬,
2003（4）:104-106.

［31］庆海.县级农业可持续发展的基本因素及其构成——通县、龙海县、延
长县农业调查［J］.农业现代化研究,1995,16(3):208.210.

［32］黄文炎.当前县域农业经济发展存在的问题及对策［J］.区域经济,
2004(10):43-45.

［33］柴志英.县域农业产业结构调整的对策思考［J］.理论探索,2000(5):
62-63.

［34］张仁开.中国县域农业可持续发展的对策研究［J］.小城镇建设,2005
（4）:78-79.

［35］韩兴,王秀茹,王英杰,等.中国县域可持续农业发展模式之思考［J］.
水土保持研究,2004,11(3):315-316.

［36］宋金平,李香芹,吴殿廷.中国山区可持续发展模式研究——以北京市
山区为例［J］.北京师范大学学报(社会科学版),2005(6):131-136.

［37］李友华.论黑龙江省县域经济发展模式［J］.学习与探索,1999(6):
33-36.

［38］长祥.黑龙江省县域农业可持续发展问题研究［D］.东北农业大学硕
士学位论文,2003.

［39］刘广海.论县域资源及其可持续开发利用对策［J］.科学与管理,2001
（5）:35-37.

［40］沈茂英.贫困山区农业可持续发展的问题与对策——西川南山区为

例[J]. 安徽农业科学,2004,32(6):1252-1256.

[41] 石山. 山区建设的新形势新思路[J]. 生态农业研究,1994,2(1):9-11.

[42] 张正. 中国山区现代农业可持续发展研究[J]. 水土保持研究,2002,
9(3):79-83

[43] 周国富. 山区农业持续发展土地影响及对策[J]. 贵州师范大学学报
(自然科学版),2002(2)61-64.

[44] 裴习君,杨仁斌,郭正元. 中国山区县域生态农业研究进展[J]. 湖南农
业大学学报(社会科学版),2004(3):5-7.

[45] 赵莹雪. 山区县域农业可持续发展研究——以五华县为例[D]. 西南
师范大学硕士学位论文,2002.

第三章　县域农业主导产业结构评价指标体系

20世纪四五十年代以来，国内外相关研究者对于县域农业主导产业结构评价指标体系进行了大量的研究，其中关于农业主导产业选择的基准研究是一个比较成熟的研究领域。我国研究人员对于农业主导产业结构评价指标体系的研究是以农业主导产业选择的基准理论为基础，通过借鉴国外成熟的理论研究成果和相关经验，以本国县域农业产业经济的实际情况作为指导来研究我国县域内的农业主导产业的基准和结构评价指标体系。根据县域农业产业经济的发展和农业主导产业选择过程中出现的问题，对县域农业主导产业选择基准的研究有很多，比较典型的主要有收入弹性基准、产业关联基准、瓶颈基准、生产率上升基准、环保基准等。这些基准几乎涵括农业主导产业过程中的各个方面，但是每个基准的评价内容比较单调，各个指标内部缺少相对比较标准，而且有的基准之间存在一定的重复，对于指标的赋值较为困难，并且也不能全方位的评价某一农业产业的主导作用，因此对于农业主导产业的定量选择带来了一定的障碍。

本章首先阐述了国内外区域主导产业选择的基准理论，根据我国县域农业产业的实际情况，分析了当前我国县域农业主导产业的结构特征及其评价原则，从县域经济子系统、县域农村社会子系统以及县域生态环境子系统三个方面建立了县域农业主导产业结构指标体系，为后续的县域农业主导产业评价模型分析及其结构发展生态适宜性分析与实证分析作理论铺垫。

3.1 区域主导产业的选择基准理论

3.1.1 赫希曼基准

赫希曼基准是美国发展经济学家艾伯特·赫希曼于 1958 年在其名著《经济发展战略》一书中提出的[1]。他以投入产业为基本原理依据，认为产业关联度是评价主导产业选择的重要指标，对于农业经济相对比较落后的县域来说，应该优先发展农业产业关联度强的农业产业，特别是后向关联度较高的农业产业，通过此类农业产业来带动其他的产业发展，并提出了依后向关联水平确定主导产业的基准。赫希曼根据发展中国家的经验指出，在产业关联中必然存在一个与其前向产业和后向产业在投入产出关系中关联系数最高的产业，这个产业的发展对其前、后向产业的发展有较大的促进作用，因此他认为产业关联度强应成为选择和确定主导产业的一个基本准则，也就是说必须选择能对多个产业带动和推动作用的，或者说具有较强后向关联度、前向关联度和旁侧关联度的产业，作为县域农业主导产业选择的优先对象。主导产业选择中一个重要的原则之一就是产业关联度基准，它反映了县域农业主导产业促进农业经济增长的作用，是评定县域农业主导产业是否能对区域农业经济起带动作用的重要衡量准则之一。虽然赫希曼的分析前提是发展中国家选择主导产业，但是它对区域内进行主导产业选择也是适合的，因为区域可以是一个国家，也可以是一个省市县，还可以是若干国家或省市组成的大区域[2]。

3.1.2 罗斯托基准

罗斯托的经济成长阶段理论揭示了最完善的主导产业更替规律。其把经济增长分为六个阶段，经济增长的各个阶段都存在相应的起主导作用的产业部门。罗斯特认为主导部门不仅本身具有高增长率，而且能够带动其他部门的经济增长[3]。主导部门通过回顾效应、旁侧效应以及前瞻效应的作用来带动其他产业的发展。回顾效应就是指主导产业处于增长的高速阶段，能够针对于不同的生产要素产生新的投入要求，从而带动这些投入的发展；旁侧效应就是指随着主导产业的兴起，周围其他的产业会发生一系列的变化，即对当地经济在其他方面的影响，比如经济制度的制定、区域经济结构的变化、基础设施以及人员结构等；前瞻效应就是指主导产业能够兴起新的经济获得或产生新的产业结构，也就是说主导产业能够为经济活动提供更大空间的活动可能，有时候甚至为下一个重要主导产业建立起新的平台。罗斯特还认为对于主导产业的发展，主导产业的发展序列是不能随意更改的，任何国家或是地区或是区域内都必然经历由低级向高级的发展过程。由于产业结构和经济结构的不同从而体现了各个时代和社会经济的主要特征，因此，罗斯特的主导产业理论具有重大意义，为划分经济发展阶段提供了新的方法。对于经济成长阶段的更替主要表现为主导产业部门序列的变化，虽然罗斯特的有关主导产业分析不是很正确，但它对于我们制定经济增长方式根本转变的发展战略，制定产业结构政策都有一定的启示作用。

3.1.3 筱原基准

日本产业经济学家筱原三代平为日本规划产业结构，于1957年在《经济研究》杂志上发表了题为《产业结构与投资分配》的著名论文，提出了规划日本产业结构的两条基准，即"收入弹性基准"和"生产率上升率基准"。筱原的基准理论认为，如果一种产业的上述两个指标都比较高，那么在未来的长期而又广阔的发展空间中，该种产业应该被列为战略产业。通过产业经济学的发展，研究人员将上述两个指标合为一体，称作"筱原基准"。

3.1.3.1 收入弹性基准

收入弹性又被称为需求收入弹性，其是指在一定时期内价格不变的前提下，社会对某一产业需求随国民收入的变动而变化这样的一种经济关系，是产业的需求增长率与国民收入增长率之比，是用来衡量需求量对国民收入变动的反应程度。对于一个县域农业产业部门来说，不同的产业部门具有不同的需求收入弹性，而由于不同的需求收入弹性大小表明了不同农业产业潜在的市场发展空间，因此只有需求收入弹性高的农业产业才能不断地扩大甚至是占有市场，而这种产业往往代表着一个区域内产业结构变动的方向和发展趋势。对于需求收入弹性的定量计算公式可以表示为：

$$E_i = \frac{\Delta Q_i/Q_i}{\Delta Y/Y} \qquad (3-1)$$

其中 E 表示为收入弹性，i 代表某一产业，Q 表示为需求量，Y 表示为国民收入，$\Delta Q_i / Q_i$ 以表示 i 产业的需求增长率，$\Delta Y / Y$ 表示同一时期国民收入的增长率。对式（3-1）分析可知，当 $E_i > 1$ 时，表示在一个区域及一定时间内，社会对产业 i 的社会需求变化速度要大于当时国民收入的变化速度；当 $E_i < 1$ 时，表示在一个区域及一定时间内，社会对产业 i 的社会需求变化速度要小于当时国民收入的变化速度。

收入弹性基准是以满足社会市场需求为出发点，看重的是社会市场需求对区域产业成长的主导作用，这种需求变化反映经济运动过程中的客观要求。社会市场需求是社会生产和扩大再生产的推动力，是区域内社会经济增长发展的动力。然而不同的需求收入弹性表示区域产业潜在的市场发展空间，只有需求收入弹性较高的产业才能代表一个区域产业结构变动的方向，因此以需求收入弹性作为基准，就是要在区域内优先发展那些收入弹性比较大的产业，以满足社会迅速增长的需求，其理论含义就是要求政府部门应重点发展那些提供尽可能多的国民收入的产业。

大部分的研究表明，县域农业主导产业应具有比较高的收入弹性比，原因在于收入高的县域农业产业有着广阔的市场空间，而宽阔的市场发展空间正是农业主导产业进一步发展的必要条件和先决条件。通过优先发展那些需求收入高的县域农业主导产业，增加它们对县域农业经济贡献以及农业产业结构中的比值，其实是满足县域农业主导产业结构同县域农业经济发展和县域人民收入增加所引起的需求结构相适应的要求。在区域主导产业选择中不得不考虑弹性基准，但不能把需求弹性比看作为区域主导产业选择的唯一基准，因为它只是从社会市场需求的角度考虑了不同产业发展的市场空间。一个农业产业要发展，仅是考虑一个有潜力的市场空间是不足够的，比如在生产环节，产业还需要具有一定的竞争力，所以在筱原基准中还有生产率上升基准作为一个补充。

3.1.3.2　生产率上升基准

各产业部门生产率上升率不一样的现象会出现在经济的发展过程中，这种现象被称为"生产率上升不均等增长"的表现。造成这种现象的原因非常多，其中最主要的是技术进步的影响。一般地讲，技术进步慢的产业，其生产率上升率也慢，反之则反。生产率上升率基准是突出了供给方面刻画产业生产能力及其发展的潜力。它是从李嘉图"比较成本"说演化而来的，是"比较成本说"的动态化，但它和"比较成本"已有很大的不同。生产率上升率中的生产率是指对于以特定的产业来说的产出与投入要素之比或是指单位产出中的投入要素。在一个产业的发展过程中，生产要素的投入是多方面的，因此其中的生产率也可以指为全要素的生产率，其可用以下公式定量的表示：

$$R_p = \left(\frac{P_n}{P_0} - 1\right) \times 100\% \qquad (3-2)$$

其中 R_p 为产业的全要素生产率上升率，P_n 为报告期产业的全要素生产率，P_0 为基期产业的全要素生产率。技术进步的衡量基本指标之一就是全要素生产率。

在县域农业经济再生产的过程中，同一时期各农业产业生产率发展的程度是不同的。全要素生产率上升高的县域农业产业，其技术进步的速度相对来说比较快，从而农业产业中，单位产品的生产费用也相对比较低。这样，使该农业产业在科学技术以及环境资源的供给上比其他产业具有更多的保障，使该农业产业相对于其他的农业产业来说发展会更快，对一个县域的农业经济增长贡献作用力度更大。生产率上升率基准是依托供给的角度提出生产的选择基准，要求县域农业部门优先发展生产效率高的农业产业。根据上述分析可知，收入弹性基准是以社会市场需求结构对产业结构的影响为基础的，生产率上升率是以社会供给结构对产业结构的影响为基础，虽然两者的切入点不同，但是两者不是相互独立的，而是存在着内在联系的。一方面从供给上看，如果只是存在相对较高的技术进步增长率，未必就能够一定支持相对较高的生产率上升率，高的生产率上升率是以社会市场销售为基础的，也就是说要以不断扩大的社会市场为基础。假设生产费用与价格同步下降，则劳动生产率也不会上升。另一方面从需求上看，收入弹性相对较高的县域农业产业，意味着有宽阔的市场空间，该农业产业具有一定的后发优势，宽阔的市场空间是农业产业生产的先决条件，而农业产业部门的技术进步和生产存在着必然的联系。不仅如此，农业产业的生产带来的生产成本快速下降和持续下降的潜力又是扩大需求的必不可少的条件。也正是因为这两个基准之间的联系，两者的表现是一致的。

3.1.4 区内相对比较优势基准

对于县域农业主导产业结构的调整，必须充分发挥县域的比较优势。从实际的情况来分析，县域农业产业比较优势是县域内各个农业产业相互比较的结果，然而这种比较不是一个静态的过程，也就是说比较优势是一个动态的过程，因此县域农业主导产业首先应具备的条件就是符合县域农业经济的发展阶段，是由县域内动态比较优势所决定的农业产业或是产业群。县域农业主导产业的形成与发展必须以所依靠的县域比较优势为基础，它的选择标准主要有以下五个方面：

（1）具有较高的区内增加值比重

较高的区内增加值也就是说农业主导产业应该具有一定的规模，规模带出效益，否则很难起到应有的带动作用，更加不用说发挥主导力量和作用了。在一个时期内，县域农业发展规模较小的产业不能作为当时的主导产业，只能作为潜在的主导产业，当条件成熟时，可以转换为主导产业，只有产值占有一定的比重的产业才可能是县域农业的主导产业，该指标的定量计算可以表示如下：

$$WI_{ij} = (G_{ij}/G_i) \times 100\% \qquad (3-3)$$

式中：WI_{ij} 表示 i 区域内 j 产业的增加值比重；G_{ij} 表示 i 区域内 j 产业的增加值；G_i 表示 i 区域内的 GDP。一般来说，只有 $WI_{ij} > 15\%$ 的产业才有可能成为县域农业的主导产业。当 $WI_{ij} > 20\%$ 时，只要农业部门选择和调整该农业产业，它是很容易成为主导产业的。当 $WI_{ij} > 30\%$ 时，如果农业部门不限制，该农业产业会主动成为主导产业，相反，当 $WI_{ij} < 15\%$，该农业产业只能是潜在的主导产业。

（2）较高的区内比较劳动生产率

县域内农业产业比较劳动生产率的高低表示了该县域内农业产业科技水平的高低，代表了县域农业经济发展的方向和新的农业经济增长点，该指标的定量表示为：

$$RI_{ij} = (G_{ij}/L_{ij}) \div (G_i/L_i) \qquad (3-4)$$

式中 RI_{ij} 表示 i 区域内 j 产业的比较劳动生产率；G_{ij} 表示 i 区域内 j 产业的劳动生产率；L_{ij} 表示 i 区域内 j 产业的劳动力从业人数；G_i 表示 i 区域内各个产业平均劳动生产率；L_i 表示 i 区域内各产业总的劳动力从业人数。根据相关研究统计，当 $RI_{ij} > 2$ 时，该农业产业可能成为该县域内农业主导产业，当 $RI_{ij} > 3$ 时，只要农业部门选择和调整该农业产业，它是很容易成为主导产业的。当 $RI_{ij} > 5$ 时，如果农业部门不限制，该农业产业会主动成为主导产业，相反，当 $RI_{ij} < 2$，该农业产业只能是潜在的主导产业。因此，用该指标作为县域农业产业间的比较优势时，系数大说明该农业产业的劳动生产率高，且具有一定的比较优势，容易作为县域农业主导产业加以发展和扶持，系数较小的农业产业说明在比较劳动生产率上比较低且处于劣势，不宜作为农业主导产业而应该加以收缩甚至退出。

（3）较高的区内比较资本产出率

资本的增加就是经济发展的直接动力。反映区内资本投向最现实的指标就是具有较高的区内比较资本产出率的产业。该指标的定量表示为：

$$VI_{ij} = V_{ij}/V_i = (G_{ij}/K_{ij}) \div (G_i/K_i) \tag{3-5}$$

式中：VI_{ij} 表示 i 区域内 j 产业的比较资本产出率；V_{ij} 表示 i 区域内 j 产业的资本产出率；V_i 表示 i 区域内各产业的平均资本产出率；G_{ij}、G_i 分别表示 i 区域内 j 产业劳动生产率和平均劳动生产率；K_{ij} 表示 i 区域内 j 产业的资本；K_i 表示 i 区域内所有产业的资本总量。根据相关研究统计，当 $VI_{ij} > 2$ 时，该农业产业可能成为该县域内农业主导产业，当 $VI_{ij} > 3$ 时，只要农业部门选择和调整该农业产业，它是很容易成为主导产业的。当 $VI_{ij} > 5$ 时，如果农业部门不限制，该农业产业会主动成为主导产业，相反，当 $VI_{ij} < 2$，该农业产业只能是潜在的主导产业。比较劳动生产率和比较资本产出率指标是两种不同经济效率指标。

（4）区内比较经济效率指标

其定量计算可表示为：

$$IE_{ij} = E_{ij}/E_j = RI_{ij} \times VI_{ij} = (R_{ij} \times V_{ij})/(R_i/V_i) \tag{3-6}$$

式中：IE_{ij} 表示 i 区域内 j 产业的比较经济效率；E_{ij} 表示 i 区域内 j 产业的经济效率；E_j 表示 j 产业总的经济效率；R_i 表示 i 区域的劳动生产率；V_i 表示 i 区域的资本生产率，其余同上。在县域农业主导产业选择时，用商户综合比较经济效率指标效果将会更好，根据有关的研究，$EI_{ij} > 2$，且该指标越高，该农业产业越有可能成为县域农业主导产业。

（5）综合经济效率指标

其定量计算可表示为：

$$E_{ij} = R_{ij} \times V_{ij} = (G_{ij} \times L_{ij}) \times (G_{ij}/K_{ij}) \tag{3-7}$$

式中：E_{ij} 表示 i 区域内 j 产业的综合经济效率，其余同上。

对于县域农业主导产业来说，县域内农业主导产业的比较优势同时也是县域农业产业的竞争优势,它表示的是县域内农业主导产业同另一种农业产业相比较所拥有的优势。一般而言这种优势包括:县域农业资源相对优势、农业生态环境相对优势、县域农业科学技术相对优势、县域农业劳动者相对优势、县域农业产业规模相对优势等。县域农业产业竞争优势决定着县域农业主导产业的选择,只有在一定时期内,县域农业产业具有一定的竞争优势才能成为县域农业专业化产业和主导产业。如果农业产业不具有这种竞争优势,该农业产业就不可能成为县域农业主导产业。以此为基准,农业部门可以根据县域农业生产要素或县域农业资源的相对比较优势来选择县域农业主导产业。针对各个县域在各个时期具有某种农业生产要素或生态环境资源的相对比较优势,需要重点发展那些可能充分利用相对比较优势的农业产业部门,然后根据以此为中心的产业部门之间的技术联系,逐步推动相关产业部门的发展,形成能够充分利用本县域优势的农业主导产业结构。

3.1.5 过密环境基准和劳动内容基准

过密环境基准和劳动内容基准是在 20 世纪 70 年代日本产业结构审议会提出的,其是在收入弹性和生产率上升率基准之上增加两条基准过密环境基准要求选择能够满足提高能源效率的利用、降低环境污染和改善公害的能力的产业作为主导产业,也就是农业部门选择主导产业时必须考虑环境、能源以及生态三个方面,将环保农业、生态农业等作为农业主导产业选择的主要方向。它看中的是长期发展的农业经济和社会利益之间的关系,也就是要求实现县域农业产业经济的可持续发展。如果以经济指标为选择农业产业的标准,很有可能的代价就是牺牲环境,之后就是治理环境的高的代价的发展道路。对于那些农业经济急需发展的县域来说,在选择农业主导产业时如果考虑过密环境基准,就有可能避免重蹈发达资本主义国家的县域农业经济发展伴随着环境破坏的覆辙。劳动内容基准就是要求在选择县域农业主导产业时,首先考虑到能为劳动者提供舒适安全和稳定的劳动场所的产业。它的提出反映了社会认识到发展经济的目的是为了社会成员的满意程度和舒适程度。当然,因为提高劳动场所的舒适和安全程度在劳动者的需求层次上处于较高的层次,在经济发展水平较低时,丰富劳动内容基准不可能成为选择支柱产业时的重要参考因素。

3.1.6 周氏三基准

目前我国在理论上对主导产业及其产业结构的选择基准研究，主要是根据日本的经济学家的观点，然后补充之后确立的，具有严重的局限性，并且在产业选择政策的实践上也是不符合条件的。基于此，上海社会科学院的周振华博士根据我国具体的国情提出了主导产业选择的三个基准，即：增长后劲基准、短缺替代弹性基准和瓶颈效应基准。该基准是以"结构矛盾的缓解来推进整个产业发展"为基本框架的，其主要的理论基础：（1）有效供给不足对发展中国家的影响，（2）结构性矛盾是发展中国家经济面临的主要问题，（3）"瓶颈"制约是发展中国家经济发展的关键。从上述几个方面，他认为，在供给的角度，应从整个产业持续发展来考虑选择基准，而不应当只从单个产业的生产率上升幅度，而加快增长后劲大的产业发展，对于保持整个经济持续稳定的增长是一种有效的方式；在需求角度，应考虑短缺情况下的需求替代弹性，而不能只考虑单个产业产品收入弹性的大小，以短缺替代弹性为基准，重点发展那些具有无法替代的短缺产业的发展；从投入产出之间的关系来说，不能只考虑前向的推动效应和后向的拉动效应，而更应考虑产业关联中的瓶颈制约的摩擦效应，以瓶颈效应为基准，重点扶植那些瓶颈效应大的产业。

3.2 县域农业主导产业结构指标体系原则

3.2.1 县域农业主导产业特征

根据国家相关县域农业产业 2011 年统计年鉴，我国县域农业农村经济运行和发展的有利因素较多，不利因素实际作用产生的冲击较小，农产品价格上涨及其预期不断强化，虽然给国家调控价格总水平带来了难度，但是农业农村经济自身总体形势明显好于预期，县域农业粮食产量再创新高，实现了半个世纪以来"首次的 8 连增"，农民人均纯收入实际增长速度快于城镇居民人均可支配收入增长色的，实现了连续 8 年较快增长，增量再创新高。"十一五"末，全国县域农业粮食总产量达到 54641 万吨，粮食增产幅度高于"十一五"时期的年平均水平，粮食总产量再创历史新高，进一步标志我国粮食生产已经进入到一个新的提升阶段。棉花种植面积减少，产量大幅度降低，全年棉花种植面积 485 万公顷，比上年减少 10.2 万公顷，下降 2.1%，棉花单产受到灾害、生态环境等因素的影响，总产量为 597 万吨，比上年度减少 40.7 万吨。油料种植面积扩大，总产量和单产继续增加，全年县域油料种植面积为 1397 万公顷，比上一年增加 32 万公顷，增长 2.3%，油料单产提高到 2318.5 公斤/公顷，比上年增加 0.3%，油料作物已经连续三年的增长。糖料受到单产水平下降影响出现小幅度减产，全年糖料种植面积为 192 万公顷，比上一年增长 1.6%。蔬菜市场供求关系偏紧，蔬菜总量约为 6.4 亿吨，比上年增长 3.1%。水生蔬菜保持平稳较快发展，水产品养殖发展仍然明显快于水产品，全年水产品总产量 5366 万吨，比上年增长 4.9%，其中养殖水产品产量 3850 万吨，比上年增长 6.3%，捕捞水产品产量 1516 万吨，比上年增长 1.4%。根据上述县域农业产业数据统计可知，我国县域农业产业总体上发展呈现上升的趋势，就具体各个农业产业来说，产业之间存在的一定的增长差异，因此，各个县域农业的主导产业也是存在的一定的区别的，具体而言，我国县域农业的主导产业固有特征，也就是农业主导产业的基本特征具有以下几点：

（1）技术创新发展和农业产业结构升级是县域农业主导产业的动力。科学技术是第一生产力同样也体现在县域农业的主导产业发展中，县域农业主导产业还有县域内的技术力量，能够形成有效的科技成果，从而带动了整个县域农业主导产业结构的技术进步和升级，这些成为县域农业主导产业的本职特征和属性。因此，县域内农业产业结构技术的方向体现了县域农业主导产业，以县域农业主导产业的技术发展为始端，县域内的农业产业体系都在扩散效益作用下提高技术水平，从而提高了县域内农业资源的效率。根据农业部的测算，2010 年农业科技进步贡献率达到了 52%，比上一年提高了 1 个百分点，粮食良种覆盖率达到了 96% 以上，种子统供率到达 66%，粮食作物专业化统防统治率达到了 12%。

（2）县域农村农业经济的增长主要驱使力量为县域农业主导产业。根据前述基准理论可知，县域农业主导产业具有较高的收入弹性比，其增长率水平高于区域内的产业经济平均水平。深入研究其原因，主要有两个，一个是县域农业主导产业受到更加有利于发展的政策支持，提供了其技术水平和生产规模，另一个就是县域农业主导产业具有较高的收入需求弹性，从而为高增长率提供了更为广泛的市场前景。如 2010 年，我国东部、中部、西部和东部地区农林牧渔业现价总产值分别为 25232 亿元、18998 亿元、17668 亿元和 7493 亿元，按可比价计算与上一年实际增长了 3.5%、4.6%、5.1% 和 5.2%，东部、中部、西部和东部地区农林牧渔业现价总产值占全国的比重分别为 36.4%、27.4%、25.5% 和 10.8%。在县域农民收入上，东部、中部、西部和东部地区农民人均纯收入分别为 8143 元、5510 元、4418 元和 6435 元，分别比上一年增长 13.8%、15%、15.8% 和 17.9%。在县域农村固定资产投资增长上，东部、中部、西部和东部地的县域农村固定资产投资额分别为 21574 亿元、7271 亿元、5951 亿元和 1932 亿元，分别比上一年增长 20%、23.9%、11% 和 31.1%。

（3）县域农业主导产业能够满足新市场需求。县域农业产业经济发展的动力在于主导产业引进吸收先进的科学技术成果，而县域农业主导产业通过发展扩大市场，从而扩展对其他产业部门产品的需求，对其他的产业部门甚至整个经济的增加有重要的直接或间接诱发作用，实现农业主导产业结构总量的扩张。比如 2010 年我国城市化比率已达到 47.6%，城市化提高的一个主要标志为城市人口占全国人口比重的变化，城市化的提高代表着我国县域农业农村人口的降低，从而农村劳动力的减少，使得我国产业结构和就业结构发生了偏差，从而对城市和农村来说就产生了新的市场需求，县域农业主导产业能够满足这种新的市场而产生的需求。

（4）县域农业主导产业的发展伴随着生态环境因素的制约。以生态适宜性为基础的县域农业主导产业的发展才是符合县域农业经济可持续发展的要求，我国县域农业主导产业的发展受着不同生态资源环境因素的制约，如耕地资源、森林资源、草原资源、农业用水资源以及生态农村环境等因素。根据《1997～2010 年全国土地利用总体规划纲要》可知，2010 年我国县域农村耕地总面积保持目标为 12801 万公顷，基本的农田面积为 10856 万公顷，土地退化面积达 356.92 万平方公里，亟须改善的面积近 200 万平方公里，全国现有土地退化严重的县域多达 646 个。根据 2009 年 11 月国务院全国现有森林面积 1.95 亿公顷，森林覆盖率 20.4%，森林蓄积 137.21 亿立方米，相比于上一年减少 5.4%，同样，我国草原资源长期处于超载状态，造成草原生态持续恶化，严重的威胁到了我国的生态安全。在农业用水方面，2009 年全国农业用水总量 3723.1 亿立方米，占全国用水总量的 62.4%，同比增加 2.3%。县域农村环境方面，2010 年对 27 个省份的县域农村检测农田、菜地、养殖周边、污灌溉区等土地利用类型的 507 个土壤样品，超标率在 11.1%~42.6% 之间，主要污染为重金属、滴滴涕等，特别是农田污染较为严重。县域农村环境的污染，使得供应于县域农业主导产业发展的农业资源减少，从而制约了县域农业主导产业的发展。

（5）县域农业主导产业的本质特征是其外向性。县域农业主导产业主要是面向外部市场，其发展规模主要取决于外部市场容量，不仅当前有市场，而且今后一段时期内，需求还应有扩大的趋势。

上述县域农业主导产业特征的形成主要是根据其主导产业含义的本质属性，第四点是讨论了县域生态环境对县域农业主导产业发展的影响，属于制约属性。第五点讨论了县域农业主导产业的空间属性。本书认为，县域农业主导产业的本质特征应该包含该主导产业在县域内的经济、生态以及社会三个维度的属性，从县域农业主导产业的结构发展来分析，县域内的主导产业应该在"当前"考察的时期内是满足于县域生态环境的，对县域农业经济具有较强的带动作用，对社会的进步具有一定的物质或是文化支持，同样，在县域农业主导产业的发展中也应该以县域生态适宜性为基础，综合农业产业的经济及社会效益来评价对于该农业产业的主导优势。因此，经济、生态以及社会三者应该统一起来构成县域农业主导产业完整的内涵特征。

3.2.2 县域农业主导产业评价原则

结合上述分析可知，在对县域农业主导产业结构优化过程中，正确的评价及选择县域农业主导产业，可以优化县域农业资源配置，将县域内有限的农业资金、技术、人才和物力，投向相对优势的产业，可以解决县域农业剩余劳动力出路问题、发挥区域资源优势、提高农产品的附加值。结合县域农业主导产业的特征，对县域农业主导产业的评价应该遵从县域农业产业经济状况、农业生态资源条件以及社会经济状况的原则，将县域农业主导产业的系统性和结构性、科学性和可比性、静态和动态、定量指标和定性指标等相统一起来，具体评价原则可以分为：

（1）系统性和层次性的统一

县域农业主导产业是一个由多层次、不同要素组合的系统，既有县域社会生活的各种基本要素，又有能够促进县域农业经济的发展及生态与农业经济的良性循环，因此，可以将县域农业主导产业系统分为经济、社会以及生态三个子系统，这些子系统既相互联系，又相互独立，同时各个子系统内多种因子指标构成，共同形成县域农业主导产业评价指标体系。

（2）科学性和可比性的统一

县域农业主导产业的选择具有科学的选择依据，其经济、社会以及生态三个方面的评价指标体系具有科学内涵，如比较优势大、市场需求高、产业关联强、对环境友好的县域农业主导产业，能够促进县域农业主导产业科学和谐的发展，与此同时，不同县域农业产业之间具有可比性，在一定时期，县域内农业主导产业的结构也会发生相应的调整和优化，以满足县域社会的发展。

（3）动态性和静态性的统一

县域农业主导产业结构是一个动态变化的过程，是动态与静态的统一。反映县域农业主导产业的静态指标表示的是县域农业经济、社会以及生态等子系统的静态统一，动态指标表示的是三个子系统在一定时期内的发展和变化。为了更好地对县域农业主导产业进行比较和评价，指标选择不宜变动频繁，在一定时间内应保持相对的稳定性。当然，随着县域农业主导产业结构的发展和调整，其指标体系也应进行调整，符合指标体系的动态性。

（4）定性指标与定量指标的统一

县域农业主导产业的评价是定性评价和定量评价的统一，定量评价就是通过易于计算或是评判的定量指标来对县域农业主导产业进行评价，定性评价是对定性指标加以描述，在评价分析时，再将定性指标进行量化处理以近似值加以反映。

3.2.3 指标体系设计方法

县域农业主导产业结构调整和优化是县域经济、社会以及生态三个方面相互渗透、相互影响、持续进步的过程，是一个复杂和统一的系统，如果只是利用几个统计指标来衡量，不能科学有效地反映该系统的本质特征，因此只有从不同的侧面、不同的层次建立一个科学的指标体系，才能有效合理地描述，又满足应用的实用性。本书对于县域农业主导产业指标体系的设计主要是从以下三个方面来进行探讨。

（1）县域农业经济方面

县域农业经济的发展是县域农业结构调整的目的，是县域农业主导产业结构调整和优化的必要条件。只有农业经济的增加，才能提高农民的收入，才能有更多的资金投入到农业再生产以及农业科技研究当中。因此，在对县域农业主导产业指标体系设计时应该充分考虑到农业主导产业所起到的经济带动作用，应该从经济上给予评价区分主导产业与非主导产业的指标，本书主要是根据前人基准选择理论的研究，结合我国县域农业经济发展的现状，设计了在经济上评价县域农业主导产业的指标。

（2）县域农村社会方面

我国县域农村人口占全国人口的大部分，然而普遍现象就是文化素质较低。根据我国 2011 年县域农村统计年鉴，在县域农村社会中乡村人口约为69254 万人，县域农村固定资产投资为 36691 亿元，占全社会固定资产投资的 13.2%，在居住规模上县域农村居民平均每户常住人口为 3.95 人，住房面积为 34.1 平方米，农村居民人均纯收入 5153.17 元，在就业方面从事农业工作的人口占总就业人口的 36.7%，在国内生产总值中，农业生产总值占全国生产总值的 10.1%，县域农业农村社会的发展为农业主导产业的发展提供了社会保障。本书结合影响我国县域农村社会发展的因素以及农业产业社会系统功能和农业产业社会系统结构，设计了评价县域农业主导产业的指标。

（3）县域生态环境方面

县域生态环境良性发展是县域农业主导产业发展的前提，任何主导产业的发展都应该以生态环境和谐可持续发展为基础。我国县域农村主导产业的发展受到生态环境的制约，对于某些县域来说耕地资源少，土层薄、肥力低、水土易流失、农业污染严重等因素是明显有别于其他县域的生态环境问题。本书结合影响我国县域农村生态环境和谐发展的因素以及县域农村生态对农业主导产业发展的支持，设计了评价县域农业主导产业的指标。

3.3 县域农业主导产业评级指标体系

结合县域农业主导产业的结构特征、选择原则及其指标设计方法，分别从经济、社会以及生态三个方面建立县域农业主导产业评价指标体系。

3.3.1 经济子系统评价指标

在经济子系统方面，对于县域农业主导产业评价的评价主要是从以下三个方面开展。如图3-1所示，为县域农业主导产业经济子系统评价指标图。

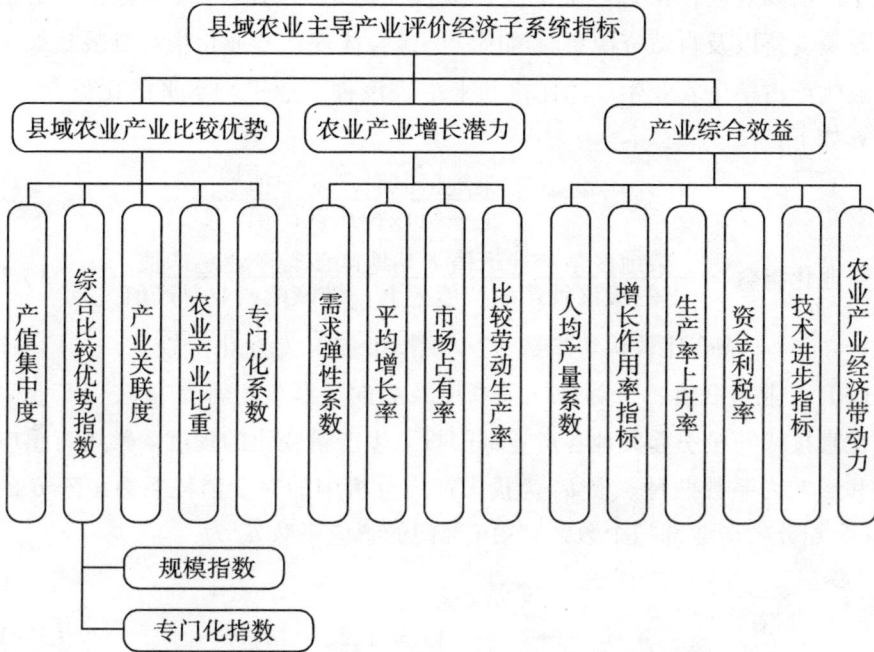

图3-1 县域农业主导产业经济子系统评价指标图
Figure 3-1 County agriculture-led industrial economy subsystem evaluation index map

3.3.1.1 县域农业主导产业比较优势指标

县域农业主导产业比较优势指标分别由农业产业集中度、综合比较优势指数、产业关联度、农业产业比重以及专门化系数5个指标构成，其中综合比较优势指数由农业产业规模指数和专门化指数构成，各个指标的含义及定量测定方法如下：

（1）产量集中度指数 η_{ki} 反映的是 k 区域第 i 个农业产业部门同全国该产业部门相比较的优势。定量计算如下：

$$\eta_{ki} = \frac{q_{ki}/q_k}{Q_i/Q} \qquad (3-8)$$

式中 q_{ki} 表示 k 区域第 i 个农业产业产量，q_k 表示 k 区域农业产业总产量，Q_i 表示全国第 i 个农业产业产量，Q 表示全国农业产业总产量。

（2）生产综合比较优势指数反映某地区某种产业生产活动规模，是要素投入、自然资源禀赋、政策支持以及市场需求等多种因素的综合体现。综合比较优势指数为规模指数和专业化指数的几何平均值。规模指数反映某地区某种产业生产活动规模，某种产业的生产规模是劳动与物质可投入能力、市场需求、政策支持以及自然资源禀赋等因素的综合体现；专业化指数反映某地区某种产业生产占整个农业生产的比重与上一级该种产业平均水平的比值[4,5]，定量计算如下：

$$规模指数 = \frac{某地区某种产业产值}{上一级该种产业产值} \qquad (3-9)$$

$$专业化指数 = \frac{某地区某产业产值／某地区该类产业总产值}{上一级该种产业产值／上一级该地产业总产值} \qquad (3-10)$$

$$综合比较优势指数 = \sqrt{规模指数 \times 专业化指数} \qquad (3-11)$$

（3）产业关联度：分为前向关联度及后向关联度，都是指某一产业需求量变化直接或间接引起其他各产业部门投入生产量变化的程度。常用有感应度系数和影响力系数两种。设 b_{ij} 为投入产出分析中的完全消耗系数矩阵 B 的系数，n 为划分的产业部门个数，则第 i 部门的感应系数 μ_i 为：

$$\mu_i = \frac{\sum\limits_{j=1}^{n} b_{ij}}{\frac{1}{n}\sum\limits_{i=1}^{n}\sum\limits_{j=1}^{n} b_{ij}} (i = 1,2,\cdots,n) \qquad (3-12)$$

μ_i 的大小反映了各产业产出增加对第 i 产业产出的影响程度，亦叫前向关联度。感应系数 μ_i 越大，说明第 i 产业的前向关联能力越强。

j 部门的影响力系数 r_j 为：

$$r_j = \frac{\sum\limits_{i=1}^{n} b_{ij}}{\frac{1}{n}\sum\limits_{i=1}^{n}\sum\limits_{j=1}^{n} b_{ij}} (j = 1,2,\cdots,n) \qquad (3-13)$$

r_j 的大小反映了第 j 产业需求量的增加对其他各产业部门产出的影响程度，也叫后向关联度。影响力系数 r_j 越大，说明第 j 产业的后向关联能力越强。通常 $r_j > 1$ 表示该产业的影响力在全部产业中居于平均水平之上；$r_j = 1$ 表示该产业的影响力在全部产业中居于平均水平；$r_j < 1$ 表示该产业的影响力在全部产业中居于下游水平。同样也有 μ_i 类似的解释。

（4）农业产业比重 θ_{ki}，它反映某农业产业部门在本县域内的相对规模优势。只有农业产业产值占一定比重的农业产业，才有可能成为县域农业主导产业。

$$\theta_{ki} = x_{ki}/x_k \tag{3-14}$$

式中：θ_{ki} 代表 k 区域农业第 i 个农业生产部门产值在该县域内农业总产值中的比重，x_{ki} 代表 k 区域农业第 i 个农业生产部门产值，x_k 代表 k 区域农业生产部门总产值。

（5）专门化系数：含义是指县域农业生产部门的生产能力，定量计算如下：

$$r_{ki} = \frac{q_{ki}/n}{Q_i/N} \tag{3-15}$$

式中：r_{ki} 代表 k 县域内农业第 i 个生产部门的专门化系数，n 为该县域人口，N 全国人口。q_{ki}、Q_i 同上。

3.3.1.2 县域农业主导产业增长潜力指标

县域农业主导产业增长潜力指标由需求弹性系数、平均增长率、市场占有率以及比较劳动率四个部分组成。各个指标的含义及定量测定方法如下：

（1）需求弹性系数。产业发展的根本因素是由市场需求决定，市场需求可以用需求收入弹性系数来衡量，一般来说需求收入弹性高的产业，体现了主导产业的市场扩张能力。设 y 是国民收入，x_i 是第 i 部门产品的需求量，则第 i 部门的收入弹性 ε_i 为：

$$\varepsilon_i = \frac{y}{x_i} \cdot \frac{\mathrm{d}x_i}{\mathrm{d}y} \tag{3-16}$$

当 $\varepsilon_i < 1$ 时，说明 i 部门需求膨胀率低于国民收入增加速度；当 $\varepsilon_i = 1$ 时，说明 i 部门需求增长速度处于平均水平；当 $\varepsilon_i > 1$ 时，说明 i 部门需求膨胀率高于国民收入增加速度。县域主导产业是收入弹性较大的产业。

（2）平均增长率指标：设 x_i^0 为第 i 产业部门初始状态产品需求量，r_i 为平均增长率，则第 i 产业部门在 t 时期的产品需求量公式如下：

$$x_i^t = x_i^0 \left(1 + r_i \right)^t \tag{3-17}$$

r_i 越大，则第 i 产业增长越快，它在区域经济系统中的地位和作用也越重要，该指标可反映某产业的生产发展速度、技术进步速度、劳动生产率的高低。

（3）市场占有率：是指一个县域农业某种产品的销售收入与上级区域该农业产品销售收入总额之比。农业主导产业不但在区域农业发展中起主导作用，而且它能带动区域经济的全面发展。产品市场扩展能力强，社会需求量不断增长是农业主导产业发展的首要条件。

（4）比较劳动力率也被称为相对劳动生产率，反映产业的生产技术和经营管理水平。比较劳动生产率是指区域中该产业与各产业平均劳动生产率之比，表明该产业的生产效率。其指标计算公式为：

$$PI_{ki} = \frac{G_{ki}/L_{ki}}{G_k/L_k} \tag{3-18}$$

式中 PI_{ki} 代表 k 区域农业第 i 个农业生产部门的比较劳动力率，L_{ki} 代表 k 区域农业第 i 个农业产业的劳动力人数；L_k 为 k 地区各产业总的劳动力人数；G_{ki} 代表 k 区域农业第 i 个农业产业产值；G_k 为 k 地区各产业总产值。

3.3.1.3 县域农业主导产业综合效益指标

县域农业主导产业综合效益指标由人均产量系数、增长作用率指标、生产率上升率指标、资金利税率指标、技术进步指标以及经济带动力指标等 7 个指标组成，各个指标的含义及定量测定方法如下：

（1）人均产量系数：该指标能消除由于各区域范围的大小和人口多少不等而带来的总量比较的失真，能较确切地反映某一产业的发展规模和专业化水平。某产业的人均产量越高，说明该产业在该区域生产的资源禀赋系数越高。其指标计算公式为：

$$人均产量系数 = \frac{某地区某农业产品的人均产量}{上一级该产品的人均产量} \tag{3-19}$$

（2）增长作用率指标：反映某产业的发展对区域农业发展的贡献率及对区域经济发展的增长作用率。其指标计算公式为：

$$县域农业经济增长作用率 = \frac{某产业增长绝对额}{县域农业经济增长绝对额} \quad (3-20)$$

（3）生产率上升率指标：其是县域农业产业技术进步对农业主导产业形成的影响，生产率上升率快表示县域农业某一产业投入相对减少、成本下降从而农业产业收益增加，农业产业的生产率上升率就越高，其生产要素的利用效率就越高，从而资源就会流向收益高的产业部门，因而该产业成为主导产业的可能性就大。

（4）资金利税率指标：设 R_i 为第 i 产业部门的资金税率，T_i 为第 i 产业部门的利税总额；K_i 为第 i 产业部门的资金总额，则有：$R_i = T_i/K_i$，R_i 越大，则第 i 产业获利能力越强，资金利用效率越高。

（5）技术进步指标：设 x_i 为第 i 产业部门的总产值，L_i 为第 i 产业的劳动力投入 K_i 为第 i 产业的资金投入，在 Cobb-Douglas 生产函数为：

$$x_i = Ae^{bt}L_i^{\alpha}K_i^{\beta} \quad (3-21)$$

式中 b 为为综合技术进步参数，A 为反映技术水平的常数，e^b 反映的是外生的技术增长，是一个不变的比率，e^{bt} 就是技术水平，α,β 分别表示劳动力和资本对经济增长的贡献。

（6）经济带动力，其表示农业产业部分对县域经济的带动力，其指标计算公式为：

$$K_{ki} = \frac{\mathrm{d}x_{ki}}{\mathrm{d}y_k} \quad (3-22)$$

式中 K_{ki} 代表 k 区域农业第 i 个农业生产部门的经济带动力；$\mathrm{d}x_{ki}$ 代表 k 区域农业第 i 个农业生产部门的变化量，$\mathrm{d}y_k$ 代表 k 区域农业总产值的变化量。

3.3.2 社会子系统评价指标

在社会子系统方面，对于县域农业主导产业评价的评价主要是从农业产业社会子系统功能和农业产业社会子系统结构两个方面建立评价指标。如图3-2所示，为县域农业主导产业社会子系统评价指标图。

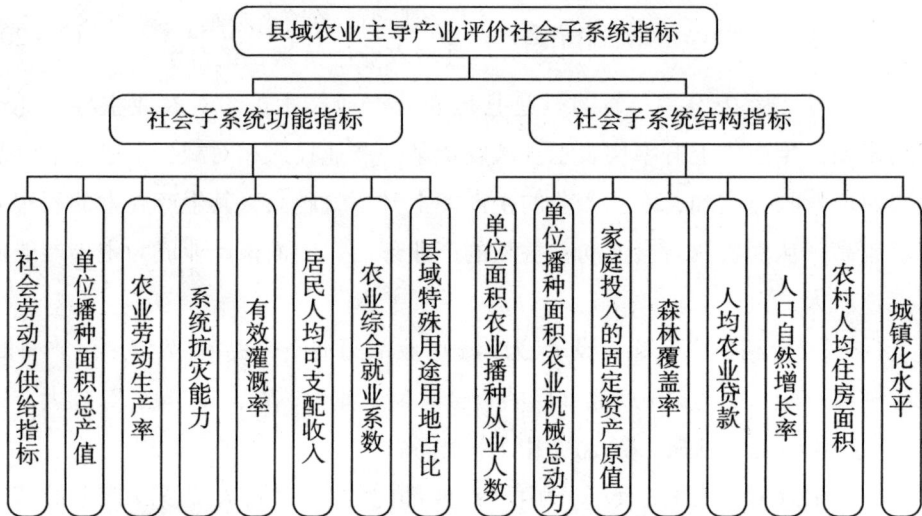

图 3-2 县域农业主导产业社会子系统评价指标图

Figure 3-2 County agriculture-led industrial society subsystem evaluation index map

社会子系统功能指标主要指能够反映县域农业产业与社会功能的指标，比如能够体现县域农业产业服务于民生的指标。在构建社会子系统功能指标中分为：社会劳动力供给指标（根据投入产出法可以计算各产业部门需要劳动力数量与产业的关系，农业产业部门的从业人数/农业产业部门的总产值，人数/万元）、单位播种面积总产值指标（农业产业总产值/单位耕地面积，万元/公顷）、农业劳动生产率指标（农业产业总产值/产业从业人数，万元/人）、社会子系统抗灾能力指标（成灾面积/受灾面积,%）、有效灌溉率指标（农业产业有效灌溉面积/产业耕地面积,%）、居民人均可支配收入（元/户）、农业综合就业系数（即为农业从业新增劳动力人，说明各产业部门对社会就业水平的影响程度，并指导在不同劳动力供给条件下，进行正确选择相应的主导产业）、县域特殊用途用地占比（%）。其中社会劳动力供给指标、农业劳动生产率指标和农业综合就业系数指标反映了农业产业部门对县域社会的就业水平的影响程度，并指导评价在不同劳动力条件下，进行正确选择县域农业主导产业。单位播种面积总产值、有效灌溉率指标、居民人均可支配收入指标、社会子系统抗灾能力指标、县域特殊用途用地指标是反映的县域农业产业对县域民生条件贡献。

社会子系统结构指标主要指能够反映县域农业产业与社会结构构成的评价

指标。在构建社会子系统结构指标中主要分为：单位面积农业播种从业人数（农业从业人员/农作物播种面积，万人/千公顷）、单位播种面积农业机械总动力（农业机械总动力/农作物播种面积，万千瓦/千公顷）、家庭投入的固定资产原值（家庭农业产业固定资产值/农业户数，元/户）、森林覆盖率（%）、人均农业贷款（万元）、人口自然增长率（%）、农业人均住房面积（m²/人）、城镇化水平（%）。

3.3.3　生态环境子系统评价指标

国内外农业主导产业发展的经验表明，县域主导产业的发展往往受制于县域社会和生态环境条件，但是国内外关于农业主导产业的生态环境适宜性问题在相关文献中却未曾报道。目前随着人口、人工建筑设施的发展及科学技术的应用，县域农业生态系统的变化速度超过了生态系统自身发育以及生物与环境协调平衡的速度。在我国城乡一体发展战略和强势政府体制条件下，其首要问题就是建立基于县域生态环境子系统下的农业主导产业评价指标。

3.3.3.1　县域农业主导产业发展生态适宜性

县域农业主导产业发展生态适宜性是指一个县域内农业主导产业发展到一定规模后对县域生态环境的耦合程度，县域农业主导产业的动态性、导向性及领先性在以持续稳定运转状态的前提下，县域内生态资源环境条件与可利用的背景生态系统所具备的资源环境条件相互吻合程度。如果这两者相互吻合程度高，则该县域内农业主导产业的生态适宜性和发展结构前景好。在县域农业主导产业生态适宜性评价中，以县域内农业主导产业为核心，制约农业主导产业发展的生态资源及环境条件为影响因素，这与生物生态适宜性评价中考察生物需求与生境可提供主要生态环境因子之间的相互吻合程度相类似，生物和居住区的生态适宜性较好将有利于生物生长发育和繁殖后代[6,7]。因此，县域农业主导产业发展的生态适宜性关系的实质就是发展需求与环境供给之间的耦合协调程度，农业主导产业发展生态适宜性就是从生态因素方面考虑农业主导产业发展和县域环境在需求和供给之间的耦合程度，如图3-3所示为农业主导产业发展生态适宜性与生物生态适宜性内涵类比示意图。

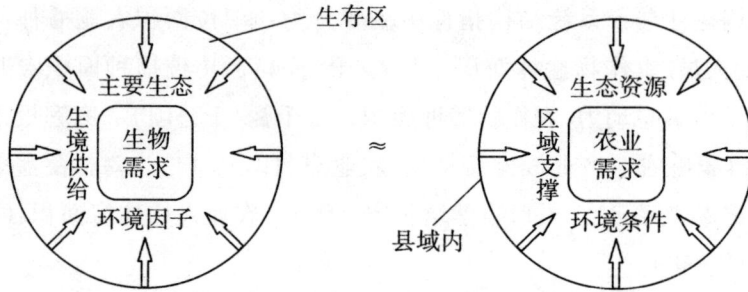

图 3 - 3 农业主导产业发展生态适宜性与生物生态适宜性内涵类比示意图
Figure 3 - 3 The content analog of ecological suitability on agricultura leading industrys and biological organisms

3.3.3.2 县域农业主导产业发展生态适宜性制约因素

我国县域农业主导产业发展受生态适宜性的制约，主要表现在四大系统上，即县域水域系统、县域耕地系统、县域草地系统、县域森林系统。

（1）县域水域系统的制约

2009 年我国县域农业用水总量 3723.1 亿立方米，占全国用水总量的62.4%；如表 3 - 1 所示，为农业用水量及占用水总比重的变化。1997 年以来，全国农业用水总量占全部用水总量的比重在 60%～70%。

表 3 - 1　　　　　　　农业用水量及占用水总比重的变化
Table 3 - 1　　　　Changes of agricultural water demand and
　　　　　　　the total proportion of occupied water　　　单位：亿立方米

年份	1997	1999	2001	2003	2005	2007	2009
用水总量	5566.0	5590.9	5567.4	5320.4	5633.0	5818.7	5965.2
农业用水量	3919.7	3869.2	3825.7	3432.8	3580.0	3599.5	3723.1
农业占总量	70.4	69.2	68.7	64.5	63.6	61.9	62.4

目前我国农业用水量的比重在减少，但是随着我国城市的发展，特别是城乡一体化进程的加快，市区人口增加对水资源的利用，特别是城乡餐饮服务业的迅猛发展，必然增加对水的需求量，在有限的水资源中，农业用水必然受到水资源总量的制约。

（2）县域耕地系统的制约

全国县域耕地面积从 1998 年的 12964.21 万公顷，下降到 2008 年的12171.58 万公顷，如图 3 - 4 所示，为 1998～2008 年全国县域耕地总面积变化情况。国土资源部的数据所显示的 2010 年底耕地利用的实际情况是：基本农田保护面积稳定在 15.6 亿亩以上，与原规划目标有 4% 以上的差距。"十一五"以来，全国每年建设用地需求在 1200 万亩以上，每年土地利用计划下达的新增建设用地指标只有 600 万亩左右，缺口达 50%。这样的局面，造成农业耕地使用压力很大，尤其是对县级及以下的广大农村土地资源。

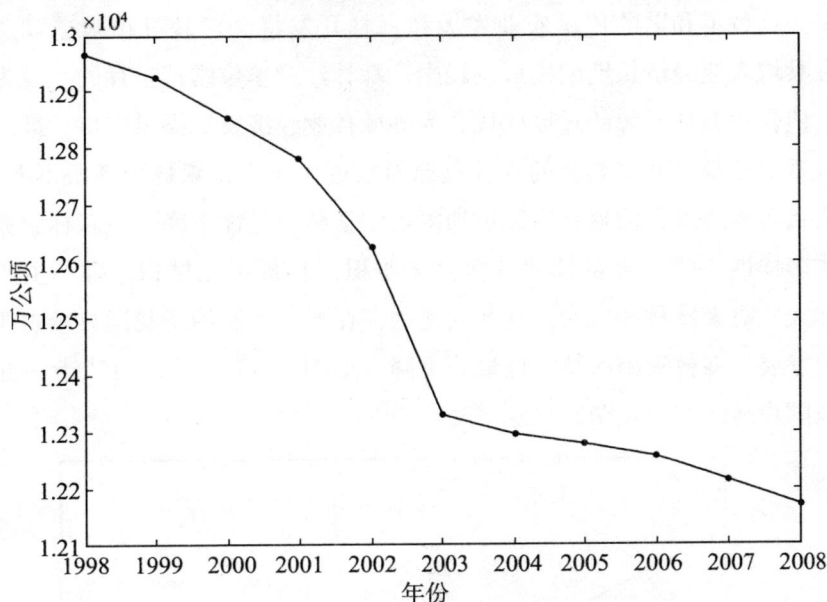

图 3 - 4   1998～2008 年全国县域耕地总面积变化情况
Figure 3 - 4   Changes in the total area of the County Land in1998 - 2008

（3）县域草地系统的制约

县域农业产业的发展对草地资源的影响主要体现在对疏林草地的破坏和垦殖上。对于草地的不合适开垦将会加速草地的退化，我国 90% 可利用天然草原不同程度出现了退化，草原生态"点上好转、面上恶化、局部好转、整体恶化"的趋势仍未根本改变。牲畜数量持续增加，使草原长期处于超载状态，造成草原生态持续恶化，严重威胁国家生态安全。6 大牧区超载率，最低的也达到了 48%，高的达到接近 1 倍，全国至少有 70% 的草原处于重度和重度退化状态，面积已达 40 亿亩。草地退化的重要标志是草盖度降低，优良牧草比例下降，而且这种草地退化会以一定速率向纵深扩展。耕种的过度垦殖会造成植被盖度降低，草层高度降低，草地的初级生产能力降低等。

（4）县域森林系统的制约

我国在县域农业产业发展的初始阶段，一些县域注重农业经济发展的短期利益，从而忽视了对森林地区的自然环境的保护和改善，森林遭到不同程度的砍伐破坏，特别是那些大力发展传统的农业旅游业，对待森林的开发和破坏更加严重，在增加县域农业基础建设的投资的同时没有关注对森林自身生态功能的保护。这种不和谐的传统农业发展和森林开发将会对森林植被造成严重破坏。在县域农业经济长期的发展实践中，森林经营单位维持生存的手段为森林采伐，依靠对森林资源的过度砍伐，为县域林业经济发展提供支持，最终导致可采伐资源枯竭，并使剩余的森林资源面临更大压力，森林更新跟不上采伐，造成大量劣质迹地，使森林恢复更加困难，森林稳定性下降，使森林服务功能和生物多样性下降。大量林地有覆被无蓄积，有蓄积无材积，森林生产量低下，加大了对天然林的压力。这些问题的存在严重地制约了我国县域农业森林资源的发展，森林资源可持续性显著下降。如图 3-5 所示，为"十一五"期间，我国森林面积变化图。

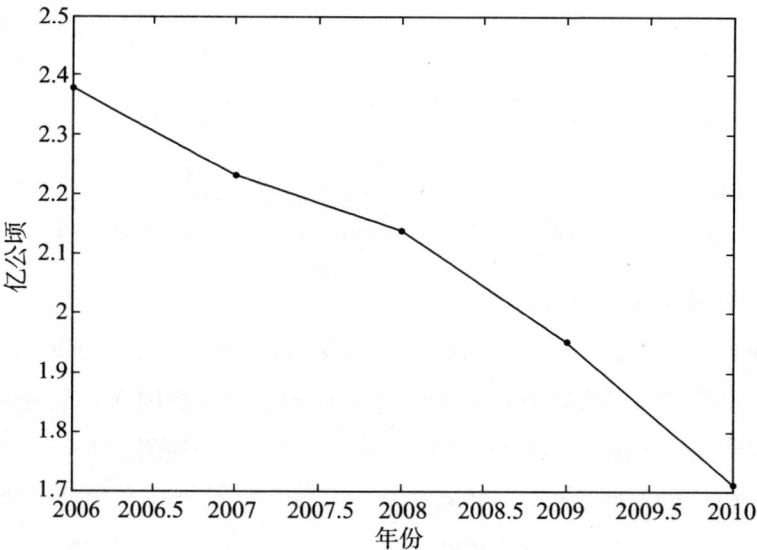

图 3-5 "十一五"期间我国森林面积变化图
Figure 3-5 During the 11th Five-Year changes in China's forest area

3.3.3.3 县域农业主导产业生态适宜性指标

县域农业主导产业发展生态适宜性与生物生态适宜性相类似，可以从县域内农业主导产业结构特征及生态资源环境两方面来分析。农业主导产业结构特征确定对资源环境要求特点，农业主导产业较高的产出投入比、资金利税率的增加、人均产值系数的提高及科学技术的进步会有效提高生态资源利用率，显著减轻生态环境压力；县域内丰富的资源和充足的环境可发展农业主导产业的规模，能可持续地支持农业主导产业的健康稳定发展，生态系统具有资源禀赋和环境容量。因此，县域农业主导产业结构发展生态适宜性评价既要考虑县域内农业主导产业本身发展同农业产业化发展及结构调整的特性关系，同时也要分析农业主导产业与县域生态资源环境优化配置的依赖程度，有利于更加合理地、全面地从生态环境支撑方面对县域农业主导产业结构发展进行科学的评价。

　　基于上述分析，广泛收集了国内外关于生态适宜性与农业主导产业发展的相关研究成果，综合考虑实际应用情况对基础数据资料的可行性，确定了指标体系构建的基本原则和指标体系。结合县域农业主导产业结构发展特性，将县域农业主导产业生态适宜性指标分为生态环境资源利用效率、县域生态资源支撑与消耗、剩余生态资源支撑能力 3 大方面，如表 3 - 2 所示为县域农业主导产业生态适宜性评价指标，共计为 14 个评价指标。

表 3 - 2　　　　　　　　县域农业主导产业生态适宜性评价指标

Table 3 - 2　　The index system of agricultura leading industrys for county development

目标层 （A 层）	分目标层 （B 层）	准则层 （C 层）	指标层 （D）
A 县域农业主导产业生态适宜性指标	生态环境资源利用效率	C1 农业耕地利用率	农业产业耕地比 D_1/%
			农业产业耕地经济效益 D_2（万元/亩＊）
			耕地均 GDP D_3/（万元 $7km^{-2}$）
		C2 农业用水利用率	农业用水比重 D_4/%
			农业产业用水经济效益 D_5（万元/t）
			万元 GDP 水耗 D_6/t
		C3 草地利用率	农业草地比重 D_7/%
			农业产业草地经济效益 D_8（万元/亩）
		C4 森林利用率	农业森林比重 D_9/%
			农业产业森林经济效益 D_{10}（万元/m^3）

目标层 （A 层）	分目标层 （B 层）	准则层 （C 层）	指标层 （D）
A 县域农业主导产业生态适宜性指标	生态环境资源利用效率	C5 能源利用率	单位面积化肥使用量 D_{11}/t
			农业产业万元 GDP 能耗 D_{12}（标煤 t）
			单位面积农药使用量 D_{13}/t
			能源消耗产值率 D_{14}/%
	县域生态资源支撑与消耗	C6 土地资源支撑	人均农业产业占地面积 D_{15}/m^2
		C7 水资源支撑/消耗	农业水面占总面积比率 D_{16}/%
		C8 能源消耗	年人均生活用水量 D_{17}/m^3
			年人均产业生活能耗 D_{18}/（标煤 t）
		C9 绿地支撑	人均园林绿地面积 D_{19}/m^2
	剩余生态资源支撑能力	C10 人力资源	县域农村剩余劳动力人口占全县总人口比例 D_{20}/%
		C11 土地资源	剩余人均农业产业耕地资源 D_{21}/亩
		C12 水资源	人均后备饮用水资源量 D_{22}/m^3
		C13 能源	年人均自然非生物可再生能 D_{23}/TJ
			年人均初级生物能（植物性）D_{24}/MJ
		C14 环境容量	环境质量指数 D_{25}/%

其中农业耕地比重是指用于农业主导产业的实际用地与县域农业耕地之比，反映的是农业主导产业对农业耕地的依赖程度。农业产业耕地经济效益是指各农业主导产业用地与农业产业产值之比，也可以表示为农业产业单位用地与单位产值之比，反映的是单位农业产业用地对农业经济的贡献。同理可得到农业产业用水比重、农业产业用水经济效益、农业产业草地比重、农业产业草地经济效益、农业产业森林比重、农业产业森林经济效益指标含义和表示方法。耕地均 GDP 是指农业产业万元 GDP 所用耕地面积，万元 GDP 水耗是指农业产业万元 GDP 耗水量。单位面积化肥使用量用来表示农业产业对肥料的依赖程度，农业产业万元 GDP 能耗是指农业产业万元 GDP 所消耗的能量。能源消耗产值率指标反映单位能源消费所产生的产值，该指标值越大，说明该产业越节能。人均占地面积利用率表示县域人均占地面积的使用率，该值越大说明人均占地面积利用效率越高，用来衡量县域内土地资源支撑能力。农业水面占

总面积比率和年人均生活用水量衡量县域内水资源支撑/消耗，年人均生活能耗衡量县域内的能源消耗，人均园林绿地面积衡量县域内的人均绿地生态支撑，县域剩余劳动力人口占全县总人口比例、剩余人均耕地资源、人均后备饮用水资源量、年人均自然非生物可再生能、年人均初级生物能（植物性）、环境质量指数分别为衡量县域剩余人力资源、剩余土地资源、水资源、能源以及环境容量的指标。

3.4 本章小结

本章在分析国内外区域主导产业选择基准理论的基础上，根据我国县域农业产业的实际情况，对我国县域农业主导产业评价指标进行了分析，主要有以下研究结论：

（1）分析研究总结了我国县域农业主导产业的五个特征，即技术创新发展和农业产业结构升级是县域农业主导产业的动力，县域农村农业经济的增长主要驱使力量为县域农业主导产业，县域农业主导产业能够满足新市场需求，县域农业主导产业的发展伴随着生态环境因素的制约，县域农业主导产业的本质特征是其外向性。分别从系统性和结构性的统一、科学性和可比性的统一、静态和动态的统一、定量指标和定性指标的统一等四个方面得到了县域农业主导产业的评价原则，提出了从县域农业经济方面、县域农村社会方面以及县域生态环境方面三个方面设计县域农业主导产业评价指标。

（2）分别建立了以县域经济子系统评价指标、县域社会子系统评价指标以及县域生态环境子系统评价指标为基础的县域农业主导产业评价指标体系。其中提出了从县域主导产业比较优势指标、县域农业主导产业增长潜力指标以及县域农业主导产业综合效益指标三个方面和 15 个子指标来建立县域经济子系统评价指标；从农业产业社会子系统功能和农业产业社会子系统结构两个方面共 16 个子指标建立了县域农村社会子系统评价指标。

（3）从县域农业主导产业结构发展的要求与剩余生态资源支撑能力之间的耦合程度出发，首次提出了县域农业主导产业结构发展生态适宜性概念，构建了以县域农业主导产业生态环境子系统评价为中心，以生态适宜性为根本，建立了包含生态环境资源利用效率、县域生态资源支撑与消耗、剩余生态资支撑能力等 3 个方面的县域农业主导产业生态适宜性评价指标。

参考文献

[1] 罗托斯.经济成长的阶段[M].北京:商务印书馆,1995.

[2] 江世银.区域主导产业结构调整与主导产业选择研究[M].上海:上海人民出版社,2004.

[3] 江世银.罗斯托的经济成长阶段论对我国转变经济增长方式的启示.北京:学苑出版社,1997.

[4] 丁玉莲.农业产业化的主导产业选择与实证分析.现代经济探讨[J].2003,10:27-29.

[5] 党耀国,庆业,刘思峰等.农业主导产业评价值标体系的建立及选择[J].农业技术经济,2000(1):6-9.

[6] 俞金国,王丽华.大连建成区城市化及其生态环境变化[J].城市环境与城市生态,2007,20(5):43-47.

[7] 马顺圣,陈守越,张沛琪.城乡一体框架下城市发展生态适宜性评价[J].南京农业大学学报,2011,34(4):65-70.

第四章　县域农业主导产业结构分析模型研究

　　县域农业主导产业选择方法研究是县域农业主导产业结构调整和优化的前提，只有科学合理的主导产业选择评价方法才能有效地对县域农业产业进行客观的评价。但是县域农业主导产业选择在实际中面临着选择的复杂性，因此对于如何正确地选择始终是一个充满争议的问题。从我国目前对于县域农业主导产业选择的应用来看，其选择方法整体上是混乱的，在实际的指导实践过程中存在许多问题，从本质上来分析，其主要原因还是县域农业主导产业选择的理论研究并没有形成系统化，没有一套合理的、符合县域农村实际情况的县域农业主导产业选择方法。

　　本章以前文中建立的县域农业主导产业内涵、本质特征及其指标体系为基础，首先从两个方面分别对县域农业主导产业选择进行了分析，即：一个是定性地分析县域农业主导产业；另一个阐述了定量分析县域农业产业的方法。在假设县域农业产业符合生态环境的基础上，以主成分分析为理论基础，对县域农业主导产业经济子系统指标进行了分析，克服了指标之间的多重相关性。以灰色关联分析理论为基础，对县域农业主导产业社会子系统指标进行了分析，降低了由于数据不全而造成指标的不确定性。综合县域农业主导产业选择的经济子系统评价指标和社会子系统评价指标，推导了基于模糊综合评价及变权灰色关联评价的模糊灰色关联农业主导产业评价定量模型，给出了一个县域农业主导产业选择的科学的、可行的评价定量模型分析框架，为下文的实证分析及县域农业主导产业结构优化和调整打下了基础。

4.1　县域农业主导产业选择定性分析

在对县域农业主导产业选择评价判断分析之前，需要对县域农业主导产业进行定性分析。本书从三个方面进行定性分析：首先需要结合县域农业经济发展阶段，其次需要考虑县域农业产业布局，最后分析县域农业产业的内外部环境。其中前两层属于县域农业主导产业选择的"需求"，而第三则处于对县域农业主导产业选择的"基准"，它们与上文中提到的指标体系是一个整体。

（1）县域农业经济发展阶段进行区域主导产业选择

进行县域农业主导产业选择时，首先要结合县域农业整体经济的发展水平与发展阶段。目前我国正处于农业现代化发展的关键时刻，合理科学地选择县域农业主导产业，对于农业现代化发展而言至关重要，因此在进行县域农业主导产业选择时需要参考这个特殊本质条件，来制定科学合理的县域农业主导产业选择战略。农业现代化过程中，农业主导产业是农业经济发展的重要基础，主导产业选择学需要参考这个重要的背景。当前我国的农业现代化水平总体上仍处于中期阶段，2010 年由农村各部门创造的国内生产总值的比重为 44.3%，2010 年国内生产总值实际增长 10.3%，其中农业生产部门贡献了 4.2 个百分点，贡献率为 40.7%，农业产业增加值达到了 40497 亿元（包括农林牧渔服务业增加值），农民人均纯收入为 5919 元。在城乡居民差距上，由 2009 年的 3.33:1 下降到 3.23:1，这些数据说明了我国农业现代化发展所取得的成果。同时也深刻地提醒了我们，在对农业主导产业选择时还需要考虑农业产业结构升级这一重要的因素。农业产业结构升级是我国县域农业经济发展的主线，同时也是农业现代化发展的一个中心任务。在我国当前农业现代化所处的阶段中，产业结构升级的主要内容是由农业产业粗放型的发展模式向生态稳定和谐可持续发展模式转变，这就要求对县域农业主导产业选择时，不仅需要在体制、技术上的支持，同时也需要我们考虑到生态资源环境的支持。因此，按照县域农业主导产业选择的标准，应该选择更有发展前途的、有利于生态和谐的、有利于发挥主导产业的带动作用的、能够不断优化农业产业结构的农业产业。

（2）结合县域农业产业布局进行区域主导产业选择

县域农业产业布局是影响县域农业产业分工的重要因素，从而也就会对县域农业经济的发展产生重要影响；因此在进行县域农业主导产业选择时，要充分结合考虑县域农业产业发展政策以及农业产业的布局。从形成县域农业分工的角度，在符合县域农业统一政策的背景下因地制宜地进行县域农业主导产业选择，对培育和发挥县域农业主导产业的作用具有重要意义。在县域农业实际情况中，任何农业产业总是处于一定的县域农业空间之内的，同时，一定的县域农业空间也会有一定的农业产业与之对应。因此，要实现县域农业产业结构的平衡和优化，必须有效结合县域农业产业的政策，即为县域政策农业产业化和农业产业政策县域化相统一。从县域农业产业政策的角度来分析，结合县域农业产业布局和政策进行县域农业主导产业选择至关重要。作为带动作用的优先发展的农业产业，主导产业的倾斜和优先发展是从产业的地位和性质出发而制定的，作为不同县域发展的重点，则应该结合县域本身的农业经济特点和生态资源优势，在农业产业政策倾斜中，县域农业主导产业可以充分享受到县域农业政策的优越条件，促进县域农业主导产业的发展和结构优化升级。从县域内部考虑，县域农业主导产业的形成和发展受县域农业生态资源环境、农业经济基础以及县域农业社会构成等方面因素的影响，但是从外部条件因素上来看，县域农业部门的政策倾斜于某个农业产业时，该产业的经济作用就会出现超常规的作用。同时，县域农业部门对农业产业的宏观战略部署和政策往往受到县域的宏观战略的影响，同样也是影响县域农业经济非均衡发展及县域农业主导产业发展变化的重要因素。对于县域宏观经济政策的影响主要有两种：一种是财政支持，另一种是货币支持。改革开放以来，我国县域经济发展战略经历了几次较大的变化，宏观经济政策经历了多次变革，每一次变革和调整，都会对县域农业经济的发展带来较大的变化，其中非均衡性是其中一个重要的特征，这充分证实了县域农业宏观政策的调整对县域农业经济的发展影响巨大。因此，结合县域农业产业布局的标准，在选择县域农业主导产业时，应该选择县域农业政策倾斜的农业产业。

（3）结合县域农业产业的内外部环境进行区域主导产业选择

对县域农业主导产业选择的定性分析另一个主要的因素就是需要结合县域农业产业的内外部环境，如区域比较优势、潜在竞争力以及县域农业生态资源可持续发展能力等。这些因素反映了县域农业产业的基础条件，能为县域农业主导产业的选择提供更为准确的科学的参考，上述三者因素也是前文提到的评价指标体系中的三个基准。比较优势是进行县域农业主导产业选择的基础条件。一般而言，一个县域的农业产业发展基础越差、水平越低，对其以后发展的制约作用也就越强，而且可能还会在一定程度上造成县域农业产业之间发展的差距拉大。现有的农业产业发展程度直接决定着此后的农业产业的结构与产业的发展，具有区域比较优势的农业产业应成为县域农业主导产业选择的对象，它是选择县域农业主导产业的基准之一。潜在竞争力是进行县域农业主导产业选择的潜在条件。潜在竞争力反映出县域内农业产业潜在发展的能力，因此在进行县域农业主导产业选择时，需要着重考虑这一方面因素的重要影响。潜在竞争力一般表现为县域内农业产业的成长性、创新性等。产业的成长性是指县域内农业产业壮大和发展的能力，它也是县域农业产业竞争能力的表现。如果县域内某个农业产业表现出较强的竞争力，一般来说该农业产业会表现出较好的发展势头，就可能成为该县域农业主导产业；相反的，如果该农业产业在该县域内竞争力贫乏，则农业产业成长性也会较差甚至会衰退。当前，我国县域总体农业产业的成长性，不仅体现为县域农业产业和经济规模在数量上的扩张，同时还反映出县域农业产业在质量上的提高。无论是总量规模的扩张还是增长质量的提高，都将有助于县域农业产业竞争力和发展能力的提高，因此县内某一个农业产业成长性的优劣，将直接影响到该农业产业潜在竞争力的强弱，从而影响到该农业产业是否能够成为主导产业。农业产业的创新性也是反应潜在竞争能力的重要因素。一般地说，县域农业产业的创新性包括县域农业产业的技术创新和制度创新。而无论从哪个方面来说，都会增加县域内该农业产业的生产效率，提高该农业产业的潜在竞争力。县域农业产业创新性可以看出县域农业产业之间的潜在竞争能力的相对水平，从而影响到县域内的农业产业能否成为主导产业。县域农业生态资源可持续发展是对县域农业主导产业选择及其结构调整的主要制约因素。在当前，我国县域农业主导产业的发展阶段，可持续发展主要体现在县域农业产业的生态性和社会性上。农业产业的生态性就是指县域农业产业在节约农业资源（如耕地、水、草原等）和能源（电力等）、保护县域生态环境方面体现出的竞争能力。虽然某一农业产业在短期内为该县域内农业的主导产业，并且能够为县域农业带来经济效益，但是它在长期的发展中，该农业产业的县域农业生态资源必然会成为其能否具有可持续竞争力的主要制约因素，从而也是影响县域农业主导产业选择的重要因素。县域农业产业的社会性是指该农业产业在县域社会的贡献以及影响方面表现出来的竞争力。

综上所述，在进行县域农业主导产业选择时，要结合县域农业经济发展阶段，考虑县域农业产业布局，还要分析县域农业产业的内外部环境。从上述三个方面来对县域农业主导产业进行定性评价分析。

4.2 县域农业主导产业选择定量分析

国内主导产业选择研究主要侧重于指标体系的建立，然后根据综合评价方法确定排序，并以此为依据决定主导产业选择。主导产业选择方法主要是综合评价法，如 SWOT 方法[1]、特尔斐法[2]、熵值法[3]、主成分分析[4]、层次分析（AHP）法[5]等。其中，最常用的是主成分分析和 AHP 法，主成分分析主要优点是一种客观赋权法，利用相关系数矩阵来避免信息的冗余，缺点是重要信息和其他信息相关较弱时，则重要信息可能被遗漏。AHP 法是一种主观赋权法，判断矩阵需要主观赋权，不同研究者的矩阵权重差别较大。在上述方法中，指标体系的建立是基础，指标体系的优点是可操作性较强，但是，不同构成基准，所构建的指标体系不同。国外在主导产业基准选择上比较有影响力的如"赫希曼基准""罗斯托基准""筱原基准"等。国内学者结合国外的研究成果，提出了不同的构成基准，如"三基准说"[6]"四基准说"[7]"五基准说"[8]"六基准说"[9]"七基准说"[10]，但是在这些指标中，有些难以量化，具有不同程度的模糊性；有些得到的信息不完全、关系不明确，具有灰色属性，由于灰色理论是解决贫信息系统决策的重要理论，因此有关学者结合灰色理论来研究农业主导产业的定量模型，取得了较好的效果[11,12]，但是大部分研究都是通过 Delphi 调查及相关研究综合统计确定每个指标的取数域及各指标在综合评估中权重，并且没有将灰色综合聚类系数矩阵当作一个整体来考虑，从而使得计算结果与实际之间存在一定的差异。

本书根据前文的经济子系统、社会子系统以及生态环境子系统所组成的县域农业主导产业评价指标体系，为了简化定量模型参数的研究，对县域农业主导产业选择评价定量模型进行了以下假设：①在一定时期内县域内的生态处于平衡状态，农业产业满足可持续发展要求；②不考虑县域内的"瓶颈"产业。对于假设①说明了"当前"县域的农业产业不受县域生态资源环境的制约，对于一个"当前时刻"的农业产业来说，在短期的发展内是不受生态资源环境制约的，这个假设是符合县域农业现状的。对于假设②说明了县域内的农业产业在选择发展前都处于一个平稳的现状。在上述两个基本的假设条件下，本书从以下两个方面来建立县域农业主导产业评价定量模型。

（1）针对县域农业主导产业指标体系中有些指标易于定量表示，有些指标却难以明确的问题，结合前文中的经济子系统指标和社会子系统指标可知，在经济子系统中的三个方面形成的 15 个指标能进行定量的表示，而在社会子系统中两个方面形成的 16 个指标大部分上难以明确定量地给出。因此本书分别采用主成分分析理论以及灰色关联分析理论对县域农业主导产业的经济子系统指标和社会子系统指标进行处理，确定了各个指标在子系统中的权值计算方法。在综合考虑主导产业评价指标的同时也克服了指标赋值的随意性、盲目性。

（2）在子系统指标确定的基础上，提出了基于模糊综合评价及变权灰色关联评价的模糊灰色关联农业主导产业评价定量模型。给出了县域农业主导产业选择定量评价步骤。

4.2.1 经济子系统评价指标分析

由图 3-1 可知，县域农业主导产业经济子系统包括三个方面，即为县域农业产业比较优势指标、农业产业增长潜力指标、产业综合效益指标。为了分析方便，我们将上述三个方面分别定义描述为 B_1,B_2,B_3。在 B_1 中包含 5 个子指标，分别为产值集中度 B_{11}、综合比较优势 B_{12}、产业关联度 B_{13}、农业产业比重 B_{14}、专门化系数 B_{15}，在 B_2 中包含 4 个子指标，分别为需求弹性系数 B_{21}、平均增长率 B_{22}、市场占有率 B_{23}、比较劳动生产率 B_{24}；在 B_3 中包含 6 个子指标，分别为人均产量系数 B_{31}、增长作用率指标 B_{32}、生产率上升率 B_{33}、资金利税率 B_{34}、技术进步指标 B_{35}、农业产业经济带动力 B_{36}。在上述子指标中，根据各个子指标的实际物理含义可知，指标之间存在着一定的相关性，比如综合比较优势 B_{12} 与产值集中度 B_{11} 之间存在着共同增长的趋势。这种现象的存在，说明了指标之间存在多重相关性，也就是说在指标之间存在着某种线性相关的现象，同时也表明了子指标之间不是相互独立的关系。指标之间的多重相关性将会恶化县域农业主导产业选择评价定量模型的准确度。其危害主要有以下几个：（1）若子指标完全相关时，定量模型中指标定量赋值将无法计算；（2）若子指标之间存在不完全相关现象，则子指标赋值计算准确度降低；（3）在子指标高度相关条件下，子指标的赋值对数据统计的微小变化将变得非常敏感，子指标赋值的稳定性降低；（4）在子指标高度相关条件下，将对子指标赋值的物理含义解释变得十分困难。因此本节应用主成分分析理论得到各个子指标在县域农业产业选择中的影响主要因素和各个子指标间的关联信息，使经济子系统指标更加简化和使用。

4.2.1.1　主成分分析涵义

主成分分析的工作对象就是一张样本点和定量变量类型的数据表。它的工作目标就是要对这种多变量数据表进行最佳综合简化。如果在原始数据表中有 p 个指标 $x_1, x_2, \cdots, x_p$，主成分分析将考虑对这个数据表中的信息重新调整组合，从中提取 m 个综合变量 $F_1, F_2, \cdots, F_m$，这 m 个综合变量能最多地概括数据表中信息。其是由 Hotelling 提出，也就是使高维指标变量空间进行降维处理，并通过对一组指标的几个线性组合来表达这组指标的方差和协方差结构，以达到指标量数据压缩和数据解释的目标，或把多个在信息上有一定重叠的统计指标转化为少数几个相互独立综合指标的多元统计分析方法。英国统计学家斯格特在 1961 年对 157 个英国城镇的发展水平进行调查时，原始测量的指标有 57 个，而通过主成分分析发现，只需 5 个新的综合变量（它们是原始变量的线性组合），就可以用 95% 的精度概括原始数据中信息，这样对问题的研究从 57 个指标降为 5 个指标。

在县域农业主导产业选择评价模型中，为了全面系统地分析问题，需要考虑的经济子系统指标较多，在多元统计分析中，这些指标也可以称作变量。由于各个变量都在不同程度上反映了县域农业主导产业选择评价的某些信息，同时各个指标之间有一定程度的相关性，因而所得的统计数据反映信息在一定程度上有重叠。通过综合指标分析，综合指标不但保留了原始农业产业指标变量的主要信息，而且比原始变量具有某些更优越的性质，使得在研究经济子系统指标问题时容易抓住主要矛盾，使得经济子系统评价指标更加有效、方便。

4.2.1.2 经济子系统指标的主成分分析计算方法

假设 X 是一个有 n 个样本点（不同农业产业）和 P 个变量（经济子系统指标）的数据表，并记为：

$$X = (x_{ij})_{n \times p} = \begin{bmatrix} e'_1 \\ \vdots \\ e'_n \end{bmatrix} = [x_1, \cdots, x_p] \qquad (4-1)$$

样本点 $e_i = (x_{i1}, \cdots, x_{ip})' \in R^p$，变量 $x_j = (x_{ij}, \cdots, x_{nj})' \in R^n$。

为了推导方便，且不失一般性，设该数据表示标准化的，即为 $E(x_j) = 0$，$\mathrm{var}(x_j) = 1$，现要求一个综合变量 F_1 是 $x_1, \cdots, x_p$ 的线性组合，即为：

$$F_1 = Xa_1, \| a_1 \| = 1 \qquad (4-2)$$

要使得 F_1 能携带最多的信息，在数学也就是表示 F_1 的方差取到最大值，因此有：

$$Var(F_1) = \frac{1}{n} \| F_1 \|^2 = \frac{1}{n} a'_1 X' X a_1 = a'_1 V a_1 \qquad (4-3)$$

此时，记 $V = \frac{1}{n} X' X$ 是 X 数据表的协方差矩阵，当 X 中的变量均是标准化变量时，V 就是 X 的相关系数矩阵。从数学的角度来考虑，也就是求 F_1 方差的优化问题。可以表示为：

$$\max_{\| a_1 \| = 1} a'_1 V a_1 \qquad (4-4)$$

采用 Lagrange 算法求解，记 λ_1 为 Lagrange 系数，令：

$$L = a'_1 V a_1 - \lambda_1 (a'_1 a - 1) \qquad (4-5)$$

对 L 分别求关于 a_1, λ_1 的偏导，并令其为零，可得：

$$\frac{\partial L}{\partial a_1} = 2V a_1 - 2\lambda_1 a_1 = 0 \qquad (4-6)$$

$$\frac{\partial L}{\partial \lambda_1} = -a'_1 a_1 + 1 = 0 \qquad (4-7)$$

由式（4-6）可知：

$$V a_1 = \lambda_1 a_1 \qquad (4-8)$$

因此可知，a_1 为 V 的一个标准化特征向量，它所对应的特征值为 λ_1，而根据式（4-8）以及式（4-7）有：

$$Var(F_1) = a'_1 V a_1 = a'_1 \lambda_1 a_1 = \lambda_1 a'_1 a_1 = \lambda_1 \qquad (4-9)$$

所以，a_1 所对应的特征值 λ_1 应该取到最大值。

也就是说，a_1 是矩阵 V 的最大特征值 λ_1 所对应的标准化特征向量。这里，a_1 是被称为第一主轴，$F_1 = X a_1$ 被称为第一主成分。

接着，可以求第二主轴 a_2，a_2 与 a_1 标准正交，并且仅次于第一主成分 F_1，第二主成分 $F_2 = X a_2$ 是含有最多信息的第二大成分，依据第一成分的计算，可得：

$$Var(F_2) = a'_2 V a_2 = a'_2 \lambda_2 a_2 = \lambda_2 a'_2 a_2 = \lambda_2 \qquad (4-10)$$

依次类推，可求得 X 数据表的第 h 主轴 a_h，它是协方差矩阵 V 的第 h 个特征值 λ_h，因此有：

$$Var(F_1) \geqslant Var(F_2) \geqslant \cdots \geqslant Var(F_m) \qquad (4-11)$$

且有

$$\sum_{h=1}^{m} var(F_h) = \sum_{h=1}^{m} \lambda_h \qquad (4-12)$$

综合上述计算过程，利用主成分来分析县域农业主导产业经济子系统指标的主成分计算方法步骤如下：（假设县域内有 n 农业产业，经济子系统指标的数量为 P）

（1）对县域农业产业经济子系统的定量指标数据进行标准化处理：

$$\tilde{x}_{ij} = \frac{x_{ij} - \bar{x}_j}{s_j}, i = 1,2,\cdots,n, j = 1,2,\cdots,p \qquad (4-13)$$

式中，$\bar{x}_j$ 是 x_j 的样本均值，s_j 是 x_j 的样本标准差。

（2）计算标准化数据矩阵 X 的协方差矩阵 V，此时，V 又为 X 的相关系数矩阵。

（3）求矩阵 V 的前 m 个特征值 $\lambda_1 \geqslant \lambda_2 \geqslant \cdots \geqslant \lambda_m$，以及对应的特征向量 $a_1, a_2, \cdots, a_m$，要求它们是标准正交的。

（4）求第 h 主成分 F_h，有：

$$F_h = X a_h = \sum_{j=1}^{p} a_{hj} x_j \qquad (4-14)$$

式中 a_{hj} 是主轴 a_h 的第 j 个分量，所以，主成分 F_h 是原变量 $x_1,\cdots,x_p$ 的线性组合，组合系数为 a_{hj}，从这个角度看，F_h 是一个新的综合变量。

4.2.1.3　经济子系统指标主成分的基本性质

根据前文经济子系统指标主成分分析计算方法可以得到主成分具有以下基本性质：

（1）主成分 F_h 的样本（农业某产业）均值等于零。记 $E[F_h]$ 为样本均值，则有：

$$E[F_h] = \frac{1}{n}\sum_{i=1}^{n}F_h(i) = \frac{1}{n}\sum_{i=1}^{n}\sum_{j=1}^{p}a_{hj}x_{ij} = \sum_{j=1}^{p}a_{hj}\left[\frac{1}{n}\sum_{i=1}^{n}x_{ij}\right] = 0$$

$$(4-15)$$

式中 $F_h(i)$ 是 F_h 的第 i 个分量。

（2）F_h 的样本方差等于 λ_h，即 $\mathrm{var}(F_h) = \lambda_h$

（3）主成分之间是互不相关的，即样本协方差为：

$$\mathrm{cov}(F_h,F_l) = 0, h \neq l \qquad (4-16)$$

证明：$\mathrm{cov}(F_h,F_l) = \frac{1}{n}(Xa_h)'(Xa_l) = a'_h(\frac{1}{n}X'X)a_l = a'_h V a_l = a'_h(\lambda_l a_l) = \lambda_l a'_h a_l = 0$

这个性质说明，经过主成分分析，可将相关的指标变换成一组无关的、相互独立的直交变量，由于各个指标的直交性，因此各个指标中所含信息是互补的，并且在信息中间没有交叉重叠，这将对进一步建立县域农业主导产业选择定量评价模型带来很多便利。

4.2.1.4　经济子系统指标主成分分析实证

为了更好地理解主成分分析算法在经济子系统指标确定中的应用，利用上述算法对济南章丘市（县级市）的农业产业情况进行了分析。

（1）根据 2010 年及 2009 年《济南市农业统计年鉴》，结合 3.3.1 中有关经济子系统指标定量计算方法，计算得到章丘市各个农业产业的指标值。如表 4-1 所示，为章丘市各个农业产业指标定量计算值，表中数据都为无量纲数值。表中均值及方差分别表示各个指标数值的均值和方差。

表 4 - 1   章丘市各个农业产业指标定量计算值

Table 4 - 1   **The county agricultural industry index quantitative value of Zhangqiu**

指标 \ 产业	小麦	玉米	油料作物	棉花	蔬菜	薯类	水果
B_{11}	1.1808	0.7150	2.7558	0.6094	1.6575	0.7087	2.9859
B_{12}	1.8089	0.5795	2.2802	0.337	1.0358	0.8583	2.0141
B_{13}	1.5500	1.1850	2.0050	0.9050	2.0200	0.5050	2.5450
B_{14}	0.3487	0.2334	0.3327	0.2386	0.2883	0.1787	0.3962
B_{15}	1.2421	0.8296	1.0559	0.6860	1.1339	0.1364	1.3988
B_{21}	2.3803	2.0842	2.4434	1.7263	2.4711	0.9013	3.0395
B_{22}	0.1718	0.1179	0.1726	0.1051	0.1813	0.0697	0.2302
B_{23}	0.2785	0.1469	0.2875	0.0649	0.3076	0.1706	0.3304
B_{24}	1.0244	0.6615	1.0466	0.5436	1.1874	0.7358	1.2829
B_{31}	1.4546	1.2712	1.5836	1.1829	1.5465	0.8573	1.5926
B_{32}	0.5633	0.3866	0.5659	0.3447	0.5944	0.2287	0.7549
B_{33}	0.4797	0.3279	0.3789	0.0179	0.4670	0.3394	0.4246
B_{34}	0.3716	0.1961	0.3277	0.0856	0.3385	0.0159	0.3530
B_{35}	0.4387	0.1816	0.6655	0.1456	0.5869	0.2898	0.6952
B_{36}	0.2463	0.0994	0.2547	0.0760	0.2797	0.1551	0.2626
均值	0.9026	0.6011	1.0771	0.4712	0.9397	0.4100	1.2204
标准差	0.6755	0.5572	0.9025	0.4887	0.7155	0.3186	1.0083

（2）根据式（4-13），将各个子指标数据进行标准化处理，得到数据如表4-2所示。

表4-2　　　　　　　　　　经济子系统指标标准化

Table 4-2　　　　　　　　**Standardized data of choice index**

指标＼产业	小麦	玉米	油料作物	棉花	蔬菜	薯类	水果
B_{11}	0.4118	0.2044	1.8601	0.2828	1.0032	0.9375	1.7510
B_{12}	1.3417	-0.0388	1.3331	-0.2746	0.1343	1.4071	0.7872
B_{13}	0.9584	1.0479	1.0281	0.8877	1.5099	0.2982	1.3137
B_{14}	-0.8200	-0.6599	-0.8248	-0.4760	-0.9104	-0.7260	-0.8174
B_{15}	0.5026	0.4101	-0.0235	0.4395	0.2714	-0.8588	0.1769
B_{21}	2.1876	2.6617	1.5139	2.5682	2.1403	1.5421	1.8041
B_{22}	-1.0819	-0.8672	-1.0022	-0.7491	-1.0600	-1.0681	-0.9820
B_{23}	-0.9239	-0.8151	-0.8749	-0.8314	-0.8834	-0.7514	-0.8827
B_{24}	0.1803	0.1084	-0.0338	0.1481	0.3462	1.0226	0.0620
B_{31}	0.8172	1.2026	0.5612	1.4563	0.8481	1.4040	0.3691
B_{32}	-0.5023	-0.3850	-0.5664	-0.2589	-0.4826	-0.5691	-0.4617
B_{33}	-0.6261	-0.4903	-0.7736	-0.9276	-0.6607	-0.2216	-0.7892
B_{34}	-0.7861	-0.7268	-0.8304	-0.7890	-0.8403	-1.2370	-0.8603
B_{35}	-0.6868	-0.7529	-0.4561	-0.6663	-0.4931	-0.3773	-0.5209
B_{36}	-0.9716	-0.9004	-0.9112	-0.8087	-0.9224	-0.8001	-0.9499

（3）计算标准化数据的协方差矩阵，如表4-3所示。

表 4 - 3

Table 4 - 3

标准化数据相关系数数据

The index sign related coefficient data

	B_{11}	B_{12}	B_{13}	B_{14}	B_{15}	B_{21}	B_{22}	B_{23}	B_{24}	B_{31}	B_{32}	B_{33}	B_{34}	B_{35}	B_{36}
B_{11}	1	0.4959	0.2427	-0.585	-0.3635	-0.8253	-0.4136	-0.2193	-0.1384	-0.7575	-0.5976	-0.1859	-0.2261	0.7278	-0.2731
B_{12}	0.4959	1	-0.4192	-0.5184	-0.5581	-0.8199	-0.7573	-0.0879	0.2974	-0.3781	-0.8675	0.3875	-0.52	0.5415	-0.2147
B_{13}	0.2427	-0.4192	1	-0.4426	0.6866	0.2616	0.0114	-0.7254	-0.6826	-0.6338	0.1778	-0.5983	0.7028	-0.2243	-0.694
B_{14}	-0.585	-0.5184	-0.4426	1	0.1124	0.5455	0.8747	0.5117	0.0033	0.7389	0.7829	-0.1644	0.0821	-0.4547	0.6998
B_{15}	-0.3635	-0.5581	0.6866	0.1124	1	0.742	0.4139	-0.6927	-0.8085	-0.2142	0.6092	-0.6795	0.957	-0.8162	-0.5387
B_{21}	-0.8253	-0.8199	0.2616	0.5455	0.742	1	0.6588	-0.0682	-0.3413	0.4423	0.8446	-0.2525	0.6556	-0.8954	0.013
B_{22}	-0.4136	-0.7573	0.0114	0.8747	0.4139	0.6588	1	0.2484	-0.3897	0.4448	0.9062	-0.4853	0.443	-0.5588	0.4378
B_{23}	-0.2193	-0.0879	-0.7254	0.5117	-0.6927	-0.0682	0.2484	1	0.6965	0.7351	0.0582	0.6188	-0.6595	0.2645	0.8614
B_{24}	-0.1384	0.2974	-0.6826	0.0033	-0.8085	-0.3413	-0.3897	0.6965	1	0.5431	-0.3612	0.8007	-0.9123	0.5371	0.5869
B_{31}	-0.7575	-0.3781	-0.6338	0.7389	-0.2142	0.4423	0.4448	0.7351	0.5431	1	0.4447	0.3821	-0.295	-0.2101	0.8234
B_{32}	-0.5976	-0.8675	0.1778	0.7829	0.6092	0.8446	0.9062	0.0582	-0.3612	0.4447	1	-0.5141	0.5295	-0.6964	0.2824
B_{33}	-0.1859	0.3875	-0.5983	-0.1644	-0.6795	-0.2525	-0.4853	0.6188	0.8007	0.3821	-0.5141	1	-0.6892	0.288	0.2602
B_{34}	-0.2261	-0.52	0.7028	0.0821	0.957	0.6556	0.443	-0.6595	-0.9123	-0.295	0.5295	-0.6892	1	-0.7662	-0.5509
B_{35}	0.7278	0.5415	-0.2243	-0.4547	-0.8162	-0.8954	-0.5588	0.2645	0.5371	-0.2101	-0.6964	0.288	-0.7662	1	0.2412
B_{36}	-0.2731	-0.2147	-0.694	0.6998	-0.5387	0.013	0.4378	0.8614	0.5869	0.8234	0.2824	0.2602	-0.5509	0.2412	1

（4）求矩阵 V 的前 m 个特征值 $\lambda_1 \geqslant \lambda_2 \geqslant \cdots \geqslant \lambda_m$，以及对应的特征向量 $a_1, a_2, \cdots, a_m$，令 $\alpha_i = \dfrac{\lambda_i}{\sum\limits_{i=1}^{m} \lambda_i}$ 为第 i 主成分的贡献率，称 $\alpha_p = \dfrac{\lambda_p}{\sum\limits_{i=1}^{m} \lambda_i}$ 为前 p 项主

成分的累积贡献率。由以上的相关系数组成相关系数矩阵，求相关矩阵的特征指和特征值贡献率，具体见表 4 - 4 和图 4 - 1 所示，相应的特征值对应的特征向量如表 4 - 5 所示。

表 4 - 4 　　　　　　　　特征值、特征值贡献率一览表

Table 4 - 4　Characteristic value, characteristic value contribute rate general chart

指标	特征值	特征值贡献率/%	指标	特征值	特征值贡献率/%
B_{11}	1. 1892	4. 4842	B24	0. 1203	0. 4536
B_{12}	3. 7268	14. 0530	B31	2. 0365	7. 6792
B_{13}	2. 8975	10. 9259	B32	2. 3325	8. 7954
B_{14}	0. 1746	0. 6584	B33	0. 3420	1. 2896
B_{15}	0. 3273	1. 2342	B34	0. 7460	2. 8130
B_{21}	4. 2020	15. 8449	B35	2. 6931	10. 1551
B_{22}	2. 4196	9. 1238	B36	1. 4746	5. 5604
B_{23}	1. 8376	6. 9292			

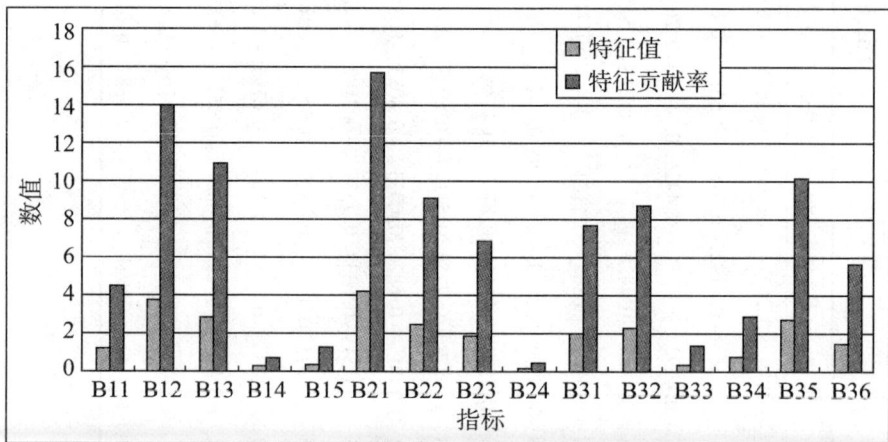

图 4 - 1　主成分特征值、特征值贡献率直方图

Figure 4 - 1　Characteristic value, characteristic value contribute plain deal square diagram

表 4－5　特征值对应的特征向量

Table 4－5　The corresponding eigenvector of Eigenvalue

a_{11}	a_{12}	a_{13}	a_{14}	a_{15}	a_{21}	a_{22}	a_{23}	a_{24}	a_{31}	a_{32}	a_{33}	a_{34}	a_{35}	a_{36}
0.1837	0.4984	0.3349	-0.1996	0.3018	0.098	-0.1816	0.0681	-0.1321	0.098	-0.2498	-0.0472	0.4759	-0.2757	0.1825
0.0023	0.1448	0.0734	0.4668	-0.2593	0.4039	-0.1518	0.1556	0.026	0.0469	0.0824	0.5886	-0.1105	-0.1556	0.2924
-0.4209	0.2205	-0.1679	0.4272	-0.0048	0.3225	0.0617	0.0224	0.1326	0.0071	-0.0381	-0.5503	0.0546	-0.2958	-0.2068
-0.0616	0.3331	-0.3356	0.2462	0.3916	-0.2578	0.1032	0.0116	0.3789	0.1958	-0.0023	0.3204	0.2178	0.3503	-0.1632
0.3755	0.1037	-0.5076	0.0051	0.1844	0.1705	-0.3831	-0.1154	-0.4208	-0.0239	0.1582	0.0412	-0.1413	-0.1319	-0.3544
0.3474	0.2356	0.3437	0.3042	-0.0884	-0.2155	0.196	0.5038	-0.194	0.044	-0.0217	-0.1542	-0.265	0.1559	-0.329
0.2192	-0.0765	0.0698	0.1391	-0.2288	0.3341	0.4383	-0.4385	-0.2038	0.037	-0.2672	0.1018	0.3521	0.2273	-0.2705
-0.0095	-0.4191	-0.0458	0.299	0.1818	0.0715	-0.4187	0.2133	-0.1132	0.0084	-0.5231	-0.1454	0.1076	0.3613	0.1551
0.1179	0.0851	0.2927	0.3016	0.1521	-0.0654	-0.1712	-0.5382	-0.0461	0.3152	0.3335	-0.2716	-0.1891	0.2318	0.2827
0.0114	0.0908	0.168	-0.1936	0.3506	0.5634	0.0591	0.1166	0.1592	-0.4474	0.2253	-0.048	-0.1355	0.4138	-0.0169
0.0469	-0.0252	0.0895	-0.277	-0.3745	0.2326	-0.3802	0.1464	0.3359	0.4928	0.1527	-0.0813	0.1554	0.2008	-0.3194
0.147	0.4175	-0.2749	-0.2112	-0.252	0.0744	0.0361	-0.1297	0.1687	0.0421	-0.4994	-0.1324	-0.456	0.1592	0.2575
0.127	0.0267	0.2822	0.1538	-0.085	-0.1976	-0.3702	-0.3249	0.4089	-0.4809	-0.1962	0.0915	-0.052	-0.1574	-0.3436
0.5815	-0.1045	-0.2725	0.1553	-0.167	-0.0281	0.0943	0.136	0.3207	-0.2075	0.2289	-0.2781	0.3319	-0.0645	0.3263
-0.2887	0.3481	-0.0862	0.0131	-0.4197	-0.2082	-0.2287	-0.0006	-0.336	-0.3567	0.1823	-0.0546	0.2933	0.3822	0.0874

（5）根据式（4－14）计算经济子系统指标的主成分及经济子系统指标主成分的方差，如表4－6所示。

表4－6　　　　　　　　　各个农业产业主成分

Table 4－6　The main ingredients of the various agricultural industries

产业指标	小麦	玉米	油料作物	棉花	蔬菜	薯类	水果	$Var(F_m)$
F_1	0.1424	0.1995	0.0231	0.2393	0.0302	0.0127	0.0432	0.0938
F_2	-1.2222	-0.5363	-1.819	-0.2978	-1.285	-0.3991	-1.81	0.6464
F_3	-0.1044	-0.9827	-0.1109	-0.9582	-1.2865	-0.1193	-0.621	0.4937
F_4	0.9203	0.4433	0.5376	0.303	0.5199	0.4917	0.5434	0.1883
F_5	0.6786	0.9701	0.9477	1.2217	1.0851	0.8662	1.0047	0.1703
F_6	-0.3478	-1.0634	0.3166	-1.2174	-0.477	1.2309	-0.1177	0.8356
F_7	1.0776	0.8719	0.6041	1.179	0.8935	1.0727	0.5961	0.2309
F_8	0.9516	0.5574	1.0331	0.5621	0.7076	1.0512	0.7944	0.2097
F_9	-0.8818	-0.8208	-0.7773	-0.8266	-0.8335	-0.368	-0.9027	0.1833
F_{10}	0.9287	0.8544	1.3175	0.726	1.0837	1.0301	1.3144	0.2235
F_{11}	1.1804	1.2063	1.542	1.279	1.3211	1.9044	1.4368	0.2523
F_{12}	1.7388	1.7472	1.6752	1.724	1.57	1.3751	1.6462	0.1321
F_{13}	0.4791	0.8762	0.3701	0.8906	0.6434	0.759	0.429	0.2144
F_{14}	-1.6192	-1.6372	-0.4109	-1.2461	-1.0718	-1.262	-0.4843	0.4933
F_{15}	0.2704	0.0774	0.3589	0.0303	0.2775	0.4234	0.5434	0.1824

结合表4－4、4－6、图4－1以及式（4－11）计算获得经济子系统指标主成分进行解释。在经济子系统指标特征值贡献率分别为：$B_{21}>B_{12}>B_{13}>B_{35}>B_{22}>B_{32}>B_{31}>B_{23}>B_{36}>B_{11}>B_{34}>B_{33}>B_{15}>B_{14}>B_{24}$，其中前七个指标贡献率值超过了平均指标贡献率（7%）。结合经济子系统指标主成分的方差排序可知，从经济子系统上对章丘市农业主导产业定量评价指标主要体现在：需求弹性系数指标 B_{21}、综合比较优势指标 B_{12}、产业关联度指标 B_{13}、技术进步指标 B_{35}、平均增长率指标 B_{22}、增长作用率指标 B_{32}、人均产量系数指标 B_{31}，上述七个指标分别从三个方面对章丘市的农业主导产业选择给出了子指标，即为：县域农业产业比较优势指标、增长潜力以及农业产业综合效益。

因此从经济子系统上考虑章丘市农业主导产业选择时，我们只需从上述七个指标来进行定量分析，在减少了多个指标之间的多重相关性的同时也降低了指标数量，从而降低了由于数据不充分而造成的指标赋值不确定性，增加了对农业产业定量评价的科学性。

4.2.2　社会子系统评价指标分析

由图3–2可知，县域农业主导产业社会子系统包括两个方面，即为县域农业产业社会子系统功能和农业产业社会子系统结构。为了分析方便，我们将上述两个方面分别定义描述为b_1,b_2，在b_1中包含8个子指标，分别为社会劳动力供给指标b_{11}、单位播种面积总产值b_{12}、农业劳动生产率b_{13}、系统抗灾能力b_{14}、有效灌溉率b_{15}、居民人均可支配率b_{16}、农业综合就业系数b_{17}、县域特殊用途用地占比b_{18}；在b_2中包含8个子指标，单位面积农业播种从业人数b_{21}、单位面积农业机械总动力b_{22}、家庭投入的固定资产原值b_{23}、森林覆盖率b_{24}、人均农业贷款b_{25}、人口自然增长率b_{26}、农村人均住房面积b_{27}、城镇化水平b_{28}。在上述社会子系统指标中，有些指标能够通过统计计算得到，有些指标由于信息不全而难以估计。因此本书结合灰色关联分析理论对社会子系统指标进行了定量分析，确定了各个指标在社会子系统中的权值计算方法。

4.2.2.1　灰色关联分析涵义

对于两个系统之间的因素，其随时间或不同对象而变化的关联性大小的量度，称为关联度。在系统发展过程中，若两个因素变化的趋势具有一致性，即同步变化程度较高，即可谓二者关联程度较高；反之，则较低。因此，灰色关联分析方法，是根据因素之间发展趋势的相似或相异程度，亦即"灰色关联度"，作为衡量因素间关联程度的一种方法。

设$X_0 = \{x_0(1),x_0(2),\cdots,x_0(n)\}$为数据行为参考序列。$X_1 = \{x_1(1),x_1(2),\cdots,x_1(n)\}$，$X_2 = \{x_2(1),x_2(2),\cdots,x_2(n)\}$，$\cdots$，$X_i = \{x_i(1),x_i(2),\cdots,x_i(n)\}$，$\cdots$，$X_m = \{x_m(1),x_m(2),\cdots,x_m(n)\}$，为数据行为的比较序列，给定$\gamma(x_0(k),x_i(k))$，若有实数

$$\gamma(X_0,X_i) = \frac{1}{n}\sum_{k=1}^{n}\gamma[X_0(k),X_i(k)] \qquad (4-17)$$

满足

（1）规范性：$0 \leqslant \gamma(X_0, X_i) \leqslant 1, \gamma(X_0, X_i) = 1 \Leftarrow X_0 = X_i$

（2）整体性：对于 $X_i, X_j \in X = \{X_s \mid s = 0,1,2,\cdots,; m \geqslant 2\}$，有 $\gamma(X_j, X_i) \neq \gamma(X_i, X_j), i \neq j$

（3）偶对称性：对于 $X_i, X_j \in X$ 有 $\gamma(X_j, X_i) \equiv \gamma(X_i, X_j) \Rightarrow X = \gamma\{X_i, X_j\}$

（4）接近性：$\mid x_0(k) - x_i(k) \mid$ 越小，$\gamma(x_0(k), x_i(k))$ 越大

则称 $\gamma(x_0(k), x_i(k))$ 为 $x_i(k)$ 对 $x_0(k)$ 的灰色关联度，$\gamma(x_0(k), x_i(k))$ 是 $x_i(k)$ 对 $x_0(k)$ 的关联系数，并称条件（1）、（2）、（3）、（4）为灰色关联四公理。γ 为灰色关联映射。

在灰色关联四个公理中，$\gamma(x_0(k), x_i(k)) \in (0,1]$ 表明系统任何两个行为数据序列都不可能是严格无关联的。

整体性则体现了环境对灰色关联比较的影响，环境不同，则灰色关联度也不同，因此对称原理不一定满足。偶对称性表明当灰色关联因子集中只有两个数据序列时，两两比较满足对称性。接近性是对关联度量化的约束。

4.2.2.2 社会子系统指标的灰色关联分析计算方法

在社会子系统中对县域农业产业分析时，是一个多指标数据序列的生成过程，因此应用灰色关联分析理论时，应对相应的多指标序列进行无量纲化，这样才能避免由于指标的物理含义不同而造成的数据无法比较。在对原始指标数据进行初始化处理时，一般采用归一化生成在 $[0,1]$ 区间的数据序列，这种方法对于数据的权值的判断不能有效地把握，特别是对于那些优于平均水平的指标权值难以估计。因此，本书结合 Vague 思想和集对分析理论思想，把 $[0,1]$ 线性生成扩展到 $[-1,1]$ 上的线性生成，提出一种易于计算且实用的 $[-1,1]$ 线性生成算子，其基本思想就是对于数据序列中的指标值如果优于平均水平时，赋值 $[0,1]$ 区间，如果低于平均水平，赋值在 $[-1,0]$ 区间，具体算法为：

设县域农业产业社会子系统指标数据序列为 $X_1 = \{x_1(1), x_1(2), \cdots, x_1(n)\}$，$X_2 = \{x_2(1), x_2(2), \cdots, x_2(n)\}$，$\cdots$，$X_m = \{x_m(1), x_m(2), \cdots, x_m(n)\}$，社会子系统指标集合为 A，且有 $A = \{A_1, A_2, \cdots, A_n\}$。令

$$Z(k) = \frac{1}{m} \sum_{i=1}^{m} x_i(k), k = 1,2,\cdots,n \qquad (4-18)$$

则有

$$\gamma_i(k) = \frac{x_i(k) - z(k)}{\max(\max_i\{x_i(k)\} - z(k), z(k) - \min_i\{x_i(k)\})}, i = 1, 2, \cdots, m$$

$$(4-19)$$

通过式（4-19）可以生成称为 $[-1,1]$ 线性生成算子。

通过此线性生成算子对县域农业产业社会子系统指标的原始数据序列进行规范化变换，则规范化数据序列 $R_i(k) = \{r_i(k)\}$ $(i = 1, 2, \cdots, m)$ 中的元素都是无量纲的，并且所有元素均符合 Vague 思想，而对任意的 $r_i(k) \in [-1, 1]$, $(i = 1, 2, \cdots, m, k = 1, 2, \cdots, n)$，由于规范化数据序列中的元素无量纲，因此它们之间可以进行直接比较分析。

根据上述变换原则，设经过数据变换的母序列为 $\{x_0(k)\}$，子序列为 $\{x_i(k)\}$，母序列与子序列的关联系数为 $L_{0i}(k)$，则有：

$$L_{0i}(k) = \frac{\Delta_{\min} + p\Delta_{\max}}{\Delta_{oi}(k) + p\Delta_{\max}} \qquad (4-20)$$

式中：$\Delta_{oi}(k)$ 为两序列比较的绝对差，即 $\Delta_{oi}(k) = |x_0(k) - x_1(k)|$，$\Delta_{\min}$、$\Delta_{\max}$ 分别为所有比较序列在各个时刻的绝对差中的最小值与最大值，p 为分辨系数，一般取 $p = 0.5$。

在进行关联度计算时有两种加权方法，一种是均值加权方法，另一种是按照时间序列赋予不同权值的加权方法，也就是常说的变权值关联法。

均值加权方法也就是说认为各个时刻对关联度的作用是相等的，即可以认为权值为 $1/N$，两比较序列的关联度是用这两个序列各个时刻的关联系数的平均值表示，即为：

$$\gamma_{0i} = \frac{1}{N} \sum_{k=1}^{N} L_{01}(k) \qquad (4-21)$$

其中 γ_{0i} 是子序列 i 与母序列的关联度。

变权关联法是基于不同时点的数据重要程度不同，时间越近的数据，其提供的信息越重要，时间越远的数据，其提供的信息越不重要，因而时间越近的时期，赋予其权重系数越大，时间越远的时期，赋予其权重系数越小。县域农业产业的发展是一个动态变化的过程，由于县域内农民收入、农业要素投入等内部因素和县域农业农村政策、县域农业生态资源环境等外部因素的作用使县域农业产业结构系统发生了很大的变化，如果采用均值加权方法进行分析，会导致结论有失客观性。因此，采用变权关联法具有更强的客观性和科学性。在变权关联方法中，只要保证各时点权重系数之和等于1，就可以根据具体问题确定不同的赋权方法。在变权关联方法中，两比较序列的关联度是用这两个序列各个时刻的关联系数 $L_{oi}(k)$ 与各时点权重系数 $\omega(k)$ 乘积之和表示，具体的计算公式为

$$\gamma_{0i}(k) = \sum_{k=1}^{N} \omega(k) \times L_{0i}(k) \qquad (4-22)$$

对各时点的权重系数赋权方法如下：

设 $\omega(k)$ 为县域农业产业在不同年份的指标权重系数。采用等比递增权系数方法，即为

$$\omega(k+i) = \omega(k) \times (1+q)^i \qquad (4-23)$$

式中 i 表示距离初始参考年数的差值。为了更明确地反映县域农业产业随着时间变化的程度，可以假设为 $\omega(k+i)/\omega(k) = C$，其中 C 为常值，同时 C 越大表明县域农业产业随时间的变化发展程度越高。

综合上述计算过程，利用灰色关联分析县域农业主导产业社会子系统指标的计算方法步骤如下：（假设县域内有 n 农业产业，社会子系统指标的数量为 P）

（1）建立县域农业主导产业选择评价的 P 个指标的变权关联矩阵，即为：

$$\begin{bmatrix} r_{11} & r_{12} & \cdots & r_{1p} \\ r_{21} & r_{22} & \cdots & r_{2p} \\ \cdots & \cdots & r_{ij} & \cdots \\ r_{p1} & r_{p2} & \cdots & r_{pp} \end{bmatrix} \qquad (4-24)$$

其中元素 r_{ij}，r 表示以 i 指标作为母序列、以 j 指标作为子序列的 i 指标与 j 指标的关联度。

（2）根据式（4-18）、（4-19）计算各个指标的线性生成算子。

（3）根据式（4-20）计算在指标 i 与所有指标的关联系数。

（4）根据公式（4-21）计算指标 i 与所有指标的关联度。即求得变权关联矩阵的第 i 行的各元素，其他指标的关联度求法根据所获得的直接数据计算得出类推。

（5）按照变权关联方法，计算数据中关联矩阵的关联度之和，同时对各个指标进行按照关联系数和值的大小进行排序，该系数和越大表明该指标在系统中越重要。

4.2.2.3 社会子系统指标灰色关联分析实证

为了更好地理解灰色关联分析算法在社会子系统指标确定中的应用，利用上述算法对济南章丘市（县级市）的农业产业情况进行了分析。

（1）根据《济南市农业统计年鉴》，计算得到章丘市农业产业结构系统的结构指标和功能指标数据。如表4-7所示。

表4-7　　　2004~2010年章丘市农业产业结构指标和功能指标数据

Table 4-7　　**The structure and functional indicators data in agricultural of Zhangqiu from 2004 to 2010**

		2004	2005	2006	2007	2008	2009	2010
功能指标	b_{11}	4.1911	4.0734	3.8567	3.7891	3.5782	3.4743	3.2194
	b_{12}	401.6561	437.0663	451.5525	474.8143	523.1810	690.6537	753.5025
	b_{13}	3.4666	4.8855	5.4694	6.6842	8.6240	10.3887	13.0615
	b_{14}	2.3414	1.5724	1.7832	2.2231	1.4520	1.6714	1.8315
	b_{15}	12.413	15.614	18.7121	21.724	26.225	28.9224	30.3271
	b_{16}	4241	4412	4731	4926	5039	5155	5253
	b_{17}	46.7614	46.7512	53.4723	52.9439	53.1534	53.6422	53.7514
	b_{18}	5.1156	5.7984	5.9316	6.0229	6.3046	6.7156	6.7984
结构指标	b_{21}	3.3452	3.0553	2.9039	2.7302	2.3452	2.0553	1.8039
	b_{22}	1.128	1.384	1.489	1.699	1.979	2.245	3.042
	b_{23}	320	347	387	407	419	438	454
	b_{24}	22.3245	25.4235	29.8474	32.1455	34.4756	35.1455	37.9475
	b_{25}	2145.2	2198.5	2265.8	2343.4	2456.2	2292.27	2345.8
	b_{26}	0.4614	0.5262	0.4245	0.4124	0.4675	0.3923	0.3648
	b_{27}	28.3497	21.3953	19.9137	17.6957	14.4361	13.2171	10.2359
	b_{28}	3.6624	4.6713	6.5327	7.1406	9.1449	11.1592	15.1449

（2）根据式（4-18）、（4-19）计算各个指标的线性生成算子，如表4-8所示，为指标的数据的线性生成算子。

（3）以 2004 年为第一时点，即 2004 年权重系数为 $\omega(1)$，则 2004 ~ 2010 年权重系数分别为 $\omega(1)$、$\omega(2)$、$\omega(3)$，$\omega(4)$、$\omega(5)$、$\omega(6)$、$\omega(7)$，且有 $\sum_{i=1}^{7} \omega(i) = 1$，为明显反应各影响因素的时序作用效应，设 $\omega(7)/\omega(1) = 10$，根据等比矩阵的性质可得：$\omega(1) = 0.0342$、$\omega(2) = 0.0502$、$\omega(3) = 0.0737$、$\omega(4) = 0.1082$、$\omega(5) = 0.1587$、$\omega(6) = 0.2330$、$\omega(7) = 0.3420$，则按照变权关联方法计算表 4 - 8 中的数据得到的关联矩阵见表 4 - 9 所示。由表 4 - 9 所示，从社会子系统方法对县域农业主导产业选择评价时，指标重要性程度排序为：农村人均住房面积 b_{27} > 有效灌溉率 b_{15} > 单位面积农业播种从业人数 b_{21} > 社会劳动力供给指标 b_{11} > 家庭投入的固定资产原值 > 森林覆盖率 b_{24} > 人口自然增长率 b_{26} > 农业劳动生产率 b_{13} > 城镇化水平 b_{28} > 单位面积农业机械总动力 b_{22} > 单位播种面积总产值 b_{12} > 农业综合就业系数 b_{17} > 人均农业贷款 b_{25} > 县域特殊用途用地占比 b_{18} > 系统抗灾能力 b_{14} > 居民人均可支配率 b_{16}。从上述的排序可知，从社会子系统来考虑县域农业主导产业时，首先考虑的还是评价县域民生、县域农业资源环境利用以及县域农村劳动力问题的相关指标，因此从社会子系统上进行县域农业主导产业选择评价指标时，可以优先考虑上述三个方面相关的指标。

表 4 - 8　　　　　　　　　指标数据的线性生成算子

Table 4 - 8　　　　　**The linear generating operator of Indicator date**

		2004	2005	2006	2007	2008	2009	2010
功能指标	b_{11}	0.1601	0.1556	0.1473	0.1447	- 0.1367	- 0.1327	- 0.123
	b_{12}	- 0.1076	- 0.1171	- 0.121	- 0.1272	- 0.1402	0.1850	0.2019
	b_{13}	- 0.0659	- 0.0929	- 0.1040	- 0.1271	0.1640	0.1976	0.2484
	b_{14}	0.1820	- 0.1221	- 0.1384	0.1726	- 0.1128	- 0.1299	0.1423
	b_{15}	- 0.0807	- 0.1015	- 0.1217	- 0.1412	0.1698	0.1880	0.1971
	b_{16}	- 0.1256	- 0.1307	- 0.1401	0.1459	0.1493	0.1527	0.1556
	b_{17}	- 0.1297	- 0.1297	0.1483	0.1469	0.1475	0.1488	0.1491
	b_{18}	- 0.1198	- 0.1358	- 0.139	- 0.1411	0.1477	0.1573	0.1593

		2004	2005	2006	2007	2008	2009	2010
结构指标	b_{21}	0.1834	0.1675	0.1592	0.1497	−0.1286	−0.1127	−0.0989
	b_{22}	−0.0870	−0.1067	−0.1148	−0.1310	0.1526	0.1731	0.2346
	b_{23}	0.1899	0.1763	0.1602	−0.1354	−0.1262	−0.1126	−0.0996
	b_{24}	−0.1154	−0.1252	−0.1396	0.1468	0.1512	0.1580	0.1638
	b_{25}	−0.1337	−0.1370	−0.1412	0.1460	0.1531	0.1428	0.1462
	b_{26}	0.0600	−0.0402	−0.0456	0.0569	−0.0372	−0.0428	−0.0469
	b_{27}	0.2264	0.1708	0.1590	−0.1413	−0.1153	−0.1055	−0.0817
	b_{28}	−0.0637	−0.0813	−0.1137	−0.1243	0.1592	0.1942	0.2636

（4）由表4-9可知，可以进一步计算各指标关联度的均值为0.7915，这是该社会子系统各个指标相互影响的平均水平，为了便于反映各结构指标和各功能指标相互之间较强的影响关系，可以以0.7915为指标数据的水平截距，省略小于均值的数据，只选取关联度大于均值0.7915的数据指标，如表4-10所示。

表 4 - 9　章丘市农业产业社会子系统评价指标变权关联矩阵

Table 4 - 9　The variable weights associated matrix of agricultural social subsystem evaluation indicator of zhangqiu

	b_{11}	b_{12}	b_{13}	b_{14}	b_{15}	b_{16}	b_{17}	b_{18}	b_{21}	b_{22}	b_{23}	b_{24}	b_{25}	b_{26}	b_{27}	b_{28}
b_{11}	1	0.9331	0.9853	0.3861	0.983	0.9662	0.8168	0.9544	0.9897	0.969	0.9721	0.98	0.724	0.3851	0.964	0.9859
b_{12}	0.9331	1	0.971	0.3071	0.912	0.8489	0.6251	0.9061	0.955	0.9593	0.8642	0.8993	0.4501	0.3067	0.8685	0.9661
b_{13}	0.9853	0.971	1	0.3721	0.966	0.9235	0.7126	0.4445	0.9915	0.9893	0.9324	0.9607	0.6384	0.3713	0.9433	0.9933
b_{14}	0.3861	0.3071	0.3721	1	0.4346	0.3741	0.2639	0.5438	0.4361	0.3144	0.3856	0.3422	0.4512	1	0.5292	0.3258
b_{15}	0.983	0.912	0.966	0.4346	1	0.9819	0.8242	0.4691	0.9894	0.9253	0.9809	0.9914	0.7616	0.4337	0.9731	0.9489
b_{16}	0.9662	0.8489	0.9235	0.3741	0.9819	1	0.9049	0.4508	0.9532	0.8855	0.9979	0.9891	0.8095	0.3731	0.9681	0.9156
b_{17}	0.8168	0.6251	0.7126	0.2639	0.8242	0.9049	1	0.7897	0.762	0.673	0.9009	0.8384	0.7759	0.2629	0.8123	0.735
b_{18}	0.9544	0.9061	0.4445	0.5438	0.4691	0.4508	0.7897	1	0.4698	0.4081	0.4627	0.9545	0.6847	0.5434	0.4861	0.4261
b_{21}	0.9897	0.955	0.9915	0.4361	0.9894	0.9532	0.762	0.4698	1	0.9641	0.9586	0.9774	0.6903	0.4353	0.9661	0.9782
b_{22}	0.969	0.9593	0.9893	0.3144	0.9253	0.8855	0.673	0.4081	0.9641	1	0.8995	0.929	0.5953	0.3138	0.9147	0.9935
b_{23}	0.9721	0.8642	0.9324	0.3856	0.9809	0.9979	0.9009	0.4627	0.9586	0.8995	1	0.9877	0.7845	0.3847	0.9755	0.9276
b_{24}	0.98	0.8993	0.9607	0.3422	0.9914	0.9891	0.8384	0.9545	0.9774	0.929	0.9877	1	0.7686	0.3412	0.9687	0.9476
b_{25}	0.724	0.4501	0.6384	0.4512	0.7616	0.8095	0.7759	0.6847	0.6903	0.5953	0.7845	0.7686	1	0.4495	0.7795	0.6171
b_{26}	0.3851	0.3067	0.3713	1	0.4337	0.3731	0.2629	0.5434	0.4353	0.3138	0.3847	0.3412	0.4495	1	0.5285	0.3251
b_{27}	0.964	0.8685	0.9433	0.5292	0.9731	0.9681	0.8123	0.4861	0.9661	0.9147	0.9755	0.9687	0.7795	0.5285	1	0.9265
b_{28}	0.9859	0.9661	0.9933	0.3258	0.9489	0.9156	0.735	0.4261	0.9782	0.9935	0.9276	0.9476	0.6171	0.3251	0.9265	1
和	13.994	12.772	13.695	7.4662	14.075	13.842	11.697	9.993	14.016	13.233	13.914	13.875	10.980	7.454	14.103	13.512
排序	4	11	8	14	2	7	12	15	3	10	5	6	13	16	1	9

表 4-10

Table 4-10

水平截距为 0.7915 的关联矩阵

The Incidence matrix of level intercept 0.7915

	b_{11}	b_{12}	b_{13}	b_{14}	b_{15}	b_{16}	b_{17}	b_{18}	b_{21}	b_{22}	b_{23}	b_{24}	b_{25}	b_{26}	b_{27}	b_{28}
b_{11}	1	0.9331	0.9853	—	0.983	0.9662	0.8168	0.9544	0.9897	0.969	0.9721	0.98	—	—	0.964	0.9859
b_{12}	0.9331	1	0.971	—	0.912	0.8489	—	0.9061	0.955	0.9593	0.8642	0.8993	—	—	0.8685	0.9661
b_{13}	0.9853	0.971	1	—	0.966	0.9235	—	—	0.9915	0.9893	0.9324	0.9607	—	—	0.9433	0.9933
b_{14}	—	—	—	1	—	—	—	—	—	—	—	—	—	—	—	—
b_{15}	0.983	0.912	0.966	—	1	0.9819	0.8242	—	0.9894	0.9253	0.9809	0.9914	—	—	0.9731	0.9489
b_{16}	0.9662	0.8489	0.9235	—	0.9819	1	0.9049	—	0.9532	0.8855	0.9979	0.9891	0.8095	—	0.9681	0.9156
b_{17}	0.8168	—	—	—	0.8242	0.9049	1	0.7897	—	—	0.9009	0.8384	—	—	0.8123	—
b_{18}	0.9544	0.9061	0.9445	—	0.9691	0.9508	—	1	0.9698	0.9081	0.9627	0.9545	—	—	0.9861	0.9261
b_{21}	0.9897	0.955	0.9915	—	0.9894	0.9532	—	—	1	0.9641	0.9586	0.9774	—	—	0.9661	0.9782
b_{22}	0.969	0.9593	0.9893	—	0.9253	0.8855	—	—	0.9641	1	0.8995	0.929	—	—	0.9147	0.9935
b_{23}	0.9721	0.8642	0.9324	—	0.9809	0.9979	0.9009	—	0.9586	0.8995	1	0.9877	—	—	0.9755	0.9276
b_{24}	0.98	0.8993	0.9607	—	0.9914	0.9891	0.8384	0.9545	0.9774	0.929	0.9877	1	—	—	0.9687	0.9476
b_{25}	—	—	—	—	—	0.8095	—	0.6847	—	—	—	0.7686	1	—	—	—
b_{26}	—	—	—	—	—	—	—	—	—	—	—	—	—	1	—	—
b_{27}	0.964	0.8685	0.9433	—	0.9731	0.9681	0.8123	0.9861	0.9661	0.9147	0.9755	0.9687	—	—	1	0.9265
b_{28}	0.9859	0.9661	0.9933	—	0.9489	0.9156	—	0.9261	0.9782	0.9935	0.9276	0.9476	—	—	0.9265	1

4.2.3 模糊灰色关联农业主导产业定量评价模型

县域农业主导产业评价定量模型的建立是进行县域农业主导产业选择的关键，本书以前文经济子系统和社会子系统中确定的指标为基础，结合模糊综合评价理论和加权灰色关联评价理论，提出了基于模糊综合评价及加权灰色关联评价的模糊灰色关联农业主导产业评价定量模型。该模型中对于县域农业产业指标的建立是基于两个基本假设，即为：①在一定时期内县域内的生态处于平衡状态，农业产业满足可持续发展要求；②不考虑县域内的"瓶颈"产业。对于假设①说明了"当前"县域的农业产业不受县域生态资源环境的制约，对于一个"当前时刻"的农业产业来说，在短期的发展内是不受生态资源环境制约的，这个假设是符合县域农业现状的。对于假设②说明了县域内的农业产业在选择发展前都处于一个平稳的现状。实践证实，该两个基本假设是符合实际情况的。在上述基本假设的基础上，模型中对于指标体系的建立只包含了经济子系统以及社会子系统的指标。

4.2.3.1 模型指标体系的建立

由前文的基本假设可知，模糊灰色关联农业主导产业定量评价模型的指标体系包含两个方面，即为县域农业经济子系统、县域农业社会子系统。根据经济子系统的主成分分析计算方法确定模型中的经济子系统指标，结合社会子系统中的灰色关联分析计算方法确定模型中的社会子系统指标，从而建立了县域包含经济子系统和社会子系统评价指标的指标体系。

由相应的指标计算方法可知，模型中建立的指标体系为无量纲指标，根据指标在农业经济发展中的程度将农业产业部门划分为三个不同的类型，即为一般产业、优势产业及主导产业。

4.2.3.2 模糊综合评价

模糊综合评判是在模糊环境下，考虑多个因素的影响，为了某个目的，利用模糊变换对一事物作出综合决策的方法。这是一种可考虑影响因素多、所需试验资料少、比较实用的量化分析法。设 $U = \{x_1, x_2, \cdots, x_n\}$，$V = \{y_1, y_2, \cdots, y_n\}$ 为两个有限集合，其中 U 为一个多指标集合（如县域农业主导产业评价指标体系中的指标），V 是一个评价集合（如对农业产业评价的结果：一般产业、优势产业或主导产业等所组成的评价集合）。实际应用中，由于指标的物理含义和重要性不同，从而对农业产业的影响也是不相同的，所以各个指标的权值也就不一样，根据模型数学理论可知，指标权值所组成的集合应为 U 上的一个模糊向量，可以记为：

$$A = \{\omega(1), \omega(2), \cdots, \omega(n)\} \in F(U) \qquad (4-25)$$

其中 $\omega(i)$ 表示指标集合中第 i 个指标的权值，且有 $\sum_{i=1}^{n} \omega(i) = 1$。在模糊的环境中，各个农业产业的评价结构也是一个符合集合 V 上的模糊集合，可以记为：

$$B = \{b_1, b_2, \cdots, b_n\} \in F(V) \qquad (4-26)$$

如果 $R = (r_{ij})_{n \times m}$ 是从 U 到 V 的模糊关系矩阵，那么利用 R 就可以得到一个模糊变换 T_R。故多指标下的县域农业主导产业选择评价的数学模型结构为：

（1）指标集合：$U = \{x_1, x_2, \cdots, x_n\}$

（2）评价集合：$V = \{y_1, y_2, \cdots, y_n\}$

（3）模糊变换 T_R：$T_R : F(U) \rightarrow F(V)$

其中 R 是从 U 到 V 的模糊关系矩阵。这样 (U, V, R) 就构成了一个关于县域农业主导产业选择评价的模糊数学模型。此时，如果输入一个权重分配 $A = \{\omega(1), \omega(2), \cdots, \omega(n)\} \in F(U)$，通过模糊变 T_R，就可得到一个针对于县域农业产业评价结果的集合 $B = \{b_1, b_2, \cdots, b_n\} \in F(V)$，也就是：

$$(b_1, b_2, \cdots, b_m) = (\omega(1), \omega(2), \cdots, \omega(n)) \times \begin{bmatrix} r_{11} & r_{12} & \cdots & r_{1m} \\ r_{21} & r_{22} & \cdots & r_{2m} \\ \vdots & \vdots & \vdots & \vdots \\ r_{n1} & r_{n2} & \cdots & r_{nm} \end{bmatrix}$$

$$(4-27)$$

利用 Zadeh 算子，可知：

$$b_j = \bigvee_{i=1}^{n} (\omega(i) \wedge r_{ij}), j = 1, 2, \cdots, m \qquad (4-28)$$

模糊综合评判的核心在于综合了各个评价指标的影响，而作出了一个接近实际的农业主导产业选择评价，避免了仅从某些指标作出评价带来的片面性。Zadeh（$\wedge \vee$）算子的评价结果主要是由指标的重要性所决定，其他指标的数值在一个范围内变化并不影响评价结果，一般称其是主因素决定型算子。广义算子称为主因素突出型它们与 Zadeh 算子接近，区别在于比 Zadeh 算子更精细一点，它们得到的评价结果可以在一定程度上反映非主要指标。

本书对县域农业产业在多指标下进行评价，以确定其主导产业，因此属于多指标模糊综合评价，应该对单一指标模糊评价方法进行改进，用评价指标集合来代替单一的备择集。此时的评价矩阵为：

$$R = \begin{bmatrix} r_{11} & r_{12} & \cdots & r_{1m} \\ r_{21} & r_{22} & \cdots & r_{2m} \\ \vdots & \vdots & \vdots & \vdots \\ r_{n1} & r_{n2} & \cdots & r_{nm} \end{bmatrix} \qquad (4-29)$$

R 中的 r_{ij} 表示第 i 产业在评价指标 j 下被评为"主导"产业的隶属度。多模糊综合评价矩阵确定之后，就可按通常的多模糊评价法进行综合评价。对县域农业内多个产业部门在多个指标下进行模糊综合评价时，在产业部门中含有一般产业、优势产业及主导产业，因此需要建立隶属度函数。隶属度函数的建立也就是根据产业的分类而来，如下：

（1）"一般产业"隶属度函数：

$$f_1(r_{ij}) = \begin{cases} r_{ij}/d_1 & r_{ij} \in [0, d_1] \\ (d_2 - |r_{ij} - d_1|)/d_2 & r_{ij} \in [d_1, d_2] \\ 0 & r_{ij} \notin [0, d_2] \end{cases} \qquad (4-30)$$

（2）"优势产业"隶属度函数：

$$f_2(r_{ij}) = \begin{cases} r_{ij}/d_2 & r_{ij} \in [0, d_2] \\ 2 - r_{ij}/d_2 & r_{ij} \in [d_2, 2d_2] \\ 0 & r_{ij} \notin [0, 2d_2] \end{cases} \qquad (4-31)$$

（3）"主导产业"隶属度函数：

$$f_3(r_{ij}) = \begin{cases} (d_3 - |r_{ij} - d_2|)/d_3 & r_{ij} \in [d_2, d_3] \\ 1 & r_{ij} \in [d_3, +\infty) \\ 0 & r_{ij} \notin [d_2, +\infty) \end{cases} \qquad (4-32)$$

其中 d_1, d_2, d_3 分别为 R 矩阵中最小值、中值及最大值，也可以称为各个产业部门的相对指标阈值。

4.2.3.3 模糊灰色关联评价

灰色理论[13]是中国学者邓聚龙教授创立，是研究少数据、贫信息问题的新方法。灰色关联评价法是系统的多目标评价方法，其基本思路是：根据各比较数列集构成的曲线族与参考数列构成的曲线间的几何相似程度确定关联度，比较数列集与参考数列构成曲线的几何形状越相似，其关联度越大，则该比较数列所代表的系统越优。一般灰色关联分析是等权的，没有考虑各因素重要性的差别。本书将加权灰色关联与模糊综合评价相结合，建立模糊灰色关联评价模型，其计算步骤如下：

（1）假设县域内共有 n 农业产业，每个产业共有 m 个评估指标，灰类为 k，产业 i 对指标 j 的观测值为：$x_{ij}^k, i = 1,2,\cdots,n; j = 1,2,\cdots,m$。本书将县域农业产业分为一般产业、优势产业及主导产业，因此相应的灰类为 $k^* = 1\#$、$2\#$、$3\#$，即农业产业部门的等级分类。

（2）构造白化权函数。结合模糊评价，三个灰类的白化函数分别选择为一般产业、优势产业及主导产业的隶属度函数。

（3）计算每个指标的权值 ω_j。

$$\omega_j^k = \sum_{i=1}^n r_{ij}^k / \sum_{j=1}^m \sum_{i=1}^n r_{ij}^k \qquad (4-33)$$

（4）计算产业 i 关于灰类的评价系数。

$$\sigma_i^k = \sum_{j=1}^m f_j^k(x_{ij})\omega_j \qquad (4-34)$$

（5）计算产业 i 关于灰类系数的综合评价系数：

$$\delta_i^k = \sigma_i^k / \sum_{k=1}^k \sigma_i^k \qquad (4-35)$$

（6）产业分类，若 $\max_{1 \leqslant k \leqslant 3}\{\delta_i^k\} = \delta_i^{k^*}$，判定产业 i 属于 k^* 灰类。

（7）对属于 k^* 灰类的所有产业 i，计算综合测度：$\omega_i^{k^*} = \delta_i^{k^*} / \sum_{i=1}^n \delta_i^{k^*}$

（8）主导产业综合测度确定：$\omega_{i(zd)}^{k^*} \geqslant \sum_{i=1}^n \delta_i^{k^*} / m$

（9）根据综合测度及主导产业综合测度评价所有产业的排序及县域内农业主导产业。

4.2.3.4 实证分析

结合 4.2.1.4 经济子系统指标主成分分析实证和 4.2.2.3 社会子系统指标灰色关联分析实证可知，从经济子系统和社会子系统两个方面，建立章丘市县域农业主导产业定量评价指标体系，如图 4-2 所示。

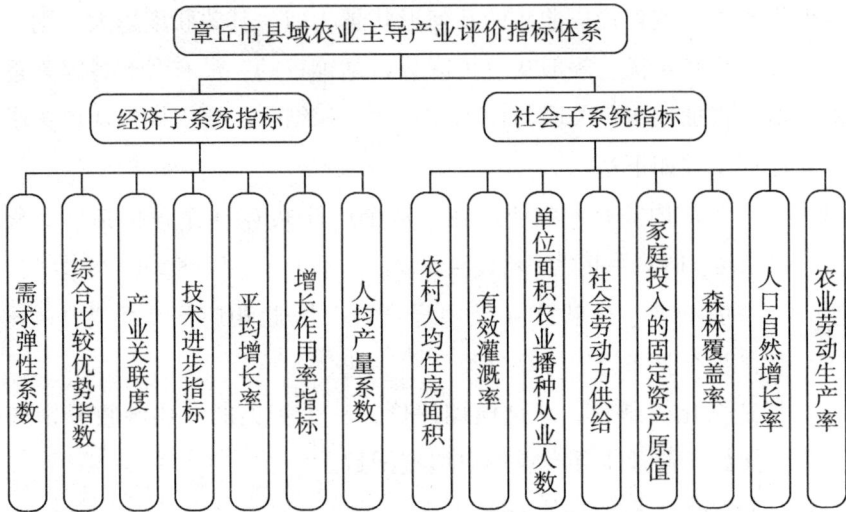

图 4-2　章丘市县域农业主导产业定量评价指标体系

Figure 4-2　The quantitative evaluation index system in county agriculture-led industrial of Zhangqiu

其中经济子系统指标含有七个指标，即为需求弹性系数指标 B_{21}、综合比较优势指标 B_{12}、产业关联度指标 B_{13}、技术进步指标 B_{35}、平均增长率指标 B_{22}、增长作用率指标 B_{32}、人均产量系数指标 B_{31}，上述七个指标分别从县域农业产业比较优势指标、增长潜力以及农业产业综合效益三个方面对章丘市的农业主导产业选择给出了子指标。社会子系统指标含有八个，即为农村人均住房面积 b_{27}、有效灌溉率 b_{15}、单位面积农业播种从业人数 b_{21}、社会劳动力供给指标 b_{11}、家庭投入的固定资产原值 b_{23}、森林覆盖率 b_{24}、人口自然增长率 b_{26}、农业劳动生产率 b_{13}，上述八个指标分别从县域农业产业社会子系统功能和农业产业社会子系统结构两个方面进行了评价。因此可以建立章丘市县域农业主导产业选择评价的指标集合：$U = \{r_1, r_2, \cdots r_n, n = 1, 2, \cdots 15\}$，评价集合 $V = \{$一般产业, 优势产业, 主导产业$\}$，结合表 4-2 以及表 4-8 可得到章丘市县域农业的评价矩阵 R 如下表 4-11 所示。为了方便分析，将评价矩阵进行归一化处理，如表 4-12 所示。

表 4 – 11   章丘市县域农业主导产业评价矩阵

Table 4 – 11   The evaluation matrix in county agriculture – led industrial of Zhangqiu

指标＼产业	小麦	玉米	油料作物	棉花	蔬菜	薯类	水果
B_{21}	2. 1876	2. 6617	1. 5139	2. 5682	2. 1403	1. 5421	1. 8041
B_{12}	1. 3417	– 0. 0388	1. 3331	– 0. 2746	0. 1343	1. 4071	0. 7872
B_{13}	0. 9584	1. 0479	1. 0281	0. 8877	1. 5099	0. 2982	1. 3137
B_{35}	– 0. 6868	– 0. 7529	– 0. 4561	– 0. 6663	– 0. 4931	– 0. 3773	– 0. 5209
B_{22}	– 1. 0819	– 0. 8672	– 1. 0022	– 0. 7491	– 1. 06	– 1. 0681	– 0. 982
B_{32}	– 0. 5023	– 0. 385	– 0. 5664	– 0. 2589	– 0. 4826	– 0. 5691	– 0. 4617
B_{31}	0. 8172	1. 2026	0. 5612	1. 4563	0. 8481	1. 404	0. 3691
b_{27}	0. 1082	0. 1082	0. 1082	0. 1082	0. 1082	0. 1082	0. 1082
b_{15}	0. 8147	0. 9575	0. 4218	0. 6787	0. 2769	0. 4387	0. 7094
b_{21}	0. 9058	0. 9649	0. 9157	0. 7577	– 0. 0462	0. 3816	0. 7547
b_{11}	– 0. 127	– 0. 1576	0. 7922	0. 7431	– 0. 0971	0. 7655	– 0. 276
b_{23}	0. 9134	0. 9706	0. 9595	– 0. 3922	0. 8235	0. 7952	0. 6797
b_{24}	0. 1869	0. 1869	0. 1869	0. 1869	0. 1869	0. 1869	0. 1869
b_{26}	0. 1626	0. 1626	0. 1626	0. 1626	0. 1626	0. 1626	0. 1626
b_{13}	– 0. 2785	0. 8003	0. 8491	0. 706	0. 9502	0. 4456	– 0. 119

表 4 – 12   章丘市县域农业主导产业评价矩阵归一化数据

Table 4 – 12   The evaluation matrix normalized data in county agriculture – led industrial

指标＼产业	小麦	玉米	油料作物	棉花	蔬菜	薯类	水果
B_{21}	0. 2702	0. 3519	0. 2181	0. 3401	0. 2962	0. 2124	0. 2592
B_{12}	0. 1657	0. 0051	0. 192	0. 0364	0. 0186	0. 1938	0. 1131
B_{13}	0. 1184	0. 1386	0. 1481	0. 1176	0. 2090	0. 0411	0. 1887
B_{35}	0. 0848	0. 0995	0. 0657	0. 0882	0. 0682	0. 052	0. 0748
B_{22}	0. 1336	0. 1147	0. 1444	0. 0992	0. 1467	0. 1471	0. 1411
B_{32}	0. 062	0. 0509	0. 0816	0. 0343	0. 0668	0. 0784	0. 0663
B_{31}	0. 1009	0. 159	0. 0808	0. 1929	0. 1174	0. 1934	0. 053

续表

指标＼产业	小麦	玉米	油料作物	棉花	蔬菜	薯类	水果
b_{27}	0.1429	0.1429	0.1429	0.1429	0.1429	0.1429	0.1429
b_{15}	0.0029	0.0124	0.0019	0.0103	0.0072	0.0163	0.0194
b_{21}	0.0015	0.0131	0.0056	0.0075	0.0045	0.0145	0.0037
b_{11}	0.0039	0.0028	0.0013	0.0109	0.0032	0.0203	0.0137
b_{23}	0.0178	0.0031	0.0091	0.0035	0.0003	0.0008	0.0019
b_{24}	0.1429	0.1429	0.1429	0.1429	0.1429	0.1429	0.1429
b_{26}	0.1429	0.1429	0.1429	0.1429	0.1429	0.1429	0.1429
b_{13}	0.008	0.015	0.0214	0.0016	0.0212	0.0074	0.0227

由表 4－12 可知，归一化矩阵中最大值 $d_3 = 0.3519$，最小值 $d_1 = 0.0003$，均值为 $d_2 = 0.0667$。从而根据 R、d_1, d_2, d_3 以及式（4－30）、（4－31）、（4－32）可以构造章丘市农业的一般产业、优势产业及主导产业的隶属度函数（具体隶属度函数可以将上述数值带入相应的式中），结合式（4－33）计算可得到章丘市农业产业的各个指标的权值，如表 4－13 所示。由（4－34）、（4－35）分别计算各个产业的灰类评价系数、综合评价系数、综合测度及评价结果，计算章丘市的农业主导产业综合测度临界值为：1.9794，各个数据具体如表 4－14 所示。

表 4－13　　　　　　　　各个指标权值系数

Table 4－13　　　　　　The weight coefficient of each indicator

指标＼产业	小麦	玉米	油料作物	棉花	蔬菜	薯类	水果
B_{21}	0.0424	0.0516	0.0293	0.0498	0.0415	0.0299	0.035
B_{12}	0.026	0.0008	0.0258	0.0053	0.0026	0.0273	0.0153
B_{13}	0.0186	0.0203	0.0199	0.0172	0.0293	0.0058	0.0255
B_{35}	0.0133	0.0146	0.0088	0.0129	0.0096	0.0073	0.0101
B_{22}	0.021	0.0168	0.0194	0.0145	0.0205	0.0207	0.019
B_{32}	0.0097	0.0075	0.011	0.005	0.0094	0.011	0.0089
B_{31}	0.0158	0.0233	0.0109	0.0282	0.0164	0.0272	0.0072

指标＼产业	小麦	玉米	油料作物	棉花	蔬菜	薯类	水果
b_{27}	0.0029	0.0015	0.0021	0.0018	0.0019	0.0007	0.0022
b_{15}	0.0005	0.0018	0.0003	0.0015	0.001	0.0023	0.0026
b_{21}	0.0002	0.0019	0.0008	0.0011	0.0006	0.002	0.0005
b_{11}	0.0006	0.0004	0.0002	0.0016	0.0005	0.0029	0.0018
b_{23}	0.0028	0.0005	0.0012	0.0005	0	0.0001	0.0003
b_{24}	0.0007	0.002	0.0011	0.0023	0.0019	0.0024	0.0013
b_{26}	0.0012	0.0014	0.0009	0.0043	0.0018	0.0001	0.0023
b_{13}	0.0013	0.0022	0.0029	0.0002	0.003	0.001	0.0031

根据模糊灰色关联的县域农业主导产业定量评价模型分别对章丘市的农业产业进行了分析，从分析结果表 4 – 14 可知，章丘市农业主导产业为水果、蔬菜、油料作物及小麦，优势产业为玉米、棉花，一般产业为薯类，且重要性为水果＞蔬菜＞油料作物＞小麦＞玉米＞棉花＞薯类。

综合上述实证可以得到，模糊灰色关联的县域农业主导产业定量评价模型主要包括了三个方面：（1）模型指标体系的建立。虽然此模型的指标体系是基于两个假设，即：①在一定时期内县域内的生态处于平衡状态，农业产业满足可持续发展要求；②不考虑县域内的"瓶颈"产业而建立起来的，但是模型指标体系的建立又不局限于县域农业经济子系统以及县域农业社会子系统两个方面。（2）模糊综合评价。其包括多指标体系下的县域农业主导产业评价矩阵的建立、评价集合的设置以及隶属度函数建立三个方面。（3）灰色关联分析。其包括各个指标权值的确定、县域农业产业的灰类评价系数、农业产业分类以及农业产业的综合测度。

表 4 – 14　　　　章丘市农业各产业的模糊灰色关联评价结果

Table 4 – 14　　Fuzzy grey correlation evaluation results of county agricultural

农业产业名称	综合评价系数	综合测度	模糊关联结果	评价结果
小麦	0.2026	2.0945	3#	4
玉米	0.1665	1.7221	2#	5
油料作物	0.234	2.4195	3#	3

农业产业名称	综合评价系数	综合测度	模糊关联结果	评价结果
棉花	0.1375	1.4218	2#	6
蔬菜	0.2348	2.4281	3#	2
薯类	0.0809	0.8365	1#	7
水果	0.2837	2.9331	3#	1

4.3　本章小结

本章以前文中建立的县域农业主导产业内涵、本质特征及其指标体系为基础，从定性和定量两个方面分别对县域农业主导产业的选择进行了分析，主要得到了以下几个研究结论：

（1）针对县域农业主导产业的定性分析，文中提出了从县域农业经济发展阶段的需求、县域农业产业的布局以及县域农业产业的内外部环境三个方面来对县域农业产业进行定性的分析，该三个方面包含了县域农业主导产业选择的"需求"和县域农业主导产业选择的"基准"，结合了县域农业主导产业的本质特征和指标体系，为定性分析县域农业主导产业提供了思路。

（2）针对前文提出的县域农业主导产业评价指标体系中经济子系统指标之间的多重相关性问题，提出了以主成分分析为理论基础的经济子系统指标主成分分析计算方法，不仅有效地降低了指标之间的多重相关性，而且还得到了各个指标的相对重要性程度，在减少评价指标的数量的同时增加了经济子系统指标选择的合理性，并且以济南章丘市为实例，进行了验证。

（3）针对前文提出的县域农业主导产业评价指标体系中社会子系统指标中的某些指标的不确定性问题，提出了以灰色关联分析理论为基础的社会子系统指标的灰色关联分析计算方法，降低了由于数据不全而造成指标的不确定性的同时也给出了社会子系统指标的排序，并且以济南章丘市为实例，进行了验证，为后续定量模型分析中实际指标体系的建立奠定了基础。

（4）基于两个基本的假设，即：①在一定时期内县域内的生态处于平衡状态，农业产业满足可持续发展要求；②不考虑县域内的"瓶颈"产业，提出了基于模糊综合评价及变权灰色关联评价的模糊灰色关联农业主导产业评价定量模型，确定了县域农业主导产业选择的基本步骤，并以济南章丘市为实例，进行了验证分析，得到了章丘市的农业主导产业。

参考文献

［1］李方林.基于 SWOT 分析的区域主导产业选择指标体系［J］.当代经理人,2006,5:31-32.

［2］陈忠暖,陈玉英,白庆斌,吴映梅.区域主导产业选择的实证探析［J］.云南师范大学学报,2000,2:39-48.

［3］冯德雄.县域主导产业选择研究［J］.科技进步与对策,2006,2:105-107.

［4］祝兵,郑彦龄,吴黎军.河北制造业主导产业选择的主成分分析［J］.统计与决策,2005,13:74-75.

［5］王敏.地区主导产业选择的 AHP 模型及应用［J］.重庆师范学院学报（自然科学版）,2001,12:44-47.

［6］周振华.产业结构优化论［M］.上海:上海人民出版社,1992.

［7］党耀国,刘思峰,李炳军,缪瑞林.农业主导产业评价指标体系的建立及选择［J］.农业技术经济,2000,1:6-9.

［8］陈刚.区域主导产业选择的含义、原则与基准［J］.理论探索,2004,2:52-53.

［9］关爱萍,王渝.区域主导产业选择基准研究［J］.统计研究,2002,12:37-40.

［10］张魁伟.区域主导产业评价指标体系的构建［J］.科技进步与对策,2004,8:7-9.

［11］党耀国,刘思峰,李炳军,赵庆业.农业主导产业评价指标体系与数学模型［J］.1999,7(11):745-749.

［12］刘思峰,李炳军,杨岭,朱永达.区域主导产业评价指标与数学模型［J］.中国管理科学,1998,6(2):8-13.

［13］邓聚龙.灰色系统理论教程［M］.武汉:华中理工大学出版社,1990.

第五章　县域农业主导产业结构发展生态适宜性研究

县域农业主导产业结构是指在县域内确定的农业主导产业之间构成情况，反映着县域内农业主导产业的比例关系，是县域内农业经济结构的重要组成部分。县域农业主导产业结构发展是一个动态变化的过程，在不同县域农业经济发展条件下对发展目标的要求也不同，但是无论县域农业主导产业如何发展，其发展结果都应该是县域内农业主导产业的经济效益、县域社会效益以及县域农业生态资源环境三方面共同作用的统一体[1~2]。县域农业主导产业结构发展生态适宜性是指县域内农业主导产业发展到一定规模后与县域生态资源环境的耦合程度，县域农业主导产业的动态性、导向性及领先性在以持续稳定运转状态的前提下，县域内生态资源环境条件与可利用的背景生态系统所具备的资源环境条件相互吻合程度。本书所考虑的县域农业主导结构发展是指随着时间的变化县域农业主导产业的构成及其数目的变化，是一个随着时间变化的动态过程。

本章在第四章县域农业主导产业确定的基础之上，以县域农业生态资源环境为根本，主要研究县域农业主导产业与生态资源环境之间的耦合程度及分析县域农业主导产业结构的动态变化，为进一步预测县域农业主导产业结构的发展趋势奠定理论基础。首先阐述了县域农业主导产业生态适宜性评价方法及其指标因子权值赋值方法，结合第三章中3.3.3.3县域农业主导产业生态适宜性评价指标，构建了包含生态环境资源利用效率、县域生态资源支撑与消耗、剩余生态资源支撑能力3大方面，共计为25个评价子指标的县域农业主导产业结构发展生态适宜性评价指标体系。基于生态适宜性"三基点"理论，确定了农业主导产业发展生态适宜性评价指标最佳取值范围（上下限）、最低（最高）指标值范围，即单指标适宜性分析的基准阈值，计算了农业主导产业对生态因子的最适要求与实际存在的生态因子状况的差距，采用了剩余动态配权方法确定各因子的权重，建立了县域农业主导产业结构发展生态适宜性综合评价方法，同时以有限的农业生态资源环境为基础，采用一元二次方程对县域农业主导产业的生态适宜性与时间之间的关系进行了拟合，得到了县域农业主导产业的生态适宜性预测模型。结合 Logistic 方程和统计分析，在县域农业主导产业结构生态适宜性的基础上建立了县域农业主导产业数目发展模型，确定了县域农业主导产业的最优数目。基于三个基本假设，建立了同一观测时刻内不同时间段的县域农业主导产业数目与县域农业生态资源消耗的数学模型，探讨了县域农业主导产业结构发展的稳定性问题。最后以济南章丘市为例，对本章的理论部分进行了验证，为下文的实证分析及县域农业主导产业结构优化和调整方案的制订打下了基础。

5.1 县域农业主导产业生态适宜性评价方法

县域农业主导产业生态适宜性是行政县域内农业主导产业和县域生态资源环境之间的耦合程度，是县域内的生态资源环境条件与可利用的背景生态系统所具备的资源环境条件相互吻合程度。县域农业主导产业生态适宜性评价方法也就是以县域生态适宜性为前提，评价农业主导产业和县域生态资源环境之间和谐持续发展的综合方法。对于县域农业主导产业的生态适宜性评价方法很多，并且应用于不同的县域生态资源环境中。

5.1.1 平行对比分析法

平行对比分析法是县域农业主导产业生态适宜性评价方法的基本方法之一，其一方面是通过观测评估县域农业主导产业的经济以及社会效益，另一方面通过观测县域生态资源环境的变化，从而使得在农业主导产业形成的经济及社会效益的基础上，使农业主导产业与环境紧密结合起来。通过上述两个方面的分析，可以得到生态资源环境的变化对县域农业主导产业的经济以及社会效益的影响。总结起来可以表示如下：县域农业主导产业经济及社会效益数据统计和县域生态资源环境对比分析方法，该方法以研究的目标为基础，通过分析县域农业主导产业的相关数据统计以及生态资源环境的观测资料，确定相关的评价县域农业主导产业生态适宜性的指标。平行对比分析方法最经常使用的是县域农业主导产业的逐年效益数据资料对比方法。

5.1.2 相似分析法

相似分析方法是采用多种统计手段分析县域农业主导产业的生态适宜性，或通过不同县域内农业主导产业生态适宜性相似程度的比较，或对生态条件的比较，来分析县域农业主导产业的生态适宜性。这类方法可以是定性分析，也有定量研究，随不同的研究目的而变化。它既适合于对某一县域农业农业主导产业的生态适宜性的分析，也适于相同农业主导产业在不同县域内的生态适宜性分析。

5.1.3 聚类分析方法

聚类分析是研究"物以类聚"的一种方法。聚类分析内容丰富，方法很多，可归纳为两大类：一是"近性"指标，即确定类与类之间相似程度的相似系数；二是"远性"指标，确定类与类之间远近距离的距离法。这类方法是：首先，确定农业主导产业之间的距离和类与类之间的距离，一开始将 N 个农业主导产业各自成一类，然后，将距离最近的两类合并，重新计算新类与其他类的距离，再按最小距离归类。这样，每次缩小一类，直至所有农业主导产业归为一类。分为 4 个步骤：（1）根据县域农业主导产业经济和社会效益以及县域内的生态资源环境条件分析，选择影响县域农业主导产业生态适宜性评价的关键指标；（2）选择度量相似程度的指标量，并将其归一化，进行数学分类，选择一个能够反映之间远近关系的合适指标量；（3）形成分类系统。有一次聚类、逐次聚类、添加法、最短距离、最长距离等分类法，可根据研究目的和资料，选择一种分类系统；（4）选择生态资源适宜性指标进行划区。由于这种方法分类指标不明确，给对县域农业主导产业的生态适宜性评价工作带来一定的困难，各指标同等地位，无主次之分，不能明确影响县域农业主导产业生态适宜性评价因素的主导因子，同时分类系统中的阈值确定是人为的，因此也是带有一定的主观性。

5.1.4 逐层分析法

逐层分析法是把复杂问题中的各种指标因素通过分析其相互关系使之条理化，划分出层次，并对每一层的指标因素相对重要性给予了定量表示，以此分析较为复杂的问题。由于该方法能对各层的主要限制指标因子进行了成分分析，具有系统性、条理性、灵活性及实用性等特点，因此该方法也较广泛地应用于县域农业主导产业生态适宜性评价的研究中。

5.1.5 综合分析方法

综合分析方法是以县域的生态资源环境指标因子对县域农业主导产业的作用过程为基础，根据县域生态资源环境的生物学特性以及县域农业主导产业的本质特征为条件建立的县域生态资源生态环境和农业主导产业之间的定量或是定性的模式，以此分析农业主导产业的生态适宜性。综合分析方法很多，主要有回归分析、贝叶斯准则判别分析等。

5.1.5.1 回归分析

回归分析包括一元回归分析、多元线性回归分析、逐步回归分析和二次旋转回归分析等。一元回归分析是研究单一因素与县域农业主导产业的经济与社会效益的关系；多元回归分析是研究尽可能多的县域生态资源环境指标因子与县域农业主导产业的经济与社会效益的关系；而逐步回归分析利用统计方法在为数众多的指标中"挑选"与县域农业主导产业的经济与社会效益有特别密切关系的指标因素，建立定量关系；二次旋转回归分析的主要特点之一就是可以表明各种指标因子之间的交互作用与县域农业主导产业的经济与社会效益的关系。由于各种定量关系式是根据各种现象之间的相互关系，通过统计手段建立起来的县域农业主导产业与县域生态资源环境条件之间的经验统计模式，公式简易明了，使用方便。但它具有明显的区域性和较弱的外延性，不能确切地反映出县域农业主导产业与县域生态资源环境条件之间的关系的内部机制。

5.1.5.2 贝叶斯准则判别分析

如果事件 A 为县域内任一生态资源环境指标因子所处于的某种状态，事件 B 为县域内某一农业主导产业处于的经济与社会效益等级状态，则利用贝叶斯公式，在计算县域内任一种农业主导产业的各级状态在生态资源环境指标因子

A 发生的条件概率，即后验概率 $P(B_i/A), i = 1, 2, \cdots, n$ 中，取最大值，即 $\max(P(B_i/A))$，称为贝叶斯准则。按照贝叶斯准则即可判明县域内在生态资源环境指标因子 A 发生条件下，出现事件 B_i 中哪一级状态概率最大。

利用贝叶斯准则研究县域农业主导产业生态适宜性时不需要了解其总体分布是否为正态分布，这一点给实际工作带来很大方便。但需要较大数量统计量，但是该方法的效果好坏与指标因子选择关系极大，所以在确定主要的县域生态资源环境指标因子时要特别慎重。

5.1.6　系统分析

县域农业主导产业的生态适宜性是一个极其复杂的体系，要合理地利用县域农业资源环境条件，就必须将农业主导产业与生态资源环境作为一个整体，从系统论的角度出发，系统地分析自然资源特点，寻求最有用的方案。系统分析无疑是较好的一种方法。它具有多学科性、多方案、定量和定性方法相结合等特点，系统分析工作不是多种学科的简单叠加，不仅要求它的工作能达到它所涉及的学科的科学标准，而且经常提出在许多学科中的尚未涉及的领域，或需要涉足于几个学科的边缘地带。系统分析有四个步骤：（1）确定研究对象：这个步骤是系统分析最重要的阶段，它关系到系统分析工作的成败。不同的研究对象，可以利用不同的系统进行研究；（2）确定研究方案：需要搜集有关研究对象的信息和数据，并且对如何解决所提出的问题和达到预想的目标提出若干选择的方案；（3）构造数学模型：即进行实际的构造模型，并将已经证实可以使用的数据和各种假设在模型上。在构造模型的过程中，需要对所用的数据进行检验，确定变量之间的数量关系；（4）评价：根据已经建立的模型（包括已经确定的参数）和那些备选的方案，就可以在计算机上进行计算，对各种方案做出初步评价。

5.2　指标因子权重的赋予方法

对于县域农业主导产业生态适宜性评价中指标因子权值的赋予方法主要分为两类，即为主观赋权分析方法和客观赋权分析方法。

5.2.1 主观赋权分析方法

5.2.1.1 专家评判法

邀请一批对所研究问题有深入了解的专家，让他们各自独立地对每个评价指标赋予权重。然后将专家意见集中起来，求出每个指标权数的平均值和方差。这种方法简单实用，便于推广，是确定权数的主要方法之一。但是由于每位专家对各评价指标的重要程度的认识不一致，所赋权数会有差异，需要多次进行加权平均和方差分析，才能确定。

5.2.1.2 层次分析方法

这种方法就是把影响被评价对象的各种错综复杂的因素按照相互作用、影响及隶属关系划分成有序的递阶层结构。根据对一定客观现实的主观判断，对相对于上一层次的下一层次中的因素进行两两比较，然后经过数学计算及检验，获得最低层次相对于最高层的相对重要权数，并进行排序。其基本思路是，首先建立有序的递进指标系统，然后主观地将指标两两比较构造判断矩阵，再根据判断矩阵进行数学处理及一致性检验，就可获得各指标的相对重要权数。

5.2.2 客观赋权分析方法

客观赋权法是直接根据各个指标的原始信息经过一定数学处理后获得权数的一种方法。其基本思想是：指标权数应根据各指标间的相互关系或各指标提供的信息量来确定。

5.2.2.1 变异系数法

综合评价是通过多项指标来进行的。如果某项指标的数值能明确区分开各被评价对象，说明该指标在这项评价上的分辨信息丰富，因而应给该指标以较大的权数；反之，若各个被评价对象在某项指标上数值差异较小，那么这项指标区分开各被评价对象的能力较弱，因而应该给该指标以较小的权数。极端地，如果某项指标在各被评价对象之间根本没有差异，那么这项评价就无法排列出各被评价对象的优劣，因而应给这项指标赋以零权。基于上述认识，可根据各指标数值的变异信息量的大小来确定权数。

5.2.2.2 相关系数法

尽管在构建指标体系时，要尽可能使各评价指标间彼此不能代替。但由于客观现象极其复杂，指标体系中各评价指标间总是有部分重复信息的。一般说来，某评价指标与指标体系中的其他评价指标信息重复越多，说明该指标的变动越能被其他指标的变动所解释，因而该指标在综合评价中所起的作用就越小，所以应赋以其较小的权数。

5.2.2.3 熵值法

据指标包含的信息量多少来确定其权数。如果某项指标值在各被评价对象之间的差异较大，其分辨能力就较强，包含的信息量也就较多，它在综合评价中所起的作用就越大，其权数也应较大。反之，其权数就应小些。在多目标决策理论中，信息量的大小可用熵来表示。熵越大，指标所包含的信息量就越小，反之则越多。

5.2.2.4 蒂雷赋权法

此方法是假设指标 X 的权值 ω 同综合指标 Y 之间的相关系数是成比例的。因此，一个与综合指标高度相关的指标应赋予一个较大的权数，反之赋以较小的权数。

上述的县域农业主导产业生态适宜性评价方法及其指标赋权方法中，大多是只适合对在一特定县域内的农业主导产业生态适宜性进行评价，而如果应用于多个地区的农业主导产业生态适宜性进行评价时，则无论是从指标因子的选择上还是从权重的分配上都没有广泛的普适性。基于此，本章基于生态适宜性"三基点"理论，确定了农业主导产业发展生态适宜性评价指标最佳取值范围（上下限）、最低（最高）指标值范围，即单指标适宜性分析的基准阈值，计算了农业主导产业对生态因子的最适要求与实际存在的生态因子状况的差距，采用了剩余动态配权方法确定各因子的权重，在计算过程中实现了权重的客观分配。

5.3 县域农业主导产业结构发展生态适宜性评价模型

国内外大多数研究者对于农业产业结构发展的研究是基于从投入产出角度出发，以经济增长最大化为主要目标来建立相应的产业结构模型，并对产业结构进行调整[3~4]。近年来，有关学者将灰色理论和参数辨识方法利用到农业产业结构预测发展的建立中[5~7]，但是在农业主导产业指标建立中缺乏实用性，没有考虑到区域内农业主导产业生态适宜性问题。

县域农业主导产业结构发展生态适宜性评价模型是对以生态适宜性为前提的县域农业主导产业结构发展综合评价的关键技术。本书以县域农业主导产业为研究对象，构建了包含生态环境资源利用效率、县域生态资源支撑与消耗、剩余生态资源支撑能力 3 大方面，共计为 25 个评价子指标的县域农业主导产业结构发展生态适宜性评价指标体系。采用生态适宜性指标动态赋权的方法计算了农业主导产业结构发展生态适宜性指数，分析了县域生态适宜性各相关指标变化状况。

5.3.1 县域农业主导产业结构发展生态适宜性指标体系

本部分的指标体系以第三章中 3.3.3.3 县域农业主导产业生态适宜性评价指标为标准，结合县域农业主导产业结构发展特性，将县域农业主导产业生态适宜性指标分为生态环境资源利用效率、县域生态资源支撑与消耗、剩余生态资源支撑能力 3 大方面，如表第三章中 3.3.3.3 中的表 3 - 2 所示，共计为 25 个评价子指标。

5.3.2 指标适宜性程度判别基准值确定

结合我国县域农业产业化发展及县域生态标准，基于生态适宜性"三基点"理论及相关科研成果及农业生态县市建设实际经验，统计分析相关指标数据，对相同指标数据进行均值处理，确定农业主导产业发展生态适宜性 25 个指标最佳取值范围（上下限）、最低（最高）指标值范围，即单指标适宜性分析的基准阈值（亦可看作"三基点"）[8~10]。县域农业主导产业特征评级与比较优势基准值参考了农业主导产业的资源优势评价原则、关联性评价原则及市场供求评价原则，农业主导产业经济效益与利用效率基准值参考了主导产业的经济效益评价原则，县域生态资源支持与消耗和县域民生基准值参考了国内政策和生态县市创建标准以及国际发达国家现状，有些指标基准值还考虑了我国行政体制和资源特点以及地区特殊要求，如表 5 - 1 所示，为县域农业主导产业发展生态适宜性指标适宜性程度判别基准值。

表 5 – 1　县域农业主导产业发展生态适宜性指标适宜性程度判别基准值

Table 5 – 1　**The judgment reference value of degree of suitability index on county agricultura leading industrys**

指标体系	指标	不适宜值范围	适宜值范围上限	适宜值范围下限
生态环境资源利用效率	农业产业耕地比 D_1/% *	≤10，≥70	60	20
	农业产业耕地经济效益 D_2（万元/亩 *）	≤0.2	无上限	0.4
	耕地均 GDP D_3/（万元·km^{-2}）*	≤20×全国均值	无上限	40×全国均值
	农业用水比重 D_4/% *	≤5，≥80	65	30
	农业产业用水经济效益 D_5（万元/t *）	≤0.4	0.4	0.1
	万元 GDP 水耗 D_6/t *	≥500	150	0
	农业草地比重 D_7/% *	≤5，≥60	40	10
	农业产业草地经济效益 D_8（万元/亩 *）	≤0.2	无上限	0.4
	农业森林比重 D_9/% *	≤5	无上限	30
	农业产业森林经济效益 D_{10}（万元/m^3 *）	≤0.3	无上限	0.5
	单位面积化肥使用量 D_{11}/t *	≥0.2	0.1	无下限
	农业产业万元 GDP 能耗 D_{12}（标煤 t）*	≥1.8	0.45	0
	单位面积农药使用量 D_{13}/t	≥0.02	0.001	无下限
	能源消耗产值率 D_{14}/% *	≤10	无上限	60
县域生态资源支撑与消耗	人均农业产业占地面积 D_{15}/m^2 *	≥500，≤50	400	200
	农业水面占总面积比率 D_{16}/% *	≤5	无上限	10
	年人均生活用水量 D_{17}/m^3 *	≥100，≤20	70	35
	年人均产业生活能耗 D_{18}/（标煤 t）*	≥1.00，≤0.05	0.6	0.3
	人均园林绿地面积 D_{19}/m^2	≤5	不设上限	20
剩余生态资源支撑能力	县域农村剩余劳动力人口占全县总人口比例 D_{20}/% *	≤5	10	5
	剩余人均农业产业耕地资源 D_{21}/亩 *	≤0.2×全国均值	无上限	0.5×全国平均值
	人均后备饮用水资源量 D_{22}/m^3 *	≤1	无上限	5
	年人均自然非生物可再生能 D_{23}/TJ *	≤5	无上限	25
	年人均初级生物能（植物性）D_{24}/MJ *	≤2	无上限	10
	环境质量指数 D_{25}%	≤50	100	90

注：（1）有 * 者实际距离 = 计算距离 * 0.9；无 * 者实际距离 = 计算距离。（2）全国平均值指分析年份全国平均值数据。

132

5.3.3 生态适宜性指标动态赋权

县域农业主导产业对生态因素的最适要求与实际存在的生态因素状况存在差距，因此本书以生态因子需求三基点为基础，计算农业主导产业对生态因子的最适要求与实际存在的生态因子状况的差距，即单因子生态距离。结合单因子稀缺影响指数的概念[11-12]，采用了剩余动态配权方法确定各因子的权重，因时因地进行不同区域生态适宜性的客观分析评价，防止不加区别地采取统一固定权重可能对整体生态适宜性给出偏差明显的评价，因此县域农业主导产业生态适宜性指标动态赋值包括单因子生态距离计算、剩余权动态赋权两个部分。

5.3.3.1 单因子生态距离计算

首先计算各生态因素供给与县域农业主导产业发展需求的差距——单因子生态距离 D_i。

$$D_i = \begin{cases} 1 & X_i < X_{\text{Min}} \\ \left| \dfrac{X_{\text{Midl}} - X_i}{X_{\text{Midl}} - X_{\text{Min}}} \right| & X_{\text{Min}} \leqslant X_i < X_{\text{Midl}} \\ 0 & X_{\text{Midl}} \leqslant X_i \leqslant X_{\text{Midu}} \\ \left| \dfrac{X_i - X_{\text{Midu}}}{X_{\text{Max}} - X_{\text{Midu}}} \right| & X_{\text{Midu}} < X_i \leqslant X_{\text{Max}} \\ 1 & X_i > X_{\text{Max}} \end{cases} \quad (5-1)$$

式中：$i = 1, 2, \cdots, p$（p 为评价指标总数）；X_i 为县域指标 i 的实际值；X_{Min} 为指标值有效范围最低值，X_{Midl} 为指标值适宜范围下限值，X_{Midu} 为指标值适宜范围上限值，X_{Max} 为指标值有效范围最高值。

由公式（1）可知有 $0 \leqslant D_i \leqslant 1$，距离越大表明环境因子距适宜状态要求越远。

大量研究资料表明，县域农业主导产业单因子生态距离与生态因子稀缺对产业的实际影响并不是直线相关的关系，而呈曲线相关关系，稀缺性指数 EL_i 可表示为：

$$EL_i = \begin{cases} 2^{(\beta-1)} D_i^\beta & 0 \leqslant D_i \leqslant 0.5 \\ 1 - 2^{(\beta-1)}(1 - D_i^\beta) & 0.5 < D_i \leqslant 1 \end{cases} \quad (5-2)$$

式中 β 为参数。根据参考文献[13]，$\beta = 2.8$。

5.3.3.2 剩余权动态赋权

剩余权动态赋权就是按照生态因子稀缺程度客观地依次确定各因子权重的一种方法。具体算法如下：

（1）单因子稀缺指数排序

设 EL'_i 是单因子稀缺指数 EL_i 按从大到小的顺序重新排列生成的新序列，有：

$$EL'_i \geqslant EL_{l+1} \quad i = 1,2,\cdots,p-1 \qquad (5-3)$$

（2）各生态因子剩余动态赋权

第一步，令初始剩余权（赋权以前的总权重）$Wr_0 = 1$

第二步，从单因子稀缺指数最大的指标开始，按其稀缺指数从现有剩余权中赋予该指标相应的权重。第 i 个指标的权重为前一指标赋权后的剩余权×该指标的单因子稀缺指数，即：

$$W_i = Wr_{i-1,} \times EL'_i \quad i = 1,2,\cdots p \qquad (5-4)$$

第 i 个因子赋权后的剩余权为前一指标赋权后的剩余权减去 i 指标所赋予的权重：

$$Wr_i = Wr_{i-1} - Wr_{i-1} \times EL'_i \quad i = 1,2,\cdots p \qquad (5-5)$$

此后，剩下的指标均照此依次办理，直至最后一个指标。最后得出最终剩余权：

$$Wr_p = Wr_{p-1} - Wr_{p-1} \times EL'_p \qquad (5-6)$$

最终剩余权 Wr_p 可理解为是所有未列入指标体系和列入指标体系但是吻合程度很好的指标的综合权重。由于这些指标或者不重要，或者对县域农业主导产业发展没有什么不利影响，即它们的综合稀缺指数被看作为 0，所以无论最终剩余权取何值，对综合生态适宜性指数的计算均不再起作用。

5.3.4 综合生态适宜性指数计算

定义县域农业主导产业 j 发展生态适宜性综合指数（以下简称综合指数）EA_j 为：

$$EA_j = 1 - \sum_{i=1}^{p} EL_i \times W_i \qquad (5-7)$$

由公式（5-7）可知有 $0 \leqslant EA_j \leqslant 1$，综合指数越小表明县域农业主导产业 j 发展的生态适宜性越低。

5.3.5 县域农业主导产业生态适宜性预测

为了更好地研究农业主导产业随着时间的变化与生态适宜性之间的关系，本书在得到综合生态适宜性指数的基础上，通过数据拟合的方式来建立县域农业主导产业生态适宜性预测模型。在有限的县域农业生态资源环境内，以时间为自变量，综合生态适宜性指数为因变量，采用数值拟合的方法得到综合生态适宜性指数随着时间变化的函数，其关键是拟合方程的设置。对于拟合方程，最常用的有一元一次回归线性方程以及一元二次回归方程。一元一次线性回归方程单纯地表示因变量随着自变量只是增加或是只是减少，然而在县域农业生态资源有限的情况下，生态适宜性指数随着时间不会一直增加或是减少，这与时间情况不相符合，因此本书采用一元二次回归方程，通过拟合的方法建立综合生态适宜性指数随着时间的变化曲线，以此曲线为依据对县域农业主导产业与县域农业生态适宜性的耦合程度进行分析，以调整县域农业主导产业的结构，实现县域农业生态资源优化配置。

5.4 县域农业主导产业数目分析

以县域农业生态资源适宜性为前提的县域农业主导产业结构发展受到各种农业生态资源的限制，主导产业发展的同时县域农业资源也处于动态变化之中，因此，在短期内县域农业主导产业的经济生产效益以及带动能力会有一个增长的极限，即短期内总的影响力（经济效益、社会效益等）水平在一定条件下是垂直的直线。县域内的农业主导产业的影响力有极限，因而在县域农业生态资源的约束下，县域农业主导产业的数量同样也是有极限的，在这种情况下，主导产业的数量增长比较符合 Logistic 增长情况。本书尝试使用 Logistic 方程和统计分析的方法，在根据第四章已经确定的县域农业主导产业的基础之上，建立了县域农业主导产业数目发展模型，分析在有限的县域农业生态资源环境内县域农业主导产业的数目，同时基于三个基本假设，建立了同一观测时刻内不同时间段的县域农业主导产业数目与县域农业生态资源消耗的数学模型，探讨了县域农业主导产业结构发展的稳定性问题。

5.4.1 Logistic 方程介绍

Logistic 方程是指种群在有限环境中的增长。种群在有限环境下的连续增长的一种最简单的形式就是 Logistic 增长[14]。Logistic 增长模型是建立在以下两个假设基础上的：

（1）假设有一个环境条件所允许的种群数量的最大值，这个数值称为环境容纳量或负荷量，通常以 K 表示。当种群数量达到 K 时，种群不再增长，即

$$\frac{\mathrm{d}N}{\mathrm{d}t} = 0 \qquad (5-8)$$

（2）假设生态资源环境条件对种群增长的阻滞作用，随着种群密度的增加而逐渐地按比例地增加。例如，种群中每增加一个个体就对增长率降低产生 $1/K$ 的作用，或者说，每个个体利用了 $1/K$ 的空间，若种群中有 N 个体，就利用了 N/K 的空间，而可供种群继续增长的空间就只有 $(K-N)/K$ 了。这样，种群的 Logistic 增长可以表示为下列方程：

$$\frac{\mathrm{d}N}{\mathrm{d}t} = rN\left(\frac{K-N}{K}\right) \qquad (5-9)$$

对于上述方程中的 $\frac{K-N}{K}$，可作以下分析：

第一，如果种群数量 N 接近 0。那么，$\frac{K-N}{K}$ 就接近 1，种群增长就接近指数增长。

第二，如果种群数量 N 接近 K，那么，$\frac{K-N}{K}$ 就接近 0，这意味着种群增长的空间已经极小。

5.4.2 县域农业主导产业数目分析

结合 Logistic 方程判断县域农业主导产业数目，在有限的生态资源环境下，县域农业主导产业的数量受生态资源等要素禀赋的制约，当县域农业主导产业增长到一定数量后会受到县域生态资源的阻滞作用，从而县域农业主导产业数量的增长会减慢，在一定的时期内和技术水平的前提下，县域农业主导产业的

数量受到县域内生态资源环境的制约存在发展上限，这也正符合了宏观经济增长中短期总供给的增长极限问题，和 Logistic 方程的应用条件比较可以发现，县域农业主导产业增长方式和 Logistic 增长很相似。可以用公式（5－10）估计主导产业的数量：

$$\frac{\mathrm{d}N}{\mathrm{d}t} = rN\left(\frac{K-N}{K}\right) \tag{5－10}$$

式中：K 为县域农业主导产业数量的极限；N 为县域内农业产业的总个数；r 是内在禀赋增长率[15]。

对于已经确定的县域农业主导产业，其初始的县域农业主导产业数量也是确定的，因此可以通过推导的下面的公式得：

$$\begin{cases} \dfrac{\mathrm{d}N}{\mathrm{d}t} = rN\left(\dfrac{K-N}{K}\right) \\ N(t_0) = N_0 \end{cases} \tag{5－11}$$

式中：N_0 为在初始年份 t_0 时确定的农业主导产业数目。

求解式（5－11），可得

$$N(t) = KN_0 / \left[(K-N_0)e^{-rt} + N_0\right] \tag{5－12}$$

分析上式可知：

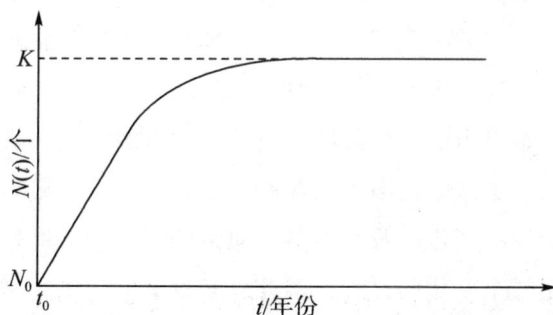

图 5－1　县域农业主导产业数目 Logisitc 增长曲线
Figure 5－1　Logistic cumulative curve of county agricultura leading industrys

由图 5－1 可知，在初始时刻 t_0，县域农业主导产业的个数为 N_0，随着时间的增加，由于县域农业生态资源的制约，县域农业主导产业在一定时间后，达到极限状态，此时县域农业主导产业的数量为 K。因此式（5－12）构成了在县域农业生态资源约束下的县域农业主导产业数目发展模型。

同样由图 5－1 可知，县域农业主导产业的增长速度是变化的，可对式

（5－12）关于时间 t 求其二阶导数，可得：

$$\frac{\mathrm{d}^2 N}{\mathrm{d}t^2} = r\left(1 - \frac{2N}{K}\right)\frac{\mathrm{d}N}{\mathrm{d}t} = r\left(1 - \frac{2N}{K}\right)\left(1 - \frac{N}{K}\right)N \qquad (5-13)$$

由式（5－13）可知，当 $N = K/2$ 或 $N = K$ 时，$\frac{\partial^2 N}{\partial t^2} = 0$，此时增长速度 $\frac{\mathrm{d}N}{\mathrm{d}t}$ 可能取得最大值。

对式（5－12）关于时间 t 求其三阶导数，可得：

$$\frac{\mathrm{d}^3 N}{\mathrm{d}t^3} = \left(r\left(1 - \frac{2N}{K}\right)\left(1 - \frac{N}{K}\right)N\right)' = 1 - \frac{6N}{K} + \frac{6N^2}{K^2} \qquad (5-14)$$

当 $N = K/2$ 时，$\frac{\mathrm{d}^3 N}{\mathrm{d}t^3} = -\frac{1}{2}$；当 $N = K$ 时，$\frac{\mathrm{d}^3 N}{\mathrm{d}t^3} = 1$。

因此，当县域农业主导产业数量增大到极限值的一半时，即 $N = K/2$ 时，增长速度 $\frac{\mathrm{d}N}{\mathrm{d}t}$ 取得最大值，超过一半时属减速增长，但增长率仍为正且随时间的增加而减少。当 $N = K$ 时 $\frac{\mathrm{d}N}{\mathrm{d}t}$ 取得最小值，即此时的增速度最小。如果县域主导产业是自然增长，当 $N = K/2$ 时县域农业生态资源的利用效率应是最高。

从另一个方向来分析，如果知道了县域农业主导产业数量的极限值，根据上述分析，可知用一半的极限值作为备选县域农业主导产业的数量，就可以获得主导产业的产业数目，这个数目也就成为县域农业主导产业最优数目。在上述的模型分析中，是以当前时刻县域的农业生态资源为约束条件，单一地从县域生态资源系统进行了考虑，由于农业产业系统是一个变化的过程，农业产业的发展存在人力资源的变化以及生态资源质量的利用率的提高等现象，农业主导产业的结构也是一个变化的过程，因此县域农业部门不应该把所有的县域生态资源和能力全部投入几个产业中，应为县域农业产业今后的发展留有一定的弹性空间。

在式（5－12）中，参数 r 是内在禀赋增长率，其含义是在某一年份内县域农业主导产业数目为 N 时主导产业变化的差值，也就是农业产业被确定为主导产业或一般产业的流入与流出数目的差值。对于参数 r 的计算一般是根据统计分析方法得到。如假设初始年份时刻主导产业为 $N_0 = 2$，农业产业个数为 $K = 12$，某县域的在 t 年份时，当农业主导产业为 $N(t) = 3$，由式（5－12）可得：

$$N(t) = 24/[10e^{-rt} + 2] \qquad\qquad (5-15)$$

从而可得：$r_3 = 0.51/t$

当农业主导产业为 $N(t) = 4$ 时，$r_4 = 0.91/t$

当农业主导产业为 $N(t) = 5$ 时，$r_5 = 0.73/t$

当农业主导产业为 $N(t) = 6$ 时，$r_6 = 1.27/t$

当农业主导产业为 $N(t) = 7$ 时，$r_7 = 0.35/t$

当农业主导产业为 $N(t) = 8$ 时，$r_8 = -2.3/t$

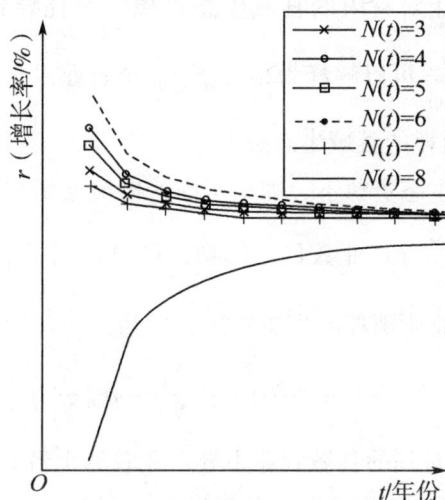

图 5-2 r 曲线族变化图

Figure 5-2 r series of curves

由图 5-2 可知，在上述假设条件下，当 N 发生变化时 r 也随之改变，当 N = 6 时 r 达到最大，符合前面推导的结论。

5.4.3 县域农业主导产业数目稳定性分析

县域农业主导产业数目稳定性是指在一定时间 t 内，县域农业主导产业的数量变化遵从 Logistic 规律，在县域农业生态资源的制约下，县域农业主导产业数目变化的程度。稳定性越高，说明该时间段内，县域农业主导产业的数目变化程度越低，反之则反。为了研究方便，本书对县域农业主导产业数目的稳定性做了如下假设：（1）县域农业主导产业的数量变化遵从 Logistic 规律；（2）在一定时间内，县域农业生态资源有限，即随着县域农业主导产业的发展，县域农业生态资源只有减量，没有增量。(3) $N_1(t_1)$ 是县域在 t_1 时刻的农业主导产业个数，$N_2(t_2)$ 是县域在 t_2 时刻农业主导产业个数，在 $t_1 < t_2 < t$ 时间内，$N_1(t_1)$，$N_2(t_2)$ 是对县域农业生态资源存在竞争。基于上述假设，结合 Logistic 规律可知：

$$\dot{N}_1(t_1) = r_1 N_1 \left(1 - \frac{N_1}{N_{01}}\right) \tag{5-16}$$

式中：N_{01} 为在 t_1 时刻的县域农业主导产业总的个数；$\left(1 - \frac{N_1}{N_{01}}\right)$ 表示 t_1 时刻的县域农业主导产业对有限的县域生态资源的消耗导致的对其本身增长率 $\dot{N}_1(t_1)$ 的阻滞作用。$\frac{N_1}{N_{01}}$ 可以解释为相对于 N_{01} 个农业主导产业 t_1 时刻农业主导产业的个数为 N_1 时消耗的县域生态资源。

在同一县域农业生态资源下，如果考虑 t_2 时刻县域农业主导产业消耗的生态资源对 t_1 时刻农业主导产业数目的影响，可以在因子 $\left(1 - \frac{N_1}{N_{01}}\right)$ 中减去与 t_2 时刻县域农业主导产业所消耗的生态资源，即为：

$$\dot{N}_1(t_1) = r_1 N_1 \left(1 - \frac{N_1}{N_{01}} - \sigma_1 \frac{N_2}{N_{02}}\right) \tag{5-17}$$

式中：N_{02} 为在 t_2 时刻的县域农业主导产业总的个数；σ_1 为 t_1 时刻农业主导产业的个数为 N_1 时消耗的县域生态资源与 t_2 时刻农业主导产业的个数为 N_2 时消耗的县域生态资源之比。

同理可得：

$$\dot{N}_2(t_2) = r_2 N_2 \left(1 - \frac{N_2}{N_{02}} - \sigma_2 \frac{N_1}{N_{01}}\right) \tag{5-18}$$

在式 (5-17)、(5-18) 中，两个关键指标为 σ_1、σ_2，从其含义可知，当 $\sigma_1 > 1$ 时，t_1 时刻农业主导产业的个数为 N_1 时消耗的县域生态资源多于 t_2 时刻农业主导产业的个数为 N_2 时消耗的县域生态资源，说明农业主导产业的个数为 N_1 时，对县域生态资源的依赖程度大于农业主导产业的个数为 N_2 时。

一般来说，σ_1、σ_2 没有确定的关系，但是可以作如下假设，即：t_1 时刻农业主导产业的个数为 N_1 时消耗的县域生态资源对其本身增长率 $\dot{N}_1(t_1)$ 的阻滞作用，与 t_2 时刻农业主导产业的个数为 N_2 时消耗的县域生态资源对其本身增

长率 $\dot{N}_2(t_2)$ 的阻滞作用相同，因此有：$\sigma_1\sigma_2 = 1$。

为了研究县域农业主导产业数量的稳定性，只需对其在一定时间内的平衡点进行稳定性分析，因此可令：

$$\begin{cases} f(N_1(t), N_1(t)) = r_1 N_1 \left(1 - \dfrac{N_1}{N_{01}} - \sigma_1 \dfrac{N_2}{N_{02}}\right) = 0 \\ g(N_2(t), N_2(t)) = r_2 N_2 \left(1 - \dfrac{N_2}{N_{02}} - \sigma_2 \dfrac{N_1}{N_{01}}\right) = 0 \end{cases} \tag{5-19}$$

因此式（5-19）为同一观测时刻内不同时间段的县域农业主导产业数目与县域农业生态资源消耗的数学模型。

分析计算式（5-19）可得四个平衡点为：

$$P_1(N_{01}, 0), P_2(0, N_{02}), P_3\left(\dfrac{N_{01}(1-\sigma_1)}{1-\sigma_1\sigma_2}, \dfrac{N_{02}(1-\sigma_2)}{1-\sigma_1\sigma_2}\right), P_4(0,0)$$

因为仅当平衡点处于坐标系的第一象限时（$N_1, N_2 > 0$）才有实际的意义，因此对 P_3 而言，σ_1、σ_2 同时大于1或是同时小于1。按照平衡点稳定性方法计算：

$$A = \begin{bmatrix} f_{N_1} & f_{N_2} \\ g_{N_1} & g_{N_2} \end{bmatrix} = \begin{bmatrix} r_1\left(1 - \dfrac{2N_1}{N_{01}} - \dfrac{\sigma_1 N_2}{N_{02}}\right) & -\dfrac{r_1\sigma_1 N_1}{N_{02}} \\ -\dfrac{r_2\sigma_2 N_2}{N_{01}} & r_2\left(1 - \dfrac{2N_2}{N_{02}} - \dfrac{\sigma_2 N_1}{N_{01}}\right) \end{bmatrix}$$

$$\tag{5-20}$$

$$P = -(f_{N_1} + g_{N_2})\big|_{P_i}, i = 1,2,3,4$$
$$q = \det A\big|_{P_i}, i = 1,2,3,4 \tag{5-21}$$

将4个平衡点 P, q 的结果及稳定条件列入表5-2中，如表5-2所示。

表5-2　　　　　县域农业主导产业数目平衡点及稳定性

Table 5-2　　　The balance dot and stability of county agricultural leading industries number

平衡点	P	q	稳定条件
$P_1(N_{01}, 0)$	$r_1 - r_2(1-\sigma_2)$	$-r_1r_2(1-\sigma_2)$	$\sigma_1 < 1, \sigma_2 > 1$
$P_2(0, N_{02})$	$-r_1(1-\sigma_1) + r_2$	$-r_1r_2(1-\sigma_1)$	$\sigma_1 > 1, \sigma_2 < 1$

平衡点	P	q	稳定条件
$P_3\left(\dfrac{N_{01}(1-\sigma_1)}{1-\sigma_1\sigma_2},\ \dfrac{N_{02}(1-\sigma_2)}{1-\sigma_1\sigma_2}\right)$	$\dfrac{r_1(1-\sigma_1)+r_2(1-\sigma_2)}{1-\sigma_1\sigma_2}$	$\dfrac{r_1r_2(1-\sigma_1)(1-\sigma_2)}{(1-\sigma_1\sigma_2)}$	$\sigma_1<1,\sigma_2<1$
$P_4(0,0)$	$-(r_2+r_1)$	r_1r_2	不稳定

由表 5-2 可知,县域农业主导产业数目的稳定性与参数 σ_1、σ_2 密切相关,而参数 σ_1、σ_2 是作用于农业主导产业数目的增长变化函数中,因此可进一步设:

$$\begin{cases} \Phi(N_1(t),N_1(t)) = 1 - \dfrac{N_1}{N_{01}} - \sigma_1\dfrac{N_2}{N_{02}} \\ \varphi(N_2(t),N_2(t)) = r_1 - \dfrac{N_2}{N_{02}} - \sigma_2\dfrac{N_1}{N_{01}} \end{cases} \tag{5-22}$$

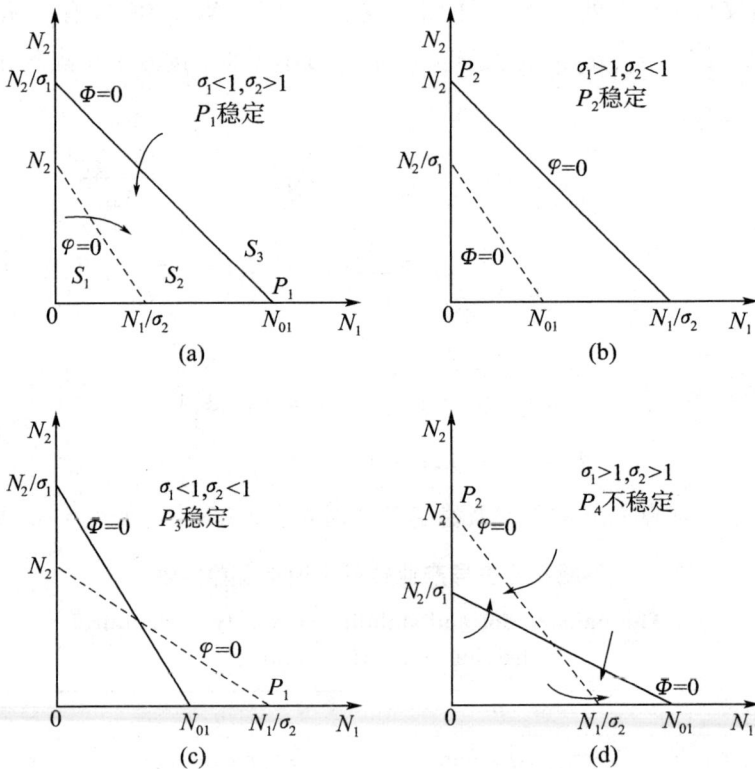

图 5-3 平衡点稳定性的相平面分析

Figure 5-3 The phase plane analysis of balance dot and stability

对于 σ_1、σ_2 的不同取值范围，直线 $\Phi(N_1(t),N_1(t))$ 和 $\varphi(N_2(t),N_2(t))$ 在相平面的相对位置不同，如图 5-3 所示，为平衡点稳定性的相平面分析图。

下面分别对上述四种情况进行分析：

(1) $\sigma_1 < 1, \sigma_2 > 1$，图 5-3（a）中 $\Phi = 0$ 和 $\varphi = 0$ 两条直线将相平面 $(N_1, N_2 > 0)$ 分为三个区域：$S_1 : \dot{N_1}(t) > 0, \dot{N_2}(t) > 0$；$S_2 : \dot{N_1}(t) > 0, \dot{N_2}(t) < 0$；$S_3 : \dot{N_1}(t) < 0, \dot{N_2}(t) < 0$；若轨线从 S_1 的某点出发，随着 t 的增加，轨线向右上方运动，必然进入 S_2；若轨线从 S_2 的某点出发，由 $\dot{N_1}(t) > 0, \dot{N_2}(t) < 0$，可知轨线向右下方运动，那么将趋向于 P_1 或者进入 S_3。如果轨线在某时刻经直线 $\Phi = 0$ 进入 S_3，则 $\dot{N_1}(t) = 0$，由式（5-17）可知，

$$\ddot{N_1}(t) = -\frac{r_1 \sigma_1}{N_{02}} N_1(t) \dot{N_2}(t) \qquad (5-23)$$

又 $S_2 : \dot{N_1}(t) > 0, \dot{N_2}(t) < 0$；$S_3 : \dot{N_1}(t) < 0, \dot{N_2}(t) < 0$，因此 $\ddot{N_1}(t) > 0$，表明 $N_1(t)$ 达到极小值，而这是不可能的，因为 S_2 中 $\dot{N_1}(t) > 0$，即 $N_1(t)$ 一直增加的。

若轨线从 S_3 的某点出发，由 $\dot{N_1}(t) < 0, \dot{N_2}(t) < 0$ 可知，轨线向左下方运动，那么它最终将会趋向于 P_1。综上分析可知，随着 t 的增加，不论轨迹线从哪个区域的任一点出发，$t \to \infty$ 时都将趋向 P_1。同理分析可得在 $\sigma_1 > 1, \sigma_2 < 1$ 及 $\sigma_1 < 1, \sigma_2 < 1$ 时，$t \to \infty$ 时都将趋向 P_1。

若 $\sigma_1 > 1, \sigma_2 > 1$，此时对于 p_3 点 $q < 0$，因此 p_3 点不稳定，轨迹趋向于 P_1 或是 P_2。

综上分析可知，县域农业主导产业的数目处于稳定性的条件是：$\sigma_1 < 1, \sigma_2 > 1$ 和 $\sigma_1 > 1, \sigma_2 < 1$ 及 $\sigma_1 < 1, \sigma_2 < 1$，在 $t_1 < t_2 < t$ 时间内，t_1 时刻农业主导产业的个数为 N_1 时消耗的县域生态资源与 t_2 时刻农业主导产业的个数为 N_2 时消耗的县域生态资源之比决定。

5.5 实证分析

5.5.1 单因子生态距离

以表 5-2 数据为基准值分别计算水果、蔬菜、油料作物及小麦四类农业

主导产业的单因子生态距离，计算结果如表 5 - 3、5 - 4、5 - 5、5 - 6 所示。

表 5 - 3   2005 ~ 2010 年章丘市水果各指标的单因子生态距离

Table 5 - 3   The Single factor of ecological distance of indexes on vegetables of zhangqiu during 2005 - 2010

指标	2005	2006	2007	2008	2009	2010
D_1	0.475	0.456	0.434	0.4074	0.421	0.396
D_2	0.472	0.508	0.523	0.554	0.580	0.561
D_3	0.512	0.509	0.527	0.558	0.576	0.565
D_4	0.538	0.521	0.515	0.504	0.490	0.478
D_5	0.393	0.424	0.446	0.464	0.468	0.497
D_6	0.535	0.507	0.491	0.474	0.385	0.394
D_7	0.595	0.572	0.564	0.539	0.507	0.502
D_8	0.473	0.481	0.495	0.511	0.522	0.553
D_9	0.637	0.578	0.556	0.530	0.504	0.507
D_{10}	0.488	0.509	0.526	0.538	0.584	0.628
D_{11}	0.563	0.545	0.525	0.491	0.450	0.441
D_{12}	0.620	0.596	0.572	0.559	0.532	0.510
D_{13}	0.609	0.587	0.562	0.533	0.526	0.498
D_{14}	0.469	0.480	0.491	0.543	0.580	0.593
D_{15}	0.478	0.507	0.519	0.526	0.551	0.518
D_{16}	0.000	0.000	0.000	0.000	0.004	0.007
D_{17}	0.000	0.005	0.000	0.000	0.000	0.000
D_{18}	0.004	0.013	0.020	0.000	0.000	0.000
D_{19}	0.298	0.382	0.309	0.258	0.000	0.000
D_{20}	0.334	0.303	0.290	0.269	0.262	0.246
D_{21}	0.298	0.382	0.309	0.258	0.000	0.000
D_{22}	0.700	0.700	0.700	0.700	0.700	0.700
D_{23}	0.000	0.000	0.238	0.259	0.000	0.000
D_{24}	0.309	0.310	0.321	0.335	0.337	0.331
D_{25}	0.786	0.723	0.829	0.802	0.708	0.889

表 5 – 4   2005 ~ 2010 年章丘市蔬菜各指标的单因子生态距离

Table 5 – 4   The Single factor of ecological distance of indexes on fruit of zhangqiu during 2005 – 2010

指标	2005	2006	2007	2008	2009	2010
D_1	0. 442	0. 403	0. 448	0. 479074	0. 4521	0. 4396
D_2	0. 520472	0. 5308	0. 5523	0. 5754	0. 5980	0. 63561
D_3	0. 452	0. 449	0. 477	0. 498	0. 506	0. 535
D_4	0. 628	0. 601	0. 585	0. 554	0. 520	0. 508
D_5	0. 443	0. 474	0. 516	0. 564	0. 598	0. 607
D_6	0. 595	0. 567	0. 521	0. 504	0. 495	0. 464
D_7	0. 595	0. 572	0. 564	0. 539	0. 507	0. 502
D_8	0. 473	0. 481	0. 495	0. 511	0. 522	0. 553
D_9	0. 637	0. 578	0. 556	0. 530	0. 504	0. 507
D_{10}	0. 488	0. 509	0. 526	0. 538	0. 584	0. 628
D_{11}	0. 513	0. 532	0. 525	0. 491	0. 450	0. 441
D_{12}	0. 620	0. 596	0. 544	0. 543	0. 539	0. 526
D_{13}	0. 613	0. 592	0. 555	0. 531	0. 550	0. 541
D_{14}	0. 403	0. 441	0. 455	0. 481	0. 502	0. 523
D_{15}	0. 466	0. 333	0. 324	0. 244	0. 211	0. 454
D_{16}	0. 000	0. 000	0. 000	0. 000	0. 004	0. 007
D_{17}	0. 000	0. 005	0. 000	0. 000	0. 000	0. 000
D_{18}	0. 000	0. 000	0. 000	0. 000	0. 007	0. 009
D_{19}	0. 298	0. 382	0. 309	0. 258	0. 000	0. 000
D_{20}	0. 334	0. 303	0. 290	0. 269	0. 262	0. 246
D_{21}	0. 298	0. 382	0. 309	0. 258	0. 000	0. 000
D_{22}	0. 700	0. 700	0. 700	0. 700	0. 700	0. 700
D_{23}	0. 000	0. 000	0. 238	0. 259	0. 000	0. 000
D_{24}	0. 309	0. 310	0. 321	0. 335	0. 337	0. 331
D_{25}	0. 786	0. 723	0. 829	0. 802	0. 708	0. 889

表 5 – 5   2005 ~ 2010 年章丘市油料作物各指标的单因子生态距离

Table 5 – 5   The Single factor of ecological distance of indexes on oil crops
of zhangqiu during 2005 – 2010

指标	2005	2006	2007	2008	2009	2010
D_1	0.661	0.641	0.634	0.597	0.566	0.525
D_2	0.438	0.461	0.495	0.534	0.550	0.598
D_3	0.687	0.658	0.626	0.600	0.587	0.537
D_4	0.508	0.461	0.445	0.424	0.400	0.388
D_5	0.343	0.356	0.396	0.424	0.488	0.507
D_6	0.489	0.467	0.431	0.407	0.365	0.354
D_7	0.595	0.572	0.564	0.539	0.507	0.502
D_8	0.473	0.481	0.495	0.511	0.522	0.553
D_9	0.637	0.578	0.556	0.530	0.504	0.507
D_{10}	0.488	0.509	0.526	0.538	0.584	0.628
D_{11}	0.613	0.592	0.575	0.531	0.500	0.491
D_{12}	0.670	0.673	0.644	0.603	0.599	0.546
D_{13}	0.605	0.572	0.535	0.501	0.490	0.421
D_{14}	0.453	0.491	0.525	0.551	0.592	0.623
D_{15}	0.550	0.567	0.429	0.499	0.465	0.527
D_{16}	0.000	0.000	0.000	0.000	0.004	0.007
D_{17}	0.000	0.005	0.000	0.000	0.000	0.000
D_{18}	0.009	0.011	0.028	0.000	0.000	0.000
D_{19}	0.298	0.382	0.309	0.258	0.000	0.000
D_{20}	0.334	0.303	0.290	0.269	0.262	0.246
D_{21}	0.337	0.393	0.408	0.457	0.440	0.450
D_{22}	0.700	0.700	0.700	0.700	0.700	0.700
D_{23}	0.000	0.000	0.238	0.259	0.000	0.000
D_{24}	0.309	0.310	0.321	0.335	0.337	0.331
D_{25}	0.786	0.723	0.829	0.802	0.708	0.889

表 5 - 6　　　　2005~2010 年章丘市小麦各指标的单因子生态距离

Table 5 - 6　　The Single factor of ecological distance of indexes on wheat
of zhangqiu during 2005 - 2010

指标	2005	2006	2007	2008	2009	2010
D_1	0.581	0.569	0.534	0.517	0.496	0.475
D_2	0.408	0.439	0.444	0.454	0.490	0.528
D_3	0.447	0.419	0.378	0.358	0.3373	0.307
D_4	0.448	0.421	0.405	0.394	0.380	0.378
D_5	0.383	0.406	0.416	0.440	0.458	0.497
D_6	0.509	0.497	0.471	0.457	0.465	0.444
D_7	0.595	0.572	0.564	0.539	0.507	0.502
D_8	0.473	0.481	0.495	0.511	0.522	0.553
D_9	0.637	0.578	0.556	0.530	0.504	0.507
D_{10}	0.488	0.509	0.526	0.538	0.584	0.628
D_{11}	0.593	0.572	0.545	0.501	0.490	0.471
D_{12}	0.800	0.773	0.744	0.703	0.689	0.626
D_{13}	0.785	0.779	0.735	0.701	0.690	0.671
D_{14}	0.453	0.491	0.525	0.551	0.592	0.623
D_{15}	0.325	0.347	0.414	0.358	0.359	0.218
D_{16}	0.000	0.000	0.000	0.000	0.004	0.007
D_{17}	0.000	0.005	0.000	0.000	0.000	0.000
D_{18}	0.009	0.018	0.030	0.000	0.000	0.000
D_{19}	0.298	0.382	0.309	0.258	0.000	0.000
D_{20}	0.334	0.303	0.290	0.269	0.262	0.246
D_{21}	0.198	0.223	0.288	0.307	0.380	0.408
D_{22}	0.700	0.700	0.700	0.700	0.700	0.700
D_{23}	0.000	0.000	0.238	0.259	0.000	0.000
D_{24}	0.309	0.310	0.321	0.335	0.337	0.331
D_{25}	0.786	0.723	0.829	0.802	0.708	0.889

5.5.2　指标分目标层（B层）生态适宜性分析

根据生态适宜性动态赋权方法，计算指标分层（B层）的生态适宜性指标

水果生态适宜性分目标层综合指数变化动态

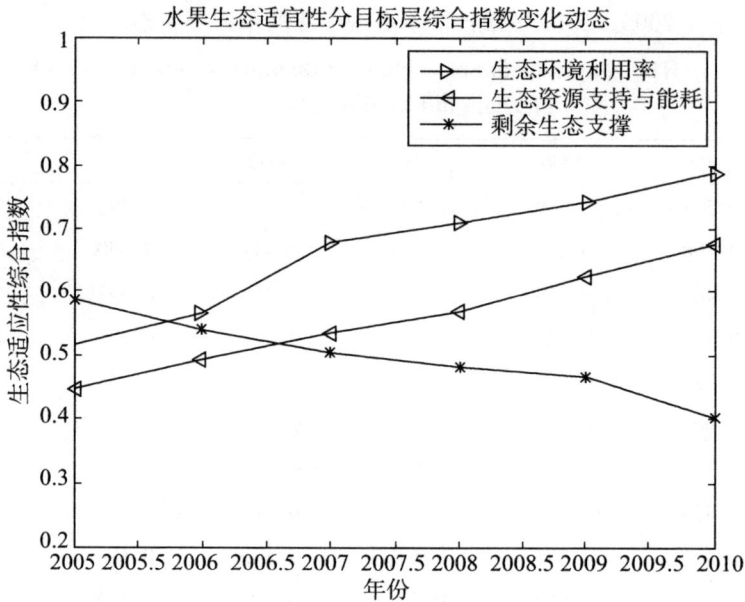

图 5-4　水果生态适宜性分目标层综合指数变化动态

Figure 5-4　The ecological suitability for fruit

　　注：本书中出现的两个年份中间的时间节点用 0.5 表示，比如 2005～2006 年中间的时间节点表示为"2005.5"。

蔬菜生态适宜性分目标层综合指数变化动态

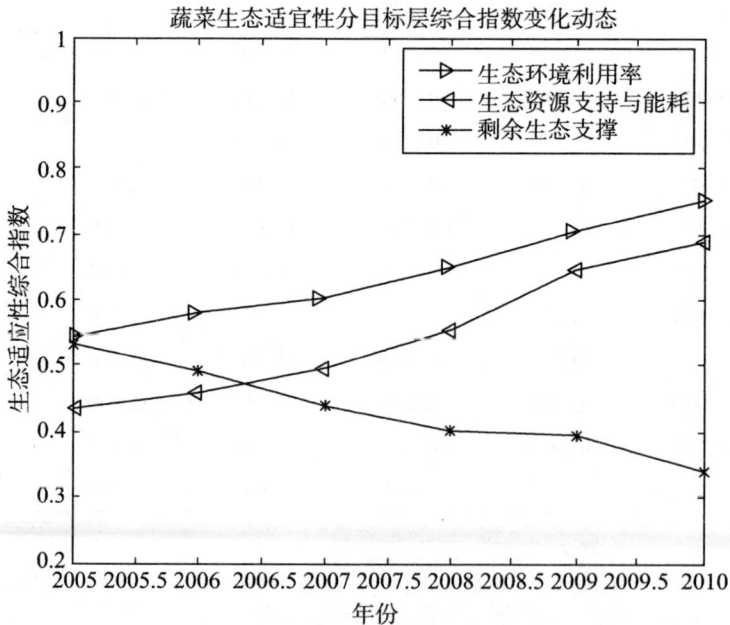

图 5-5　蔬菜生态适宜性分目标层综合指数变化动态

Figure 5-5　The ecological suitability for vegetables

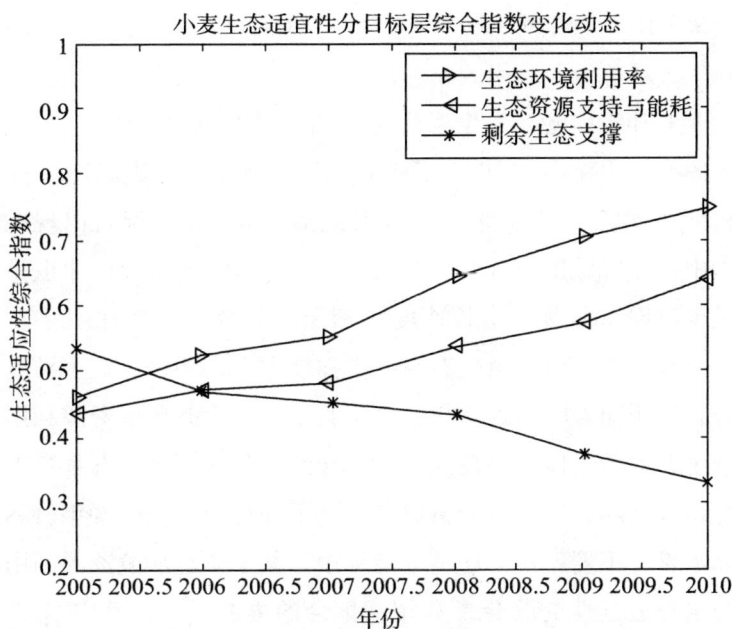

图 5－6 小麦生态适宜性分目标层综合指数变化动态
Figure 5－6 The ecological suitability for wheat

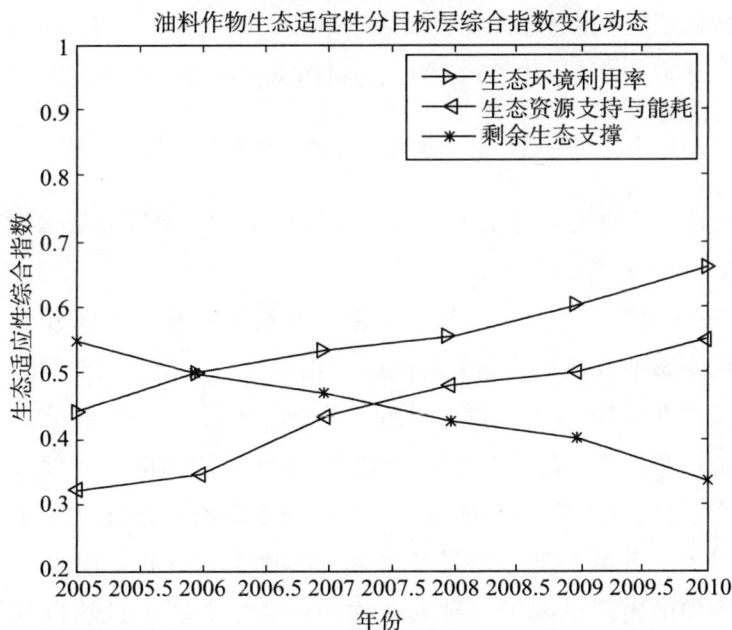

图 5－7 油料生态适宜性分目标层综合指数变化动态
Figure 5－7 The ecological suitability for oil crops

值，计算结果如图 5 - 4、5 - 5、5 - 6、5 - 7 所示。由图可知，四种县域农业主导产业在生态环境资源利用效率上都呈现出了上升趋势，但是随着时间的变化，四种产业上升的程度都发生了变化，如水果在 2007 年前生态环境资源利用效率上升的程度明显高于 2007 年之后，然而对于小麦生态环境资源利用效率上升的程度在 2007 年明显低于 2007 年之后。同样的情况也出现在了蔬菜以及油料作物中；在县域生态资源支撑与消耗上四种农业主导产业也呈现了上升趋势，但是也出现了明显的增长速度"断层"现象，比如在蔬菜、小麦两种产业中较为明显；在县域剩余生态系统支撑能力上，四种农业主导产业都呈现了下降趋势，说明随着时间的变化，由于县域农业生态环境资源利用效率的增加以及县域生态资源支撑与消耗的增长，导致了县域剩余生态系统支撑能力的生态适宜性指数下降，进一步分析可知，其下降程度也是随着年份的变化发生了改变，如水果、小麦。在上述三个指标中，其中生态环境资源利用率随着时间的变化与生态适宜性的综合指数相互耦合的程度最高，其中水果在 0.50 ~ 0.8 之间，蔬菜在 0.50 ~ 0.75 之间，小麦在 0.4 ~ 0.75 之间，油料作物在 0.40 ~ 0.65 之间。县域剩余生态系统支撑能力随着时间的变化与生态适宜性的综合指数相互耦合的程度降低，其中水果在 0.6 ~ 0.40 之间，蔬菜在 0.55 ~ 0.35 之间，小麦在 0.55 ~ 0.35 之间，油料作物在 0.55 ~ 0.30 之间。

5.5.3 章丘市农业主导产业结构发展生态适宜性综合指数分析

在上述计算及分析的基础上，以分目标层稀缺性指数为基础进行综合分析，结果如图 5 - 8 所示。

由图 5 - 8 可知，章丘市水果、蔬菜、油料作物及小麦四种农业主导产业结构发展生态适宜性指数随着时间的变化而发生了较大的改变。水果的生态适宜性指数在 2008 年之间随着时间而增加，但是在 2008 年之后其出现下降的趋势；油料作物的生态适宜性指数在 2009 年之间随着时间而增加，但是在 2009 年之后其出现下降的趋势；蔬菜和小麦的生态适宜性指数随着时间的变化呈现上升的趋势，但从增加的程度上来分析，出现了明显的下降。上述现象的出现说明了四种农业主导产业生态因子稀缺指数发生了变化，即一些年份一些因子供给发生了不利于县域农业主导发展的变化，因此需要对农业主导产业结构进行调整，以便实现农业资源优化配置及农业产业化发展与生态适宜性的和谐。

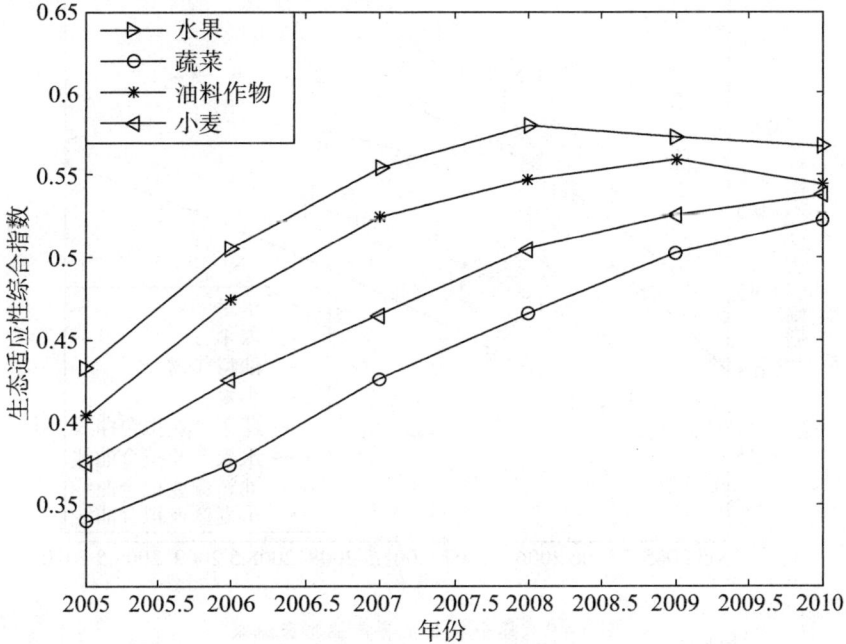

图 5 - 8　章丘市农业主导产业生态适宜性综合指数变化动态

Figure 5 - 8　The dynamics of composite value of ecological suitability for county
agricultura leading industrys of Zhangqiu

5.5.4　县域农业主导产业生态适宜性预测

本书根据 5.3.5 的说明，采用一元二次方程对各个产业的生态适宜性综合指数进行拟合，得到拟合结果如图 5 - 9 所示。一元二次方程含有三个参数，分别设为 P1、P2、P3，则得到的拟合方程为：$EA = P1 \times x^2 + P2 \times x + P3$，如表 5 - 7 所示，为各个产业拟合的一元二次方程参数表。由图 5 - 9 及表 5 - 7 可得，在有限的县域农业生态资源下，随着时间的变化，章丘县农业主导产业的生态适宜性综合指数发生了明显的变化，并且各个农业主导产业在一定年份之后其生态适宜性综合指数出现下降的趋势，根据拟合得到的一元二次方程，从而实现在现有的县域农业生态资源下，对各个农业主导产业的生态适宜性综合指数进行预测，得到各个产业与生态适宜性之间的耦合程度。

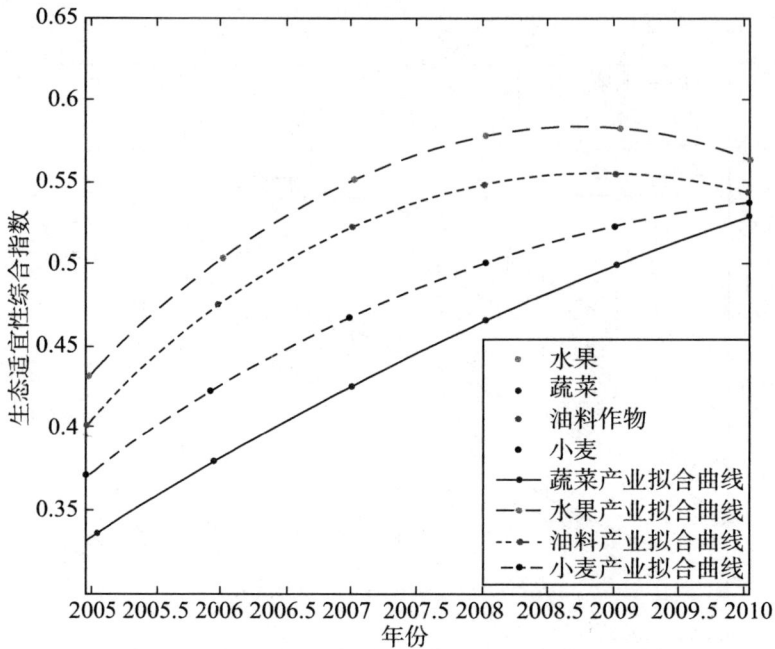

图 5-9　各个农业主导产业拟合结果

Figure 5-9　The fitting results

表 5-7 　　　　　　　　拟合参数结果（取 95% 的拟合精度）

Table 5-7 　　　　　　　　The fitting parameters results

参数	P1	P2	P3
水果	-0.038	0.048	0.567
蔬菜	-0.008	0.072	0.445
油料作物	-0.036	0.053	0.539
小麦	-0.02	0.062	0.486

以 2010 年为基准，对未来五年的主导产业生态适宜性综合指数进行预测，预测结果如图 5-10 所示。由图 5-10 可知，在 2011～2015 年，在有限的农业生态资源下，四种农业主导产业的生态适宜性综合指数呈现下降，其中油料作物与水果在 2015 年时生态适宜性综合指数出现负值，说明这两种农业产业与生态环境的不相耦合，也就是说这两种产业不符合生态环境和谐友好发展的要求，因此需要通过农业资源优化配置或是政府农业部门制定相关的政策，对章丘市农业主导产业进行调整。

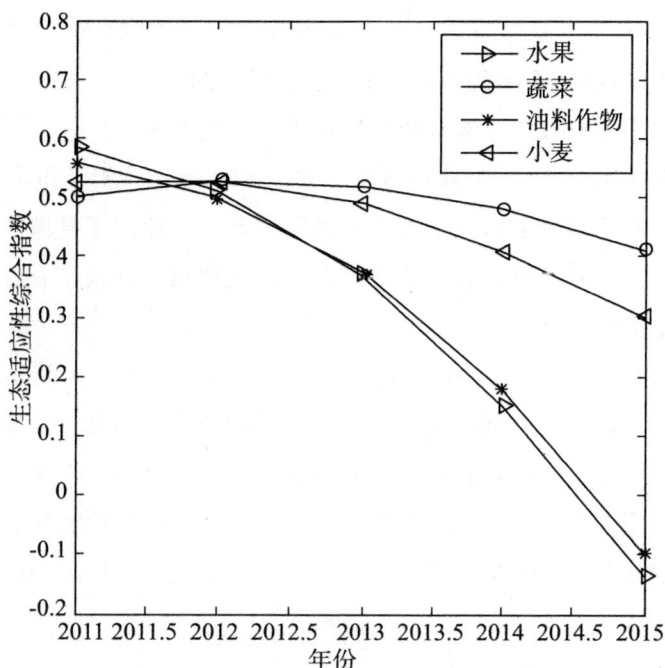

图 5 – 10　农业主导产业生态适宜性预测

Figure 5 – 10　The ecological suitability forecast

5.6　本章小结

本章以前文建立的县域农业主导产业选择方法为基础，结合县域农业生态资源环境，总结了县域农业主导产业生态适宜性评价方法和相关指标因子权值的赋予方法，主要得到了以下几个研究结论：

（1）县域农业主导产业结构发展生态适宜性综合评价方法：以生态适宜性"三基点"理论为基于，确定了农业主导产业发展生态适宜性评价指标体系的最佳取值范围（上下限）、最低（最高）指标值范围，即单指标适宜性分析的基准阈值，提出了生态适宜性指标动态赋权的方法，通过县域农业主导产业的综合生态适宜性指数综合评价县域农业主导产业的结构发展，以有限的农业生态资源环境为基础，采用一元二次方程对县域农业主导产业的生态适宜性与时间之间的关系进行了拟合，得到了县域农业主导产业的生态适宜性预测模型，并将其应用到章丘市的农业主导产业生态适宜性分析中，对章丘市2011～

2015 年的农业主导产业生态适宜性综合指数进行了预测，得出油料作物与水果两种农业产业在 2015 年将不适宜农业生态和谐的要求，为县域章丘市农业主导产业结构优化及农业生态资源配置提供了理论参考。

（2）县域农业主导产业数目分析方法：以 Logistic 方程和统计分析为基础，根据当前时刻县域的农业生态资源的约束条件，建立了县域农业主导产业数目发展模型，得到了县域农业主导产业的最优数目，即县域农业主导产业数量增大到极限值的一半。

（3）县域农业主导产业数目稳定性分析方法：基于三个基本假设，建立了同一观测时刻内不同时间段的县域农业主导产业数目与县域农业生态资源消耗的数学模型，结合平衡点稳定性判断方法，得到了县域农业主导产业数目的平衡点以及稳定条件，即为为：平衡点：$P_1(N_{01},0)$ 及稳定性条件为：$\sigma_1 < 1$，$\sigma_2 > 1$；平衡点：$P_2(0,N_{02})$ 及稳定性条件为：$\sigma_1 > 1, \sigma_2 < 1$；平衡点：$P_3\left(\dfrac{N_{01}(1-\sigma_1)}{1-\sigma_1\sigma_2},\dfrac{N_{02}(1-\sigma_2)}{1-\sigma_1\sigma_2}\right)$ 及稳定性条件为 $\sigma_1 < 1, \sigma_2 < 1$。

参考文献

[1] 李灿光,潘玉君. 区域发展研究:发展条件与空间结构[M]. 北京:科学出版社,2007.

[2] 阳昌寿. 区域主导产业理论与实证研究[D]. 成都:西南财经大学博士论文.

[3] 姜照华,刘则渊. 可持续发展产业结构优化模型及其求解方法[J]. 大连理工大学学报,1999,39(5):710-713.

[4] 唐焕文,王卫. 连市甘井子区产业结构的动态分析与发展预测[J]. 经济数学,2000,17(1):31-35.

[5] 刘楠. 一种灰色改进模型在农业经济预测中的应用[J]. 理论新探, 2011,12(3):39-41.

[6] 李鸿恩. 预测农业用水量的灰色模型[J]. 水电与新能源,2010,9(5): 5-8.

[7] 刘建栋,王馥棠,于强. 华北地区农业干旱预测模型及其应用研究[J].

应用气象学报,2003,14(3):593-604.

[8] 李静. 我国主要作物生产区域生态经济适宜性及发展潜势评价[D]. 南京:南京农业大学,2007.

[9] Odum E P. Basic Ecology [M]. Philadelphia：Saunders College Publishing, 1983.

[10] 郝仕龙,曹连海,李壁成. 生态位理论及在土地利用研究中的应用——以固原上黄试区为例[J]. 中国水土保持,2010(3):35-37.

[11] 张静,冯金侠,卞新民,等. 作物生态适宜性变权评价方法[J]. 南京农业大学学报,2006,29(1):13-1.

[12] Guo X, Yan D, Fan J R,et al. Using GIS and Fuzzy Sets to Evaluate the Olive Tree's Ecological Suitability in Sichuan Province[J]. Inst Mt Hazards & Environment,2010,12(1):20.

[13] 张静. 作物—地域多种组合中作物生态适宜性评价与权重配置方法的研究[D]. 南京:南京农业大学,2005.

[14] 黄漫,蔡彪. 对逻辑斯蒂方程的考察[J]. 华东交通大学学报,2002 (9):95-97.

[15] 高春雨,王文龙,高玉慧. Logistic 模型在黑龙江省总人口预测中的应用[J]. 国土与自然资源研究,2006(2):18-19.

第六章 应用研究——江苏省昆山市、射阳县农业主导产业选择及其结构发展生态适宜性分析

本章以第三章的县域农业主导产业结构评价指标体系，第四章的县域农业主导产业选择方法以及第五章的县域农业主导产业结构发展模型为理论基础，首先分析了江苏省昆山市、射阳县农业产业基础情况，结合当前农业政策及相关条例，对江苏省昆山市（县级市）、射阳县的县域农业主导产业选择及结构优化进行了分析，在验证了本书提出的县域农业主导产业选择及其结构优化方法的同时也为昆山市及射阳县的农业产业结构优化及生态资源配置提供了参考。

6.1 昆山市农业产业发展现状

昆山市位于东经 120°48′21″~121°09′04″、北纬 31°06′34″~31°32′36″，属北亚热带南部季风气候区，四季分明、光照充足、雨量充沛，年平均气温 17.6℃，年平均降水量 1200.4mm、蒸发量 822.2mm，年平均日照时间 1789.2h。平均每年有过境台风 3 个，最多可达 6 个，多出现在 7~9 月份。

2010 年，昆山市农林牧副渔业总产值达 30.51 亿元，比上年增长 7.0%，农民人均纯收入达 15726 元/人。全市土地承包经营已流转面积占耕地总面积达 75%，位列全省第 1 位。

（1）粮油种植业

2010 年，全市粮食播种面积 27.37 万亩，规模经营比重为 68.7%，总产

量达 12.56 万 t，产值 2.29 亿元，增加值 1.12 亿元，亩均增加值 818 元，其中高产稳产高标准粮田达 3.5 万亩。全年水稻种植面积 13.17 万亩，亩产 601.4kg；小麦 12.2 万亩，亩产 318.3kg；拥有绿色食品 3 个，生产总面积 16000 亩，占 12%，无公害农产品 8 个，种植面积 43160 亩，占 33%，无公害农产品产地认证 9 个，认证面积 53560 亩，占 40%。

（2）园艺种植业

2010 年，全市蔬菜种植面积 10.43 万亩（其中西甜瓜种植面积 9000 亩），规模经营比重为 77%，总产量 12.93 万吨，产值 4.24 亿元，增加值 2.1 亿元，亩均增加值 5484 元，其中设施栽培面积 2.45 万亩。

2010 年，全市水果种植面积 1.4 万亩，总产量 1.5 万吨，产值 2 亿元，增加值 1.3 亿元，亩均增加值 8698 元。

2010 年，全市花卉、苗木种植面积 1.01 万亩，规模经营比重为 97%，产值 0.6 亿元，增加值 0.3 亿元，亩均增加值 3000 元，其中设施栽培面积 0.1 万亩。

（3）水产养殖业

2010 年，全市水产养殖面积 20.05 万亩，规模经营比重为 89%，总产量 5.01 万吨，调出率为 60%，产值 10.42 亿元，增加值 4.39 亿元，亩均增加值 2189 元。

（4）畜禽养殖业

2010 年，全市畜牧业总产值 2.66 亿元，肉类总产 0.93 万吨，禽蛋 0.18 万吨，牛奶 1.59 万吨；全年出栏生猪 10.89 万头，年末存栏生猪 7.63 万头。

（5）农产品加工

2009 年，全市农产品加工业产值达到 328 亿元，其中精深加工达到 322 亿元，以木材加工、纺织加工和食品制造业为主，主要分布在开发区、张浦镇。年末全市加工企业达 318 个，总资产 190 亿元，其中台湾食品产业园区，总占地 5000 亩，引进企业 4 个，总投资 1.72 亿美元，注册资金 7285 万美元，共占地 600 亩。

6.2 昆山市农业主导产业选择

根据上述数据统计分析，昆山市的农业产业主要分为水稻、小麦、玉米、大豆、棉花、蔬菜、水产养殖、水果、畜禽养殖业、农产品加工 10 个农业产业，因此本书主要选择上述 10 个农业产业进行分析，以昆山市的农业主导产业为例。

6.2.1 昆山市农业主导产业选择指标体系建立

结合前文第三章县域农业主导产业结构评价指标体系的研究内容，基于第四章 4.2.3 中的两个基本假设，本书分别从经济子系统与社会子系统评价指标两个方面来建立昆山市农业主导产业选择指标体系。

6.2.1.1 昆山市农业主导产业选择经济子系统指标

以第四章中 4.2.1 经济子系统评价指标分析方法对于昆山市农业主导产业选择的经济子系统指标分析，具体分析步骤如下：

（1）根据《昆山市农业统计年鉴》，结合第三章中的 3.3.1 中有关经济子系统指标定量计算方法，计算得到昆山市各个农业产业的指标值。如表 6-1 所示，为昆山市各个农业产业指标定量计算值，表中数据都为无量纲数值。表中均值及方差分别表示各个指标数值的均值和方差。

（2）根据式（4-13），将各个子指标数据进行标准化处理，得到数据如表 6-2 所示。

（3）计算标准化数据的协方差矩阵，如表 6-3 所示。

（4）求矩阵 V 的前 m 个特征值 $\lambda_1 \geqslant \lambda_2 \geqslant \cdots \geqslant \lambda_m$，以及对应的特征向量 $a_1, a_2, \cdots, a_m$，令 $\alpha_i = \dfrac{\lambda_i}{\sum\limits_{i=1}^{m} \lambda_i}$ 为第 i 主成分的贡献率，称 $\alpha_p = \dfrac{\lambda_p}{\sum\limits_{i=1}^{m} \lambda_i}$ 为前 p 项主成分的累积贡献率。由以上的相关系数组成相关系数矩阵，求相关矩阵的特征指和特征值贡献率，具体见表 6-4 和图 6-1 所示，相应的特征值对应的特征向量如表 6-5 所示。

表 6 - 1　昆山市各个农业产业指标定量计算值

Table 6 - 1　The county agricultural industry index quantitative value of Kunshan

产业 指标	水稻	小麦	玉米	大豆	棉花	蔬菜	水产养殖	水果	畜禽养殖业	农产品加工
B_{11}	2.6178	0.8338	0.4782	0.6964	0.7617	1.8721	2.0809	1.1716	0.5697	1.0589
B_{12}	2.2900	0.7270	0.5686	0.6648	0.6957	1.8394	2.0500	1.4781	0.5895	1.3512
B_{13}	2.0058	0.6725	0.5074	0.5594	0.5902	1.4123	1.7719	1.1694	0.5454	1.1153
B_{14}	0.6862	0.458	0.3657	0.3120	0.3076	0.6319	0.5434	0.5232	0.2773	0.4938
B_{15}	1.2872	0.6607	0.5182	0.4390	0.5964	1.1001	1.1357	0.5419	0.5748	0.4564
B_{21}	1.7913	0.7619	0.6557	0.5806	0.6542	1.6378	1.5113	1.0549	1.0018	0.9503
B_{22}	0.1534	0.0684	0.0548	0.0435	0.0351	0.1302	0.1799	0.1009	0.1021	0.1212
B_{23}	0.2379	0.0578	0.0742	0.0823	0.0315	0.1899	0.1088	0.1055	0.0996	0.1037
B_{24}	1.3499	0.7812	0.5690	0.8217	0.2656	1.1878	1.2023	0.8863	0.8186	0.9274
B_{31}	1.8341	0.8215	0.6039	0.7471	0.6744	1.3859	1.5559	1.2725	1.0557	1.1173
B_{32}	0.4412	0.0583	0.0493	0.0311	0.3335	0.3286	0.4565	0.2078	0.2106	0.2624
B_{33}	0.5432	0.0394	0.0312	0.0112	0.0451	0.4057	0.3316	0.1898	0.2396	0.2895
B_{34}	0.4789	0.1380	0.0841	0.1919	0.0729	0.3306	0.4436	0.1978	0.1885	0.2465
B_{35}	0.8468	0.1463	0.163	0.1542	0.2013	0.5199	0.5653	0.4853	0.3955	0.4497
B_{36}	0.4348	0.0793	0.0352	0.0665	0.1474	0.3694	0.3036	0.1359	0.1275	0.3354
均值	1.133233	0.420273	0.317233	0.381086	0.36084	0.88944	0.94938	0.634727	0.45308	0.6186
标准差	0.8056	0.3379	0.2489	0.2964	0.2734	0.6257	0.6999	0.4899	0.318	0.4199

表 6 - 2
Table 6 - 2

经济子系统指标标准化

Standardized data of choice index

产业 指标	水稻	小麦	玉米	大豆	棉花	蔬菜	水产养殖	水果	畜禽养殖业	农产品加工
B_{11}	1.8429	1.2239	0.6467	1.1346	1.4664	1.5705	1.6166	1.0958	0.3667	1.0486
B_{12}	1.436	0.9078	1.0099	1.028	1.225	1.5182	1.5724	1.7214	0.4289	1.7448
B_{13}	1.0832	0.7465	0.764	0.6724	0.8391	0.8356	1.1751	1.0913	0.2903	1.183
B_{14}	-0.5549	0.1116	0.1947	-0.1623	-0.1948	-0.4116	-0.58	-0.2276	-0.5527	-0.2972
B_{15}	0.1911	0.7116	0.8074	0.2662	0.8617	0.3367	0.2662	-0.1895	0.3827	-0.3863
B_{21}	0.8169	1.0111	1.3598	0.7439	1.0732	1.1960	0.8028	0.8576	1.7253	0.79
B_{22}	-1.2163	-1.0415	-1.0544	-1.0682	-1.1916	-1.2134	-1.0993	-1.0896	-1.1036	-1.1846
B_{23}	-1.1114	-1.0729	-0.9764	-0.9373	-1.2048	-1.118	-1.2009	-1.0802	-1.1114	-1.2263
B_{24}	0.269	1.0682	1.0115	1.5573	-0.3484	0.4768	0.3613	0.5135	1.1493	0.7355
B_{31}	0.87	1.1875	1.1517	1.3056	1.1471	0.7934	0.8665	1.3018	1.8948	1.1877
B_{32}	-0.8591	-1.0714	-1.0765	-1.11	-0.1	-0.8963	-0.7042	-0.8714	-0.7624	-0.8483
B_{33}	-0.7325	-1.1274	-1.1492	-1.1772	-1.1551	-0.7731	-0.8826	-0.9082	-0.6712	-0.7838
B_{34}	-0.8123	-0.8349	-0.9366	-0.5675	-1.0534	-0.8931	-0.7226	-0.8918	-0.8319	-0.8862
B_{35}	-0.3556	-0.811	-0.6197	-0.6947	-0.5836	-0.5906	-0.5487	-0.305	-0.181	-0.4023
B_{36}	-0.867	-1.0093	-1.1331	-0.9906	-0.7808	-0.8311	-0.9226	-1.0182	-1.0237	-0.6745

表 6 – 3

标准化数据相关系数数据

Table 6 – 3

The index sign related coefficient data

	B_{11}	B_{12}	B_{13}	B_{14}	B_{15}	B_{21}	B_{22}	B_{23}	B_{24}	B_{31}	B_{32}	B_{33}	B_{34}	B_{35}	B_{36}
B_{11}	1	0.6152	0.6444	-0.3317	-0.0633	-0.6647	-0.5491	-0.3534	-0.6167	-0.8498	0.2572	0.0468	0.0601	-0.2708	0.5084
B_{12}	0.6152	1	0.9371	-0.2165	-0.612	-0.719	-0.4651	-0.4365	-0.5145	-0.6854	0.1089	0.1951	-0.12	0.064	0.5575
B_{13}	0.6444	0.9371	1	-0.1568	-0.5174	-0.7851	-0.3472	-0.4527	-0.5135	-0.7105	0.0956	0.1116	-0.0767	-0.0003	0.4861
B_{14}	-0.3317	-0.2165	-0.1568	1	0.4491	0.0375	0.5641	0.5306	0.32	0.0578	-0.3165	-0.8087	-0.2205	-0.636	-0.4153
B_{15}	-0.0633	-0.612	-0.5174	0.4491	1	0.4687	0.252	0.2634	-0.0755	-0.0064	0.218	-0.5776	-0.2682	-0.5415	-0.3904
B_{21}	-0.6647	-0.719	-0.7851	0.0375	0.4687	1	0.1288	0.1154	0.179	0.5649	0.0732	0.1914	-0.3674	0.2732	-0.3927
B_{22}	-0.5491	-0.4651	-0.3472	0.5641	0.252	0.1288	1	0.6079	0.6689	0.4237	-0.5022	-0.5289	0.3717	-0.3257	-0.8218
B_{23}	-0.3534	-0.4365	-0.4527	0.5306	0.2634	0.1154	0.6079	1	0.7079	0.2084	-0.6866	-0.4757	0.4377	-0.327	-0.7615
B_{24}	-0.6167	-0.5145	-0.5135	0.32	-0.0755	0.179	0.6689	0.7079	1	0.4951	-0.8105	-0.1416	0.632	-0.1569	-0.5502
B_{31}	-0.8498	-0.6854	-0.7105	0.0578	-0.0064	0.5649	0.4237	0.2084	0.4951	1	-0.0192	0.0581	0.0492	0.4334	-0.3689
B_{32}	0.2572	0.1089	0.0956	-0.3165	0.218	0.0732	-0.5022	-0.6866	-0.8105	-0.0192	1	0.0199	-0.5564	0.2089	0.5038
B_{33}	0.0468	0.1951	0.1116	-0.8087	-0.5776	0.1914	-0.5289	-0.4757	-0.1416	0.0581	0.0199	1	-0.0105	0.7757	0.3332
B_{34}	0.0601	-0.12	-0.0767	-0.2205	-0.2682	-0.3674	0.3717	0.4377	0.632	0.0492	-0.5564	-0.0105	1	-0.1528	-0.2478
B_{35}	-0.2708	0.064	-0.0003	-0.636	-0.5415	0.2732	-0.3257	-0.327	-0.1569	0.4334	0.2089	0.7757	-0.1528	1	0.1109
B_{36}	0.5084	0.5575	0.4861	-0.4153	-0.3904	-0.3927	-0.8218	-0.7615	-0.5502	-0.3689	0.5038	0.3332	-0.2478	0.1109	1

表 6 - 4   特征值、特征值贡献率一览表

Table 6 - 4   **Characteristic value, characteristic value contribute rate general chart**

指标	特征值	特征值贡献率/%	指标	特征值	特征值贡献率/%
B_{11}	1.4342	3.5297	B_{24}	0.3521	0.8666
B_{12}	6.1221	15.0672	B_{31}	1.6114	3.9658
B_{13}	5.0490	12.4262	B_{32}	2.8521	7.0194
B_{14}	0.1095	0.2695	B_{33}	0.3420	0.8417
B_{15}	0.1622	0.3992	B_{34}	1.0956	2.6964
B_{21}	6.8874	16.9507	B_{35}	4.2730	10.5164
B_{22}	4.8627	11.9677	B_{36}	3.8672	9.5176
B_{23}	1.6114	3.9658			

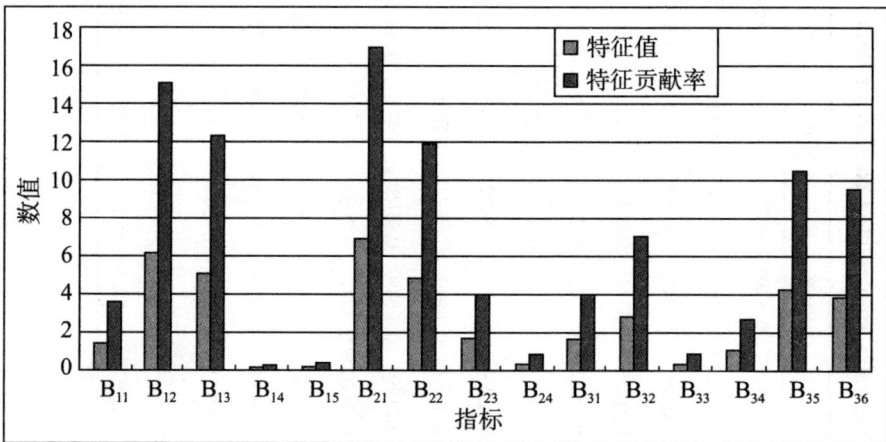

图 6 - 1   主成分特征值、特征值贡献率直方图

Figure 6 - 1   characteristic value、characteristic value contribute plain deal square diagram

结合表 6-4、6-6、图 6-1 以及式（4-11）计算获得经济子系统指标主成分进行解释。在经济子系统指标特征值贡献率分别为：$B_{21} > B_{12} > B_{13} > B_{22} > B_{35} > B_{36} > B_{32} > B_{31} > B_{23} > B_{11} > B_{34} > B_{24} > B_{33} > B_{15} > B_{14}$，其中前七个指标贡献率值超过了平均指标贡献率（7%）。结合经济子系统指标主成分的方差排序可知，从经济子系统上对昆山市农业主导产业定量评价指标主要体现在需求弹性系数指标 B_{21}、综合比较优势指标 B_{12}、产业关联度指标 B_{13}、平均增长率 B_{22}、技术进步指标 B_{35}、农业产业经济带动力 B_{36}、增长作用率指标 B_{32}，上述七个指标分别从三个方面对昆山市的农业主导产业选择给出了子指标，即：县域农业产业比较优势指标、增长潜力以及农业产业综合效益。因此，从

经济子系统上考虑昆山市农业主导产业选择时，我们只需从上述七个指标来进行定量分析。

表 6 – 5 2004 ~ 2010 年昆山市农业产业结构指标和功能指标数据

Table 6 – 5 **The structure and functional indicators data in agricultural of Kunshan from** 2004 **to** 2010

		2004	2005	2006	2007	2008	2009	2010
功能指标	b_{11}	5. 4522	5. 1068	4. 9088	4. 6105	4. 6796	4. 3736	4. 0454
	b_{12}	435. 8531	533. 1212	588. 4134	606. 7981	693. 4791	749. 4691	830. 8889
	b_{13}	3. 9425	4. 4176	5. 5637	6. 7644	7. 8592	9. 2685	11. 6559
	b_{14}	1. 9942	1. 3438	1. 2275	1. 0694	1. 5709	0. 8021	1. 2861
	b_{15}	0. 1136	0. 1973	0. 2112	0. 3388	0. 4109	0. 4707	0. 4170
	b_{16}	3687	4448	5315	5554	5319	5962	6588
	b_{17}	32. 0412	48. 7112	45. 2914	46. 4591	52. 7914	57. 6741	60. 4198
	b_{18}	5. 1553	6. 7451	7. 5397	8. 2251	8. 8838	9. 6725	9. 9229
结构指标	b_{21}	3. 0878	2. 9084	2. 8642	2. 5631	2. 4797	2. 4541	2. 0404
	b_{22}	1. 1791	1. 4125	1. 9324	2. 2641	2. 4738	2. 8658	3. 0716
	b_{23}	496	549	604	699	727	794	888
	b_{24}	0. 3303	0. 3101	0. 3131	0. 2910	0. 2713	0. 2583	0. 2390
	b_{25}	2143. 7	2247. 2	2409. 2	2529. 5	2644. 2	2776. 7	3081. 4
	b_{26}	0. 4380	0. 4598	0. 4789	0. 4463	0. 4064	0. 4257	0. 4111
	b_{27}	16. 7053	14. 6114	12. 7340	10. 7801	11. 4165	12. 0448	13. 9645
	b_{28}	4. 2896	6. 9291	8. 4777	10. 1534	11. 9114	14. 4290	17. 1195

6. 2. 1. 2 昆山市农业主导产业选择社会子系统指标

以第四章中 4. 2. 2 社会子系统评价指标分析方法对于昆山市农业主导产业选择的社会子系统指标分析，具体分析步骤如下：

（1）根据《昆山市农业统计年鉴》，计算得到昆山市农业产业结构系统的结构指标和功能指标数据。如表 6 – 5 所示。

（2）根据式（4 – 18）、（4 – 19）计算各个指标的线性生成算子，如表 6 – 6 所示，为指标的数据的线性生成算子。

（3）以 2004 年为第一时点，即 2004 年权重系数为 $\omega(1)$，则 2004 年至 2010 年权重系数分别为 $\omega(1)$、$\omega(2)$、$\omega(3)$，$\omega(4)$、$\omega(5)$、$\omega(6)$、$\omega(7)$，且有

$\sum\limits_{i=1}^{7} \omega(i) = 1$，为明显反应各影响因素的时序作用效应，设 $\omega(7)/\omega(1) = 10$，根据等比矩阵的性质可得：$\omega(1) = 0.0342$、$\omega(2) = 0.0502$、$\omega(3) = 0.0737$，$\omega(4) = 0.1082$、$\omega(5) = 0.1587$、$\omega(6) = 0.2330$、$\omega(7) = 0.3420$，则按照变权关联方法计算表 6 – 6 中的数据得到的关联矩阵见表 6 – 7 所示。由表 6 – 7 可知，从社会子系统方法对昆山市农业主导产业选择评价时，指标重要性程度排序为：单位播种面积总产值 b_{12} > 单位面积农业机械总动力 b_{22} > 农业劳动生产率 b_{13} > 社会劳动力供给指标 b_{11} > 农业综合就业系数 b_{17} > 人均农业贷款 b_{25} > 农村人均住房面积 b_{27} > 居民人均可支配率 b_{16} > 森林覆盖率 b_{24} > 有效灌溉率 b_{15} > 县域县域特殊用途用地 b_{18} > 单位面积农业播种从业人数 b_{21} > 家庭投入的固定资产原值 b_{23} > 城镇化水平 b_{28} > 系统抗灾能力 b_{14} > 人口自然增长率 b_{26}。

表 6 – 6 指标数据的线性生成算子

Table 6 – 6 The linear generating operator of indicator date

		2004	2005	2006	2007	2008	2009	2010
功能指标	b_{11}	0.1644	0.154	0.1478	0.139	– 0.1411	– 0.1319	– 0.122
	b_{12}	– 0.0982	– 0.1201	– 0.1326	– 0.1367	0.1563	0.1689	0.1872
	b_{13}	– 0.0797	– 0.0893	– 0.1125	– 0.1367	0.1589	0.1873	0.2356
	b_{14}	0.2146	0.1446	– 0.1321	– 0.1151	0.169	– 0.0863	– 0.1384
	b_{15}	– 0.0526	– 0.0914	– 0.0978	0.1569	0.1903	0.218	0.1931
	b_{16}	– 0.1251	– 0.1571	– 0.1875	0.2001	0.2994	0.3001	0.3301
	b_{17}	– 0.3117	– 0.3882	– 0.32306	0.4874	0.5881	0.6998	0.7467
	b_{18}	– 0.0918	– 0.1201	– 0.1343	0.1465	0.1582	0.1723	0.1767
结构指标	b_{21}	0.1678	0.1581	0.1557	– 0.1393	– 0.1348	– 0.1334	– 0.1109
	b_{22}	– 0.0776	– 0.0929	– 0.1271	0.149	0.1628	0.1885	0.2021
	b_{23}	– 0.1043	– 0.1154	– 0.127	0.1469	0.1528	0.1669	0.1867
	b_{24}	0.1641	0.154	0.1555	0.1446	0.1348	– 0.1283	– 0.1187
	b_{25}	– 0.1202	– 0.126	– 0.1351	– 0.1419	0.1483	0.1557	0.1728
	b_{26}	– 0.3335	– 0.3423	0.6058	0.5654	– 0.4096	– 0.425	0.6327
	b_{27}	0.1811	0.1584	– 0.138	– 0.1168	– 0.1237	0.1306	0.1514
	b_{28}	– 0.0585	– 0.0945	– 0.1156	– 0.1385	0.1625	0.1968	0.2335

表6-7　昆山市农业产业社会子系统评价指标变权关联矩阵

Table 6-7　The variable weights associated matrix of agricultural social subsystem evaluation indicator of Kunshan

	b_{11}	b_{12}	b_{13}	b_{14}	b_{15}	b_{16}	b_{17}	b_{18}	b_{21}	b_{22}	b_{23}	b_{24}	b_{25}	b_{26}	b_{27}	b_{28}
b_{11}	1	0.9876	0.9719	0.1709	0.8279	0.498	0.841	0.7992	0.7562	0.8126	0.5373	0.7993	0.9922	0.1854	0.9582	0.4673
b_{12}	0.987	1	0.9951	0.1295	0.7873	0.4285	0.8019	0.7572	0.6912	0.7774	0.5994	0.7562	0.9991	0.2065	0.6938	0.4949
b_{13}	0.971	0.9951	1	0.1461	0.7483	0.5686	0.7709	0.7201	0.646	0.7454	0.6549	0.7222	0.9934	0.1779	0.7562	0.4984
b_{14}	0.171	0.7295	0.6461	1	0.3375	0.4454	0.423	0.3576	0.3952	0.3549	0.4374	0.3917	0.3466	0.7748	0.7651	0.5176
b_{15}	0.827	0.7873	0.7483	0.3375	1	0.8515	0.9922	0.9967	0.9817	0.9945	0.4599	0.9928	0.7916	0.0178	0.7949	0.2444
b_{16}	0.498	0.4285	0.3686	0.4454	0.3515	1	0.3133	0.3362	0.3676	0.7115	0.1127	0.321	0.4402	0.3795	0.4616	0.3676
b_{17}	0.841	0.8019	0.7709	0.423	0.9922	0.8133	1	0.9925	0.9771	0.9927	0.5435	0.9947	0.8081	0.1135	0.7059	0.2623
b_{18}	0.799	0.7572	0.7201	0.3576	0.9967	0.8362	0.9925	1	0.9876	0.9979	0.4871	0.9986	0.7623	0.0722	0.7118	0.2136
b_{21}	0.756	0.6912	0.646	0.3952	0.9817	0.8676	0.9771	0.9876	1	0.979	0.4013	0.988	0.7017	0.1047	0.5407	0.6348
b_{22}	0.812	0.7774	0.7454	0.3549	0.9945	0.8115	0.9927	0.9979	0.979	1	0.5237	0.9976	0.7817	0.0621	0.5564	0.2384
b_{23}	0.537	0.5994	0.6549	0.4374	0.4599	0.6127	0.5435	0.4871	0.4013	0.5237	1	0.5166	0.5962	0.4658	0.8114	0.636
b_{24}	0.799	0.7562	0.7222	0.3917	0.9928	0.821	0.9947	0.9986	0.988	0.9976	0.5166	1	0.7626	0.1107	0.6197	0.2129
b_{25}	0.992	0.9991	0.9934	0.1466	0.7916	0.4402	0.8081	0.7623	0.7017	0.7817	0.5962	0.7626	1	0.1934	0.765	0.9911
b_{26}	0.385	0.7065	0.6779	0.7748	0.0178	0.5795	0.4135	0.0722	0.1047	0.5621	0.4658	0.1107	0.1934	1	0.6852	0.2079
b_{27}	0.358	0.6938	0.2562	0.2651	0.0949	0.4616	0.1059	0.1118	0.2407	0.5564	0.3114	0.1197	0.365	0.3852	1	0.2773
b_{28}	0.967	0.9949	0.9984	0.1176	0.7444	0.5676	0.7623	0.7136	0.6348	0.7384	0.636	0.7129	0.9911	0.2079	0.2773	1
和	11.80	12.605	11.915	5.8933	11.118	11.203	11.732	11.090	10.852	12.525	8.2833	11.184	11.525	4.4573	11.403	7.2645
排序	4	1	3	15	10	8	5	11	12	2	13	9	6	16	7	14

表 6-8

水平截距为 0.5909 的关联矩阵

Table 6-8

The Incidence matrix of level intercept 0.5909

	b_{11}	b_{12}	b_{13}	b_{14}	b_{15}	b_{16}	b_{17}	b_{18}	b_{21}	b_{22}	b_{23}	b_{24}	b_{25}	b_{26}	b_{27}	b_{28}
b_{11}	1	0.9876	0.9719	—	0.8279	—	0.841	0.7992	0.7562	0.8126	—	0.7993	0.9922	—	0.9582	—
b_{12}	0.9876	1	0.9951	—	0.7873	—	0.8019	0.7572	0.6912	0.7774	0.5994	0.7562	0.9991	0.7065	0.6938	—
b_{13}	0.9719	0.9951	1	-1	0.7483	—	0.7709	0.7201	0.646	0.7454	0.6549	0.7222	0.9934	0.6779	0.7562	—
b_{14}	—	—	0.6461	1	—	—	—	—	—	—	—	—	—	0.7748	—	—
b_{15}	0.8279	0.7873	0.7483	—	1	0.8515	0.9922	0.9967	0.9817	0.9945	—	0.9928	0.7916	—	0.7651	—
b_{16}	—	—	—	—	—	1	0.8133	0.8362	0.8676	0.7115	—	—	—	—	0.7949	—
b_{17}	0.841	0.8019	0.7709	—	0.9922	0.8133	1	0.9925	0.9771	0.9927	—	0.9947	0.8081	—	—	—
b_{18}	0.7992	0.7572	0.7201	—	0.9967	0.8362	0.9925	1	0.9876	0.9979	—	0.9986	0.7623	—	0.7059	—
b_{21}	0.7562	0.6912	0.646	—	0.9817	0.8676	0.9771	0.9876	1	0.979	—	0.988	0.7017	—	0.7118	0.6348
b_{22}	0.8126	0.7774	0.7454	—	0.9945	0.8115	0.9927	0.9979	0.979	1	—	0.9976	0.7817	-1	—	0.636
b_{23}	—	0.5994	0.6549	—	—	0.6127	—	—	—	—	1	—	0.5962	—	0.8114	—
b_{24}	0.7993	0.7562	0.7222	—	0.9928	0.821	0.9947	0.9986	0.988	0.9976	—	1	0.7626	—	0.6197	—
b_{25}	0.9922	0.9991	0.9934	—	0.7916	—	0.8081	0.7623	0.7017	0.7817	0.5962	0.7626	1	0.1934	0.765	0.9911
b_{26}	—	0.7065	0.6779	0.7748	—	—	—	—	—	—	—	—	0.1934	1	0.6852	—
b_{27}	—	0.6938	—	—	0.7651	0.7949	—	0.7059	0.7118	—	0.8114	0.6197	0.765	0.6852	1	—
b_{28}	0.9673	0.9949	0.9984	—	0.7444	—	0.7623	0.7136	0.6348	0.7384	0.636	0.7129	0.9911	—	—	1

结合上述分析可知，从经济子系统和社会子系统两个方面，建立昆山市农业主导产业定量评价指标体系，如图6－2所示。

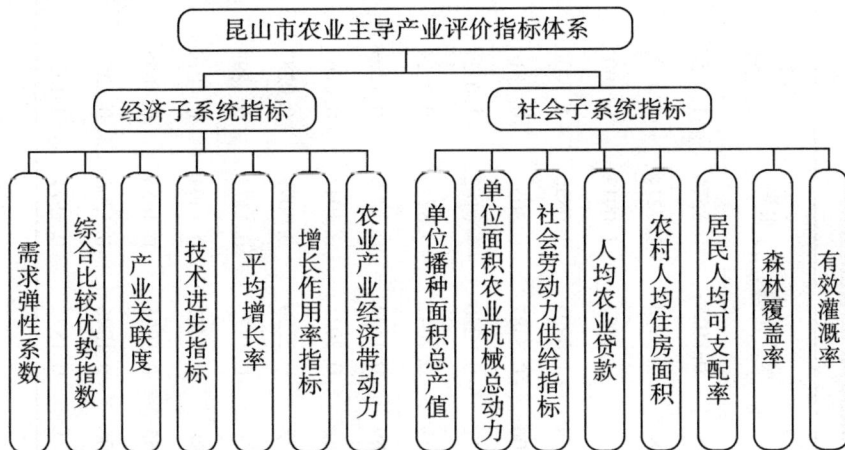

图6－2 昆山市县域农业主导产业定量评价指标体系

Figure 6 – 2 The quantitative evaluation index system in county agriculture – led industrial of Kunshan

6.2.2 昆山市农业主导产业定量评价

以第四章4.2.3模糊灰色关联农业主导产业定量评价模型为理论依据，对昆山市农业主导产业定量评价，确定昆山市的农业主导产业。

结合表6－2以及表6－6可得到昆山市县域农业的评价矩阵 R 如下表6－9所示。为了方便分析，将评价矩阵进行归一化处理，如表6－10所示。

由表6－10可知，归一化矩阵中最大值 $d_3 = 0.2547$，最小值 $d_1 = 0.0042$，均值为 $d_2 = 0.0667$。从而根据 R、d_1, d_2, d_3 以及式（4－30）、（4－31）、（4－32）可以构造昆山市农业的一般产业、优势产业及主导产业的隶属度函数（具体隶属度函数可以将上述数值带入相应的式中），结合式（4－33）计算可得到章丘市农业产业的各个指标的权值，如表4－11所示。由（4－34）、（4－35）分别计算各个产业的灰类评价系数、综合评价系数、综合测度及评价结果，章丘市的农业主导产业综合测度临界值为：1.8453，各个数据具体如表6－12所示。

根据模糊灰色关联的县域农业主导产业定量评价模型分别对昆山市的农业产业进行了分析，从分析结果表6－12可知，昆山市农业主导产业为：水稻、水产养殖、蔬菜、水果；优势产业为：畜禽养殖业、农产品加工；一般产业为：小麦、玉米、棉花、大豆。

表 6 - 9 昆山市县域农业主导产业评价矩阵

Table 6 - 9 The evaluation matrix in county agriculture – led industrial of Kunshan

产业 / 指标	水稻	小麦	玉米	大豆	棉花	蔬菜	水产养殖	水果	畜禽养殖业	农产品加工
B_{21}	0.8169	1.0111	1.3598	0.7439	1.0732	1.196	0.8028	0.8576	1.7253	0.79
B_{12}	1.436	0.9078	1.0099	1.028	1.225	1.5182	1.5724	1.7214	0.4289	1.7448
B_{13}	1.0832	0.7465	0.764	0.6724	0.8391	0.8356	1.1751	1.0913	0.2903	1.183
B_{22}	-1.2163	-1.0415	-1.0544	-1.0682	-1.1916	-1.2134	-1.0993	-1.0896	-1.1036	-1.1846
B_{35}	-0.3556	-0.811	-0.6197	-0.6947	-0.5836	-0.5906	-0.5487	-0.305	-0.181	-0.4023
B_{36}	-0.867	-1.0093	-1.1331	-0.9906	-0.7808	-0.8311	-0.9226	-1.0182	-1.0237	-0.6745
B_{32}	-0.8591	-1.0714	-1.0765	-1.11	-0.1	-0.8963	-0.7042	-0.8714	-0.7624	-0.8483
b_{12}	-0.0982	-0.1201	-0.1326	-0.1367	0.1563	0.1689	0.1872	0.1799	0.1399	0.1711
b_{22}	-0.0776	-0.0929	-0.1271	0.149	0.1628	0.1885	0.2021	0.1047	-0.0865	-0.0596
b_{13}	-0.0797	-0.0893	-0.1125	-0.1367	0.1589	0.1873	0.2356	0.6099	-0.0287	-0.082
b_{11}	0.1644	0.154	0.1478	0.139	-0.1411	-0.1319	-0.122	0.1177	0.1899	-0.0424
b_{17}	-0.3117	-0.3882	-0.32306	0.4874	0.5881	0.6998	0.7467	0.1594	-0.1079	-0.0714
b_{25}	0.1055	0.1055	0.1055	0.1055	0.1055	0.1055	0.1055	0.1055	0.1055	0.1055
b_{27}	0.1306	0.1306	0.1306	0.1306	0.1306	0.1306	0.1306	0.1306	0.1306	0.1306
b_{16}	0.1571	0.1571	0.1571	0.1571	0.1571	0.1571	0.1571	0.1571	0.1571	0.1571

表6-10　昆山市县域农业主导产业评价矩阵归一化数据

Table 6-10　The evaluation matrix normalized data in county agriculture – led industrial

指标\产业	水稻	小麦	玉米	大豆	棉花	蔬菜	水产养殖	水果	畜禽养殖业	农产品加工
B_{21}	0.1048	0.1282	0.1634	0.0952	0.1417	0.1322	0.0895	0.0971	0.2547	0.0998
B_{12}	0.1843	0.1151	0.1214	0.1315	0.1618	0.1679	0.1752	0.195	0.0633	0.2205
B_{13}	0.139	0.0947	0.0918	0.086	0.1108	0.0924	0.131	0.1236	0.0429	0.1495
B_{22}	0.1561	0.1321	0.1267	0.1367	0.1574	0.1342	0.1225	0.1234	0.163	0.1497
B_{35}	0.0456	0.1029	0.0745	0.0889	0.0771	0.0653	0.0612	0.0345	0.0267	0.0508
B_{36}	0.1113	0.128	0.1362	0.1267	0.1031	0.0919	0.1028	0.1153	0.1512	0.0852
B_{32}	0.1103	0.1359	0.1294	0.142	0.0132	0.0991	0.0785	0.0987	0.1126	0.1072
b_{12}	0.0126	0.0152	0.0159	0.0175	0.0206	0.0187	0.0209	0.0204	0.0207	0.0216
b_{22}	0.01	0.0118	0.0153	0.0191	0.0215	0.0208	0.0225	0.0119	0.0128	0.0075
b_{13}	0.0102	0.0113	0.0135	0.0175	0.021	0.0207	0.0263	0.0691	0.0042	0.0104
b_{11}	0.0211	0.0195	0.0178	0.0178	0.0186	0.0146	0.0136	0.0133	0.028	0.0054
b_{17}	0.04	0.0492	0.0388	0.0624	0.0777	0.0774	0.0832	0.0181	0.0159	0.009
b_{25}	0.0154	0.016	0.0162	0.0182	0.0196	0.0172	0.0193	0.0119	0.016	0.0154
b_{27}	0.0232	0.0201	0.0166	0.0149	0.0163	0.0144	0.0169	0.02	0.0166	0.0122
b_{16}	0.0161	0.0199	0.0225	0.0256	0.0395	0.0332	0.0368	0.0476	0.0713	0.0559

表 6 – 11
Table 6 – 11

各个指标权值系数

The weight coefficient of each indicator

产业 / 指标	水稻	小麦	玉米	大豆	棉花	蔬菜	水产养殖	水果	畜禽养殖业	农产品加工
B_{21}	0.1048	0.1282	0.1634	0.0952	0.1417	0.1322	0.0895	0.0971	0.2547	0.0998
B_{12}	0.1843	0.1151	0.1214	0.1315	0.1618	0.1679	0.1752	0.195	0.0633	0.2205
B_{13}	0.139	0.0947	0.0918	0.086	0.1108	0.0924	0.131	0.1236	0.0429	0.1495
B_{22}	0.1561	0.1321	0.1267	0.1367	0.1574	0.1342	0.1225	0.1234	0.163	0.1497
B_{35}	0.0456	0.1029	0.0745	0.0889	0.0771	0.0653	0.0612	0.0345	0.0267	0.0508
B_{36}	0.1113	0.128	0.1362	0.1267	0.1031	0.0919	0.1028	0.1153	0.1512	0.0852
B_{32}	0.1103	0.1359	0.1294	0.142	0.0132	0.0991	0.0785	0.0987	0.1126	0.1072
b_{12}	0.0126	0.0152	0.0159	0.0175	0.0206	0.0187	0.0209	0.0204	0.0207	0.0216
b_{22}	0.01	0.0118	0.0153	0.0191	0.0215	0.0208	0.0225	0.0119	0.0128	0.0075
b_{13}	0.0102	0.0113	0.0135	0.0175	0.021	0.0207	0.0263	0.0691	0.0042	0.0104
b_{11}	0.0211	0.0195	0.0178	0.0178	0.0186	0.0146	0.0136	0.0133	0.028	0.0054
b_{17}	0.04	0.0492	0.0388	0.0624	0.0777	0.0774	0.0832	0.0181	0.0159	0.009
b_{25}	0.1000	1.000	1.000	1.000	1.000	1.000	1.000	1.000	1.000	0.1000
b_{27}	0.1000	1.000	1.000	1.000	1.000	1.000	1.000	1.000	1.000	0.1000
b_{16}	0.1000	1.000	1.000	1.000	1.000	1.000	1.000	1.000	1.000	0.1000

表 6 - 12　昆山市农业各产业的模糊灰色关联评价结果

Table 6 - 12　Fuzzy grey correlation evaluation results of county agricultural

农业产业名称	水稻	小麦	玉米	大豆	棉花	蔬菜	水产养殖	水果	畜禽养殖业	农产品加工
综合评价系数	0.6887	0.2875	0.1911	0.2762	0.3834	0.5866	0.6257	0.5676	0.5444	0.4679
综合测度	2.6579	0.8017	0.5893	0.7928	0.9623	2.094	2.473	1.9014	1.7573	1.4194
模糊灰类结果	1#	3#	3#	3#	3#	1#	1#	1#	2#	2#
评价结果	1	8	10	9	7	3	2	4	5	6

6.3 昆山市农业主导产业结构发展生态适宜性分析

本部分以第五章的县域农业主导产业结构发展生态适宜性研究方法为基础，对昆山市的农业主导产业结构发展生态适宜性进行分析。

6.3.1 生态适宜性指标体系及基准确定

根据第五章的 5.3.1 生态适宜性指标体系及 5.3.2 指标适宜性程度判别基准确定农业主导产业结构发展生态适宜性，其指标体系及生态适宜性指标适宜性程度基准值如表 5－1 所示。

6.3.2 昆山市农业主导产业单因子生态距离

根据 6.2 中的分析，得到昆山市农业主导产业为水稻、水产养殖、蔬菜、水果，以表 5－2 数据为基准值分别计算水稻、水产养殖、蔬菜及水果四类农业主导产业的单因子生态距离，计算结果如表 6－13、6－14、6－15、6－16 所示。

表 6－13 　　　　　2005～2010 年昆山市水稻各指标的单因子生态距离

Table 6－13 　　The Single factor of ecological distance of indexes on ripe of Kunshan during 2005－2010

指标	2005	2006	2007	2008	2009	2010
D_1	0.0975	0.706	0.4984	0.3517	0.602	0.4314
D_2	0.2785	0.0318	0.9597	0.8308	0.263	0.9106
D_3	0.5469	0.2769	0.3404	0.5853	0.6541	0.1818
D_4	0.9575	0.0462	0.5853	0.5497	0.6892	0.2638
D_5	0.9649	0.0971	0.2238	0.9172	0.7482	0.1455
D_6	0.1576	0.8235	0.7513	0.2858	0.4505	0.1361
D_7	0.9706	0.6948	0.2551	0.7572	0.0838	0.8693
D_8	0.9572	0.3171	0.506	0.7537	0.229	0.5797
D_9	0.4854	0.9502	0.6991	0.3804	0.9133	0.5499
D_{10}	0.8003	0.0344	0.8909	0.5678	0.1524	0.145
D_{11}	0.1419	0.4387	0.9593	0.0759	0.8258	0.853

续表

指标	2005	2006	2007	2008	2009	2010
D_{12}	0.4218	0.3816	0.5472	0.054	0.5383	0.6221
D_{13}	0.9157	0.7655	0.1386	0.5308	0.9961	0.351
D_{14}	0.7922	0.7952	0.1493	0.7792	0.0782	0.5132
D_{15}	0.9595	0.1869	0.2575	0.934	0.4427	0.4018
D_{16}	0.6557	0.4898	0.8407	0.1299	0.1067	0.076
D_{17}	0.0357	0.4456	0.2543	0.5688	0.9619	0.2399
D_{18}	0.8491	0.6463	0.8143	0.4694	0.0046	0.1233
D_{19}	0.934	0.7094	0.2435	0.0119	0.7749	0.1839
D_{20}	0.6787	0.7547	0.9293	0.3371	0.8173	0.24
D_{21}	0.7577	0.276	0.35	0.1622	0.8687	0.4173
D_{22}	0.7431	0.6797	0.1966	0.7943	0.0844	0.0497
D_{23}	0.3922	0.6551	0.2511	0.3112	0.3998	0.9027
D_{24}	0.6555	0.1626	0.616	0.5285	0.2599	0.9448
D_{25}	0.1712	0.119	0.4733	0.1656	0.8001	0.4909

表 6 - 14　　2005~2010 年昆山市水产养殖各指标的单因子生态距离

Table 6 - 14　　**The Single factor of ecological distance of indexes on aquatic products of Kunshan during** 2005 – 2010

指标	2005	2006	2007	2008	2009	2010
D_1	0.4893	0.547	0.939	0.5949	0.6241	0.0305
D_2	0.3377	0.2963	0.8759	0.2622	0.6791	0.7441
D_3	0.9001	0.7447	0.5502	0.6028	0.3955	0.5000
D_4	0.3692	0.189	0.6225	0.7112	0.3674	0.4799
D_5	0.1112	0.6868	0.587	0.2217	0.988	0.9047
D_6	0.7803	0.1835	0.2077	0.1174	0.0377	0.6099
D_7	0.9706	0.6948	0.2551	0.7572	0.0838	0.8693
D_8	0.9572	0.3171	0.506	0.7537	0.229	0.5797
D_9	0.4854	0.9502	0.6991	0.3804	0.9133	0.5499
D_{10}	0.8003	0.0344	0.8909	0.5678	0.1524	0.1450
D_{11}	0.1320	0.9294	0.1948	0.0855	0.2619	0.1829

指标	2005	2006	2007	2008	2009	2010
D_{12}	0.9421	0.7757	0.2259	0.2625	0.3354	0.2399
D_{13}	0.9561	0.4868	0.1707	0.8010	0.6797	0.8865
D_{14}	0.5752	0.4359	0.2277	0.0292	0.1366	0.0287
D_{15}	0.0598	0.4468	0.4357	0.9289	0.7212	0.4899
D_{16}	0.6557	0.4898	0.8407	0.1299	0.1067	0.0760
D_{17}	0.0357	0.4456	0.2543	0.5688	0.9619	0.2399
D_{18}	0.8212	0.5108	0.4302	0.5785	0.4942	0.7127
D_{19}	0.934	0.7094	0.2435	0.0119	0.7749	0.1839
D_{20}	0.6787	0.7547	0.9293	0.3371	0.8173	0.24
D_{21}	0.1690	0.6443	0.9797	0.9631	0.9037	0.0596
D_{22}	0.7431	0.6797	0.1966	0.7943	0.0844	0.0497
D_{23}	0.3922	0.6551	0.2511	0.3112	0.3998	0.9027
D_{24}	0.6555	0.1626	0.616	0.5285	0.2599	0.9448
D_{25}	0.1712	0.1190	0.4733	0.1656	0.8001	0.4909

表 6 – 15　　　　2005～2010 年昆山市蔬菜各指标的单因子生态距离

Table 6 – 15　　**The Single factor of ecological distance of indexes on vegetables ofKunshan during** 2005 – 2010

指标	2005	2006	2007	2008	2009	2010
D_1	0.0967	0.292	0.6665	0.2518	0.6999	0.5181
D_2	0.8181	0.4317	0.1781	0.2904	0.6385	0.9436
D_3	0.8175	0.0155	0.128	0.6171	0.0336	0.6377
D_4	0.7224	0.9841	0.9991	0.2653	0.0688	0.9577
D_5	0.1499	0.1672	0.1711	0.8244	0.3196	0.2407
D_6	0.6596	0.1062	0.0326	0.9827	0.5309	0.6761
D_7	0.9706	0.6948	0.2551	0.7572	0.0838	0.8693
D_8	0.9572	0.3171	0.506	0.7537	0.229	0.5797
D_9	0.4854	0.9502	0.6991	0.3804	0.9133	0.5499
D_{10}	0.8003	0.0344	0.8909	0.5678	0.1524	0.145
D_{11}	0.4538	0.9516	0.3689	0.9063	0.9686	0.2548

指标	2005	2006	2007	2008	2009	2010
D_{12}	0.4324	0.9203	0.4607	0.8797	0.5313	0.224
D_{13}	0.8253	0.0527	0.9816	0.8178	0.3251	0.6678
D_{14}	0.0835	0.7379	0.1564	0.2607	0.1056	0.8444
D_{15}	0.1332	0.2691	0.8555	0.5944	0.611	0.3445
D_{16}	0.6557	0.4898	0.8407	0.1299	0.1067	0.0760
D_{17}	0.0357	0.4456	0.2543	0.5688	0.9619	0.2399
D_{18}	0.8212	0.5108	0.4302	0.5785	0.4942	0.7127
D_{19}	0.8034	0.4177	0.4283	0.1615	0.2665	0.6022
D_{20}	0.0605	0.9831	0.482	0.1788	0.1537	0.3868
D_{21}	0.3993	0.3015	0.1206	0.4229	0.281	0.9160
D_{22}	0.7431	0.6797	0.1966	0.7943	0.0844	0.0497
D_{23}	0.3922	0.6551	0.2511	0.3112	0.3998	0.9027
D_{24}	0.6555	0.1626	0.616	0.5285	0.2599	0.9448
D_{25}	0.1712	0.119	0.4733	0.1656	0.8001	0.4909

表 6 – 16　　　2005 ~ 2010 年昆山市水果各指标的单因子生态距离

Table 6 – 16　**The Single factor of ecological distance of indexes on fruits of Kunshan during** 2005 – 2010

指标	2005	2006	2007	2008	2009	2010
D_1	0.7702	0.6476	0.1192	0.6963	0.0196	0.5144
D_2	0.3225	0.679	0.9398	0.0938	0.3309	0.8843
D_3	0.7847	0.6358	0.6456	0.5254	0.4243	0.588
D_4	0.4714	0.9452	0.4795	0.5303	0.2703	0.1548
D_5	0.0358	0.2089	0.6393	0.8611	0.1971	0.1999
D_6	0.1759	0.7093	0.5447	0.4849	0.8217	0.407
D_7	0.9706	0.6948	0.2551	0.7572	0.0838	0.8693
D_8	0.9572	0.3171	0.506	0.7537	0.229	0.5797
D_9	0.4854	0.9502	0.6991	0.3804	0.9133	0.5499
D_{10}	0.8003	0.0344	0.8909	0.5678	0.1524	0.145
D_{11}	0.6074	0.4587	0.9937	0.3477	0.3968	0.5341

指标	2005	2006	2007	2008	2009	2010
D_{12}	0.1917	0.6619	0.2187	0.15	0.8085	0.0900
D_{13}	0.7384	0.7703	0.1058	0.5861	0.7551	0.1117
D_{14}	0.2428	0.3502	0.1097	0.2621	0.3774	0.1363
D_{15}	0.9174	0.662	0.0636	0.0445	0.216	0.6787
D_{16}	0.6557	0.4898	0.8407	0.1299	0.1067	0.076
D_{17}	0.0357	0.4456	0.2543	0.5688	0.9619	0.2399
D_{18}	0.1887	0.8329	0.3658	0.4424	0.3276	0.495
D_{19}	0.8034	0.4177	0.4283	0.1615	0.2665	0.6022
D_{20}	0.0605	0.9831	0.482	0.1788	0.1537	0.3868
D_{21}	0.5762	0.5822	0.772	0.7363	0.8335	0.8507
D_{22}	0.7431	0.6797	0.1966	0.7943	0.0844	0.0497
D_{23}	0.3922	0.6551	0.2511	0.3112	0.3998	0.9027
D_{24}	0.6555	0.1626	0.6160	0.5285	0.2599	0.9448
D_{25}	0.1712	0.1190	0.4733	0.1656	0.8001	0.4909

6.3.3 昆山市农业主导产业 B 层生态适宜性分析

根据生态适宜性动态赋权方法，计算指标分层（B 层）的生态适宜性指标值，计算结果如图 6-3、6-4、6-5、6-6 所示。由图可知，四种县域农业主导产业在生态环境资源利用效率上都呈现出了上升趋势，但是随着时间的变化，四种产业上升的程度都发生了变化，如蔬菜在 2008 年前生态环境资源利用效率上升的程度明显高于 2008 年之后，然而对于水稻生态环境资源利用效率上升的程度在 2008 年之前明显低于 2008 年之后。同样的情况也出现在了水果以及水产养殖中；在县域生态资源支撑与消耗上水稻、水产养殖、蔬菜三种农业主导产业也呈现了上升趋势，但是在增长速度上也出现了明显的"先快后慢"或是"先慢后快"的现象；水果的县域生态资源支撑与消耗在 2008 出现了下降，之后略有上升。在县域剩余生态系统支撑能力上，四种农业主导产业都呈现了下降趋势。在上述三个指标中，其中生态环境资源利用率随着时间的变化与生态适宜性的综合指数相互耦合的程度最高，其中水稻在 0.50 ~ 0.75 之间、水产养殖在 0.50 ~ 0.8 之间、蔬菜在 0.45 ~ 0.7 之间、水果在

水稻生态适宜性分目标层综合指数变化动态

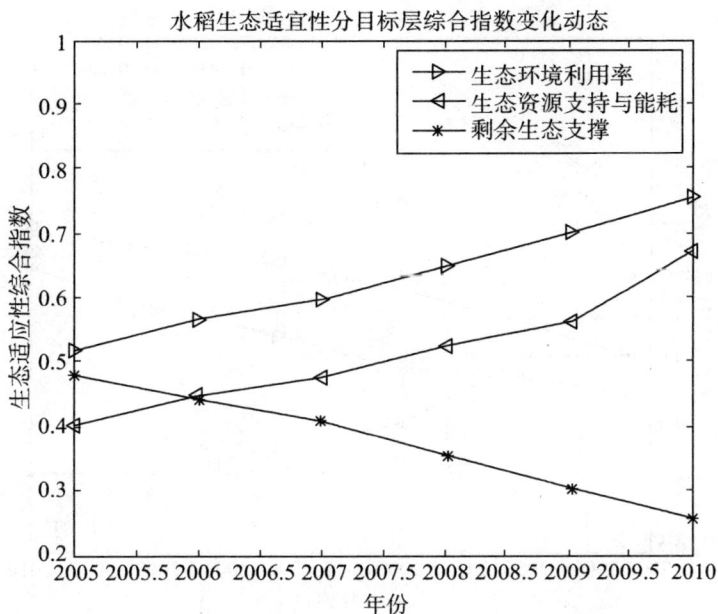

图 6 - 3　水稻生态适宜性分目标层综合指数变化动态
Figure 6 - 3　The ecological suitability for ripe

水产养殖生态适宜性分目标层综合指数变化动态

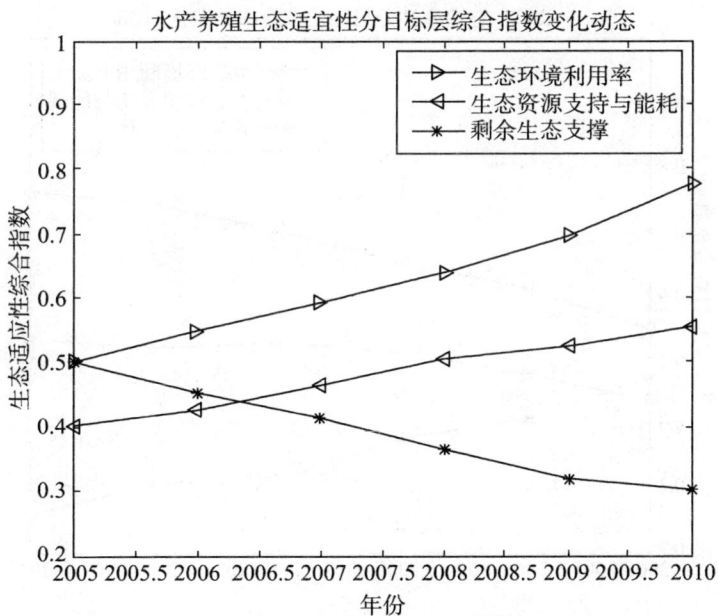

图 6 - 4　水产养殖生态适宜性分目标层综合指数变化动态
Figure 6 - 4　The ecological suitability for aquatic products

蔬菜生态适宜性分目标层综合指数变化动态

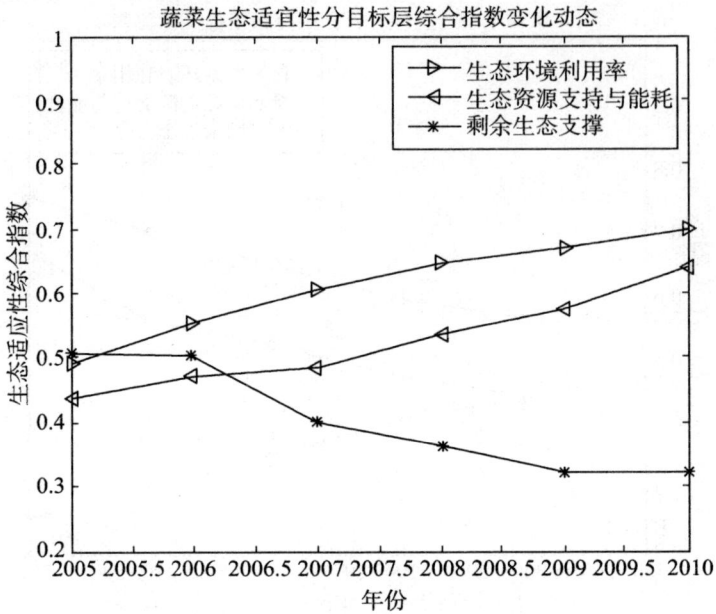

图6-5 蔬菜生态适宜性分目标层综合指数变化动态
Figure 6-5 The ecological suitability for vegetables

水果生态适宜性分目标层综合指数变化动态

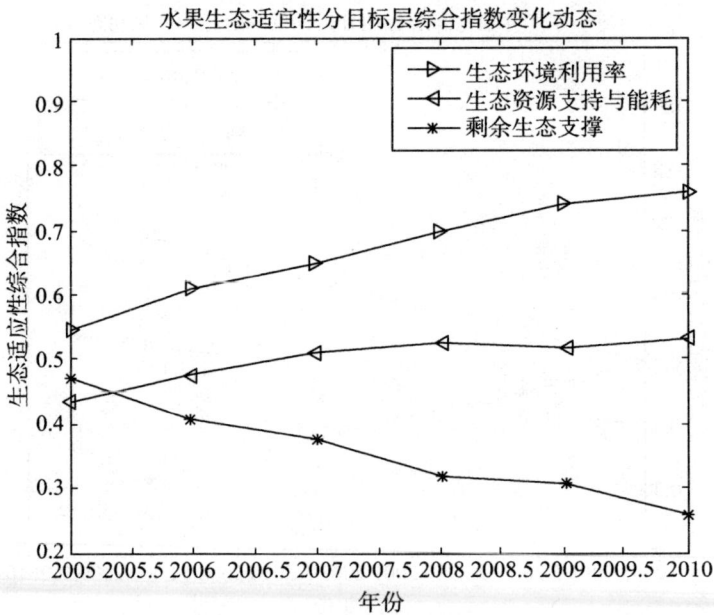

图6-6 水果生态适宜性分目标层综合指数变化动态
Figure 6-6 The ecological suitability for fruits

0.55～0.75 之间。县域剩余生态系统支撑能力随着时间的变化与生态适宜性的综合指数相互耦合的程度降低，其中水稻、水产养殖及水果在 0.5～0.25 之间，蔬菜在 0.5～0.3 之间。

6.3.4 生态适宜性综合指数分析

在上述计算及分析的基础上，以分目标层稀缺性指数为基础进行综合分析，结果如图 6-7 所示。

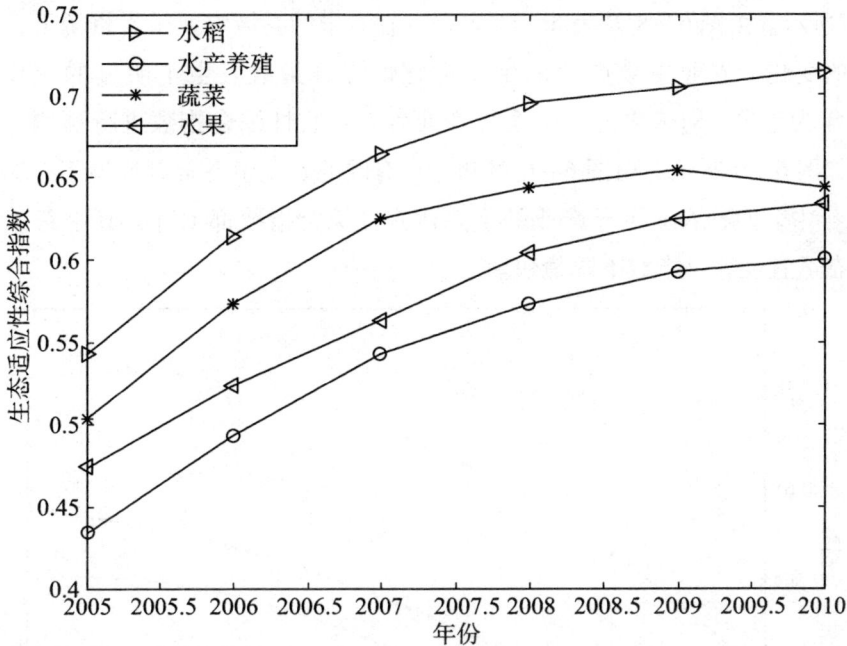

图 6-7 昆山市农业主导产业生态适宜性综合指数变化动态
Figure 6-7 The dynamics of composite value of ecological suitability for county agricultura leading industrys of Kunshan

由图 6-7 可知，昆山市水稻、水产养殖、蔬菜及水果四种农业主导产业结构发展生态适宜性指数随着时间的变化发生了改变。水稻的生态适宜性指数随着时间虽然呈现上升趋势，但是在上升速度上明显出现了"先快后慢"的现象；水产养殖的生态适宜性指数在 2009 年之间随着时间而增加，但是在 2009 年之后其出现下降的趋势；蔬菜及水果的生态适宜性指数随着时间的变化呈现上升的趋势，但是从增加的程度来分析，出现了明显的下降。上述现象的出现说明了在有限的农业生态资源环境下，四种农业主导产业生态适宜性综合指数是一个动态变化的过程，因此在对农业主导产业结构进行调整需要考虑各个主导产业的生态适宜性，以便实现农业资源优化配置及农业主导产业与生态适宜性和谐发展。

6.3.5 农业主导产业生态适宜性预测

本书根据 5.3.5 的说明，采用一元二次方程对各个产业的生态适宜性综合指数进行拟合，得到拟合结果如图 6－8 所示。一元二次方程三个参数如表 6－17 所示。由图 6－8 及表 6－17 可得，在有限的县域农业生态资源下，随着时间的变化，农业主导产业的生态适宜性综合指数发生了明显的变化，以 2010 年为基准，对未来五年的主导产业生态适宜性综合指数进行预测，预测结果如图 6－9 所示。由图 6－6 可知，在有限的农业生态资源环境下，2011～2015 年中，四种农业主导产业的生态适宜性综合指数都下降，其中蔬菜产业的生态适宜性综合指数下降最快。

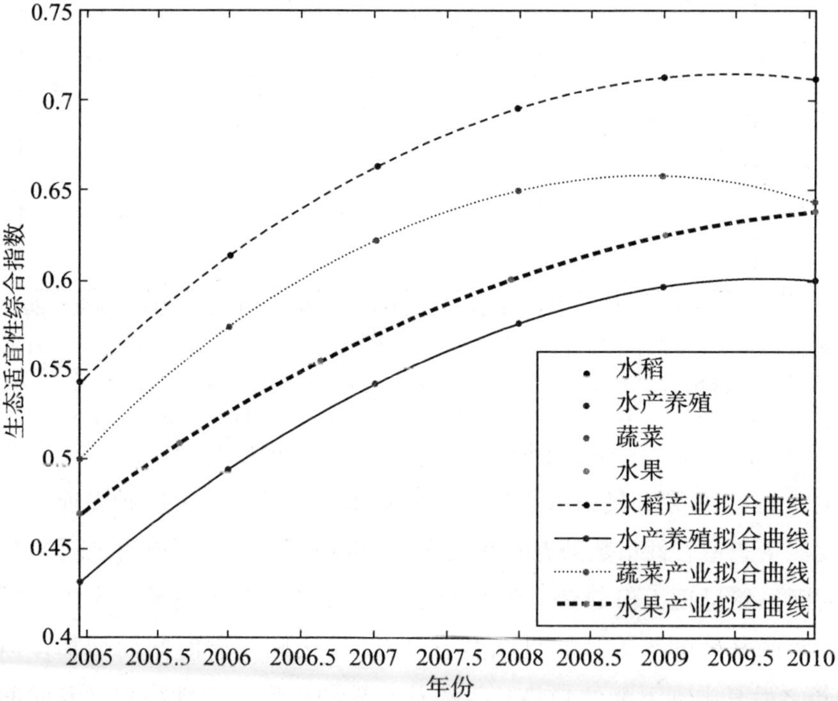

图 6－8　各个农业主导产业拟合结果

Figure 6－8　The fitting results

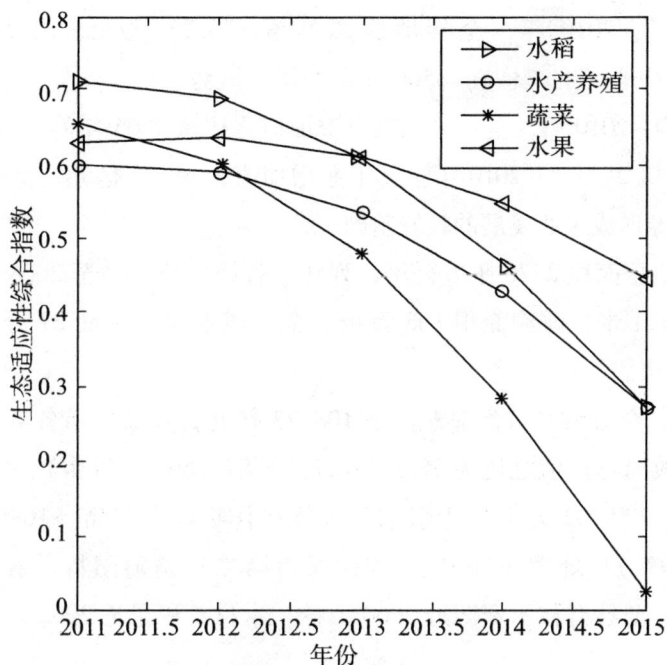

图 6 - 9 农业主导产业生态适宜性预测

Figure 6 - 9 The ecological suitability forecast

表 6 - 17   拟合参数结果

Table 6 - 17   **The fitting parameters results**

参数	P1	P2	P3
水稻	− 0. 029	0. 062	0. 681
水产养殖	− 0. 024	0. 063	0. 560
蔬菜	− 0. 035	0. 052	0. 638
水果	− 0. 018	0. 062	0. 586

6. 4 射阳县农业产业发展现状

射阳县地处苏北沿海地区，属盐城市所辖，位于北纬 33°24′～34°07′、东经 119°59′～120°33′之间，东临黄海，北邻滨海县，南接大丰市，西与阜宁县、建湖县、盐城市区亭湖区分别相连。

人口状况：2010 年，全县总人口 96. 64 万，其中农业人口 53. 02 万，占 54. 86%。

经济总量：2010 年，全县地区总产值 173.23 亿元，比 2005 年增长 42.34%，人均地区生产总值 18560 元，经济发展势头好。

产业结构：2010 年，全县一二三产增加值之比从 2005 年的 30.0:40.0:30.0 调整为 24.3:42.2:33.5。2010 年全县工业增加值为 68.42 亿元，比 2005 年增长 57.65%，已经形成工业发展的较好基础。

全县土地总面积 2776 平方公里，列江苏省第二位。截至 2008 年底，全县有海岸线 103 千米、滩涂面积 108 万亩。全县淡水养殖水面 27 万亩、海水养殖水面 13 万亩。

2010 年，全县农林牧渔业总产值 108.73 亿元，在盐城市各县（市）区列第二。农林牧渔总产值之比为 45:3:25:27。水稻（66.20 万亩）、棉花（68.10 万亩）、小麦（55.02 万亩）为射阳 3 大优势作物。水产品（16.64 万吨，占盐城市 17.69%）、蜂蜜（210 吨，列盐城市第二）是射阳特色农产品，在全国享有盛誉。全县有林木资源近 2000 万株，木材蓄积量近 200 万立方米。

6.5　射阳县农业主导产业选择

根据上述数据统计分析，射阳县的农业产业主要分为水稻、小麦、玉米、大豆、棉花、蔬菜、水产养殖、水果、畜禽养殖业、农产品加工 10 个农业产业，因此本书主要选择上述 10 个农业产业进行分析，从上述 10 个农业产业来选择射阳县农业主导产业。

6.5.1　射阳县农业主导产业选择指标体系建立

结合前文第三章县域农业主导产业结构评价指标体系的研究内容，基于第四章 4.2.3 中的两个基本假设，本书分别从经济子系统与社会子系统评价指标两个方面来建立射阳县农业主导产业选择指标体系。

6.5.1.1　射阳县农业主导产业选择经济子系统指标

以第四章中 4.2.1 经济子系统评价指标分析方法对于射阳县农业主导产业选择的经济子系统指标分析，具体分析步骤如下：

（1）根据《射阳县农业统计年鉴》，结合第三章中的 3.3.1 中有关经济子系统指标定量计算方法，计算得到射阳县各个农业产业的指标值。如表 6 – 18

所示，为射阳县各个农业产业指标定量计算值，表中数据都为无量纲数值。表中均值及方差分别表示各个指标数值的均值和方差。

（2）根据式（4-13），将各个子指标数据进行标准化处理，得到数据如表6-19所示。

（3）计算标准化数据的协方差矩阵，如表6-20所示。

（4）求相关矩阵的特征指和特征值贡献率，具体见表6-21和图6-10所示。

根据经济子系统指标特征值的贡献率，选择贡献率值超过了平均指标贡献率（7%）作为经济子系统的评价指标，即：需求弹性系数指标 B_{21}、综合比较优势指标 B_{12}、产业关联度指标 B_{13}、专门化系数 B_{15}、平均增长率 B_{22}、技术进步指标 B_{35}、农业产业经济带动力 B_{36}。同样，上述七个指标分别从三个方面对射阳县的农业主导产业选择给出了子指标，即：县域农业产业比较优势指标、增长潜力以及农业产业综合效益。因此，从经济子系统上考虑射阳县农业主导产业选择时，我们只需从上述七个指标来进行定量分析。

6.5.1.2 射阳县农业主导产业选择社会子系统指标

以第四章中4.2.2社会子系统评价指标分析方法对于射阳县农业主导产业选择的社会子系统指标分析，具体分析步骤如下：

（1）根据《射阳县农业统计年鉴》，计算得到射阳县农业产业结构系统的结构指标和功能指标数据。如表6-22所示。

（2）根据式（4-18）、（4-19）计算各个指标的线性生成算子，如表6-23所示，为指标的数据的线性生成算子。

（3）同样，以2004年为第一时点，在权值上取值同6.2.1.2中：$\omega(1) = 0.0342$、$\omega(2) = 0.0502$、$\omega(3) = 0.0737$，$\omega(4) = 0.1082$、$\omega(5) = 0.1587$、$\omega(6) = 0.2330$、$\omega(7) = 0.3420$，则按照变权关联方法计算表6-23中的数据得到的关联矩阵见表6-24所示。由表6-24可知，从社会子系统方法对射阳县农业主导产业选择评价时，指标重要性程度排序为：森林覆盖率 b_{24} > 有效灌溉率 b_{15} > 人均农业贷款 b_{25} > 城镇化水平 b_{28} > 县域特殊用途用地 b_{18} > 社会劳动力供给指标 b_{11} > 单位面积农业机械总动力 b_{22} > 农业劳动生产率 b_{13} > 单位面积农业播种从业人数 b_{21} > 人口自然增长率 b_{26} > 单位播种面积总产值 b_{12} > 居民人均可支配率 b_{16} > 农村人均住房面积 b_{27} > 农业综合就业系数 b_{17} > 家庭投入的固定资产原值 b_{23} > 系统抗灾能力 b_{14}。

表6-18
Table 6-18

射阳县各个农业产业指标定量计算值

The county agricultural industry index quantitative value of Sheyang

指标\产业	水稻	小麦	玉米	大豆	棉花	蔬菜	水产养殖	水果	畜禽养殖业	农产品加工
B_{11}	2.8785	0.4728	0.9118	0.8715	2.4561	1.4008	2.0257	1.1653	1.0472	2.3766
B_{12}	1.9672	0.1071	0.5136	0.8020	2.0362	1.2732	2.2294	1.1767	1.0664	2.5474
B_{13}	2.1181	0.0955	0.8308	0.7385	2.2914	1.4704	2.0845	0.9513	1.2507	2.1033
B_{14}	0.7655	0.3816	0.4387	0.1869	0.7094	0.4898	0.6463	0.5547	0.4456	0.7952
B_{15}	1.5025	0.5102	0.5150	0.2772	1.7818	1.9186	1.3982	1.0944	0.2986	1.4119
B_{21}	1.6814	0.5086	0.3932	0.4870	1.8585	0.7000	1.6286	0.5022	0.9466	1.2321
B_{22}	0.1758	0.0154	0.0726	0.0749	0.2186	0.1029	0.2786	0.1069	0.1002	0.2839
B_{23}	0.1686	0.0379	0.0570	0.0654	0.3896	0.1170	0.2650	0.1244	0.1247	0.4060
B_{24}	1.8267	0.1676	0.4580	0.3048	1.6516	0.6011	1.0767	0.8854	0.7564	1.9923
B_{31}	1.5498	0.1689	0.0093	0.2133	1.6346	0.6001	1.7374	0.7996	0.5197	1.9238
B_{32}	0.1314	0.0206	0.0818	0.0638	0.2455	0.1061	0.1693	0.1197	0.1299	0.2450
B_{33}	0.3530	0.0221	0.0510	0.0132	0.4018	0.1760	0.3399	0.1233	0.1839	0.2400
B_{34}	0.4173	0.0497	0.0927	0.0448	0.4909	0.1893	0.3377	0.1001	0.1692	0.4112
B_{35}	0.7803	0.1097	0.1417	0.1039	0.7965	0.5320	0.8421	0.5561	0.5752	0.7598
B_{36}	0.2348	0.0532	0.0212	0.0154	0.2430	0.1690	0.2491	0.1317	0.1477	0.4509
均值	1.1034	0.1814	0.3059	0.2842	1.1470	0.6564	1.0206	0.5595	0.5175	1.1453
标准差	0.8795	0.1874	0.2989	0.2990	0.8273	0.5873	0.7642	0.4248	0.4022	0.8457

表6-19

Table 6-19

经济子系统指标标准化

Standardized data of choice index

指标＼产业	水稻	小麦	玉米	大豆	棉花	蔬菜	水产养殖	水果	畜禽养殖业	农产品加工
B_{11}	2.0184	1.5549	2.027	1.9646	1.5824	1.2675	1.3153	1.4261	1.317	1.456
B_{12}	0.9822	-0.3964	0.6949	1.7321	1.0748	1.0503	1.5819	1.4529	1.3647	1.6579
B_{13}	1.1538	-0.4583	1.756	1.5197	1.3833	1.386	1.3923	0.9224	1.8229	1.1328
B_{14}	-0.3842	1.0683	0.4443	-0.3254	-0.529	-0.2837	-0.4898	-0.0112	-0.1787	-0.414
B_{15}	0.4538	1.7545	0.6996	-0.0233	0.7673	2.1492	0.4942	1.2592	-0.5441	0.3153
B_{21}	0.6572	1.7459	0.2921	0.6784	0.86	0.0742	0.7957	-0.1348	0.1069	0.1026
B_{22}	-1.0547	-0.8857	-0.7805	-0.7	-1.1223	-0.9425	-0.9709	-1.0653	-1.0374	-1.0186
B_{23}	-1.0629	-0.7657	-0.8327	-0.7318	-0.9156	-0.9185	-0.9887	-1.0241	-0.9765	-0.8742
B_{24}	0.8224	-0.0736	0.5089	0.069	0.6099	-0.0942	0.0735	0.7673	0.594	1.0016
B_{31}	0.5076	-0.0667	-0.9922	-0.2371	0.5894	-0.0959	0.938	0.5653	0.0056	0.9206
B_{32}	-1.1052	-0.858	-0.7497	-0.7371	-1.0898	-0.9371	-1.114	-1.0351	-0.9635	-1.0646
B_{33}	-0.8532	-0.85	-0.8527	-0.9064	-0.9008	-0.8181	-0.8907	-1.0267	-0.8293	-1.0705
B_{34}	-0.7801	-0.7027	-0.7132	-0.8007	-0.7931	-0.7954	-0.8936	-1.0813	-0.8658	-0.868
B_{35}	-0.3674	-0.3825	-0.5493	-0.603	-0.4237	-0.2119	-0.2335	-0.0079	0.1435	-0.4558
B_{36}	-0.9876	-0.684	-0.9524	-0.899	-1.0928	-0.83	-1.0095	-1.0069	-0.9193	-0.8211

表6-20
Table 6-20

标准化数据相关系数数据

The index sign related coefficient data

	B_{11}	B_{12}	B_{13}	B_{14}	B_{15}	B_{21}	B_{22}	B_{23}	B_{24}	B_{31}	B_{32}	B_{33}	B_{34}	B_{35}	B_{36}
B_{11}	1	-0.1527	0.0982	0.154	-0.2412	0.0345	0.4891	0.2927	0.1604	-0.4655	0.4482	0.1397	0.4805	-0.6936	-0.1437
B_{12}	-0.1527	1	0.7055	-0.8471	-0.5557	-0.5859	-0.1335	-0.3115	0.3435	0.4139	-0.2937	-0.4707	-0.6167	0.1556	-0.5059
B_{13}	0.0982	0.7055	1	-0.6633	-0.5631	-0.4738	0.0264	-0.2565	0.2506	-0.1399	0.0028	0.0955	-0.1402	0.0856	-0.6051
B_{14}	0.154	-0.8471	-0.6633	1	0.4175	0.4363	0.3941	0.4716	-0.32	-0.5616	0.5616	0.2381	0.3807	-0.0889	0.6116
B_{15}	-0.2412	-0.5557	-0.5631	0.4175	1	-0.1117	-0.011	0.0875	-0.4389	-0.0987	0.0412	0.1135	0.1081	-0.0416	0.3512
B_{21}	0.0345	-0.5859	-0.4738	0.4363	-0.1117	1	0.0912	0.3092	-0.4023	-0.0905	0.1282	0.5065	0.5159	-0.0336	0.3098
B_{22}	0.4891	-0.1335	0.0264	0.3941	-0.011	0.0912	1	0.7766	-0.5595	-0.7162	0.8998	0.2503	0.4598	-0.5574	0.4043
B_{23}	0.2927	-0.3115	-0.2565	0.4716	0.0875	0.3092	0.7766	1	-0.4788	-0.5367	0.7916	0.0582	0.5568	-0.6432	0.5731
B_{24}	0.1604	0.3435	0.2506	-0.32	-0.4389	-0.4023	-0.5595	-0.4788	1	0.3617	-0.464	-0.5784	-0.3763	0.1116	-0.4104
B_{31}	-0.4655	0.4139	-0.1399	-0.5616	-0.0987	-0.0905	-0.7162	-0.5367	0.3617	1	-0.8982	-0.5555	-0.5559	0.2476	-0.2742
B_{32}	0.4482	-0.2937	0.0028	0.5616	0.0412	0.1282	0.8998	0.7916	-0.464	-0.8982	1	0.3192	0.4725	-0.3926	0.4378
B_{33}	0.1397	-0.4707	0.0955	0.2381	0.1135	0.5065	0.2503	0.0582	-0.5784	-0.5555	0.3192	1	0.6333	0.0659	0.088
B_{34}	0.4805	-0.6167	-0.1402	0.3807	0.1081	0.5159	0.4598	0.5568	-0.3763	-0.5559	0.4725	0.6333	1	-0.6141	0.3826
B_{35}	-0.6936	0.1556	0.0856	-0.0889	-0.0416	-0.0336	-0.5574	-0.6432	0.1116	0.2476	-0.3926	0.0659	-0.6141	1	-0.1215
B_{36}	-0.1437	-0.5059	-0.6051	0.6116	0.3512	0.3098	0.4043	0.5731	-0.4104	-0.2742	0.4378	0.088	0.3826	-0.1215	1

表 6 - 21　　　　　　　　　**特征值、特征值贡献率一览表**

Table 6 - 21　　　Characteristic value, characteristic value contribute rate general chart

指标	特征值	特征值贡献率/%	指标	特征值	特征值贡献率/%
B_{11}	4.9537	8.2291	B_{24}	1.5089	1.3991
B_{12}	11.6602	10.8123	B_{31}	3.8236	3.5456
B_{13}	11.2271	10.4108	B_{32}	4.0488	3.7544
B_{14}	3.2522	3.0157	B_{33}	0.8931	0.8282
B_{15}	10.8664	10.0763	B_{34}	1.3297	1.233
B_{21}	12.1689	11.2841	B_{35}	9.6087	8.91
B_{22}	10.7512	9.9694	B_{36}	9.4652	8.777
B_{23}	4.4423	7.7548			

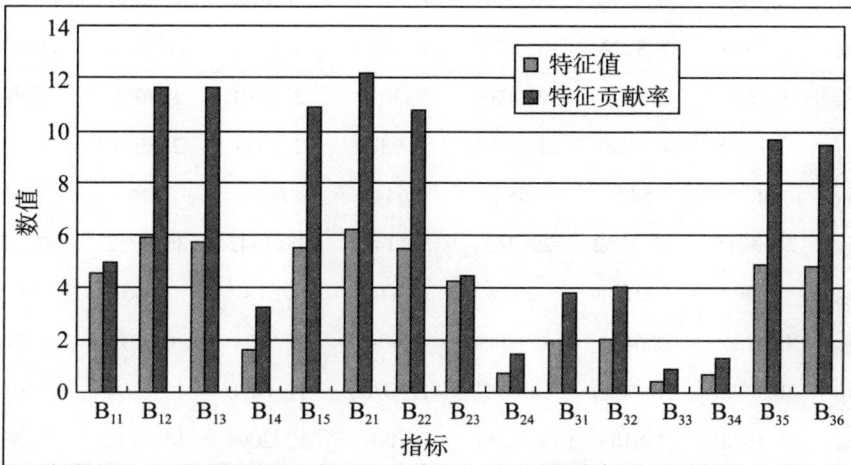

图 6 - 10　主成分特征值、特征值贡献率直方图

Figure 6 - 10　Characteristic value, charactcristic value contribute plain deal square diagram

结合上述分析可知，从经济子系统和社会子系统两个方面，建立射阳县农业主导产业定量评价指标体系，如图 6 – 11 所示。

表 6 – 22　　　2004 ~ 2010 年射阳县农业产业结构指标和功能指标数据

Table 6 – 22　　The structure and functional indicators data in agricultural of Sheyang from 2004 to 2010

		2004	2005	2006	2007	2008	2009	2010
功能指标	b_{11}	6.5410	6.3.586	5.9545	5.5861	5.6807	4.7427	4.5080
	b_{12}	280.5817	302.8875	426.2605	440.1251	649.2644	700.7542	751.2012
	b_{13}	1.6619	2.4100	3.7674	4.9798	5.6964	7.8439	9.7545
	b_{14}	1.9686	1.7555	1.5242	1.3660	1.6142	1.2666	1.5403
	b_{15}	13.0214	18.4844	20.4947	27.9774	33.8941	41.1141	45.8141
	b_{16}	3687	4448	5315	5554	5319	5962	6588
	b_{17}	11.7441	22.1741	26.2241	40.8741	59.1492	60.2811	71.1241
	b_{18}	3.7055	7.8224	8.3382	8.7489	9.9850	10.8662	15.4094
结构指标	b_{21}	3.1641	2.9395	2.9039	2.3019	2.0813	1.8063	1.3695
	b_{22}	0.7897	1.0950	1.6829	1.9378	2.2924	2.7698	3.3541
	b_{23}	487	544	587	644	691	746	791
	b_{24}	25.3741	27.1752	29.7451	33.1442	35.4542	36.1752	37.5242
	b_{25}	2036	2218	2377	2474	2518	2606	2815
	b_{26}	0.4755	0.6452	0.6245	0.6047	0.5724	05222	0.4910
	b_{27}	16.5063	16.0066	14.9798	12.0760	11.6478	10.6694	13.6634
	b_{28}	3.4678	7.8188	8.6276	10.0673	12.2094	14.9852	16.5375

表 6 – 23   指标数据的线性生成算子

Table 6 – 23   **The linear generating operator of indicator date**

		2004	2005	2006	2007	2008	2009	2010
功能指标	b_{11}	0.1689	0.1642	0.1537	– 0.1442	– 0.136	– 0.1181	– 0.1149
	b_{12}	– 0.079	– 0.0853	– 0.1200	– 0.1239	0.1828	0.1973	0.2115
	b_{13}	– 0.046	– 0.0667	– 0.1043	0.1379	0.1577	0.2172	0.2701
	b_{14}	0.1784	0.1591	– 0.1381	– 0.1238	0.1463	– 0.1148	0.1396
	b_{15}	– 0.0649	– 0.092	0 – .1021	0.1393	0.1688	0.2048	0.2282
	b_{16}	– 0.1121	– 0.1206	0.1441	0.1506	0.1443	0.1617	0.1787
	b_{17}	0.4092	0.3844	0.4245	– 0.1379	– 0.0481	0.6712	– 0.2482
	b_{18}	– 0.0571	– 0.1206	– 0.1285	0.1349	0.1539	0.1675	0.2375
结构指标	b_{21}	0.191	0.1774	0.1753	0.1389	– 0.1256	– 0.109	– 0.0827
	b_{22}	– 0.0567	– 0.0787	– 0.1209	0.1392	0.1647	0.199	0.2409
	b_{23}	0.1965	– 0.0556	– 0.0086	0.2093	0.1406	– 0.1350	0.2544
	b_{24}	– 0.1085	– 0.1212	– 0.1307	0.1434	0.1539	0.1661	0.1762
	b_{25}	– 0.1195	– 0.1301	– 0.1395	0.1452	0.1477	0.1529	0.1652
	b_{26}	0.4742	0.4897	0.567	0.4124	0.2062	0.2887	0.3969
	b_{27}	0.1728	0.1675	0.1568	0.1264	– 0.1219	– 0.1117	0.143
	b_{28}	– 0.047	– 0.1061	– 0.117	0.1366	0.1656	0.2033	0.2243

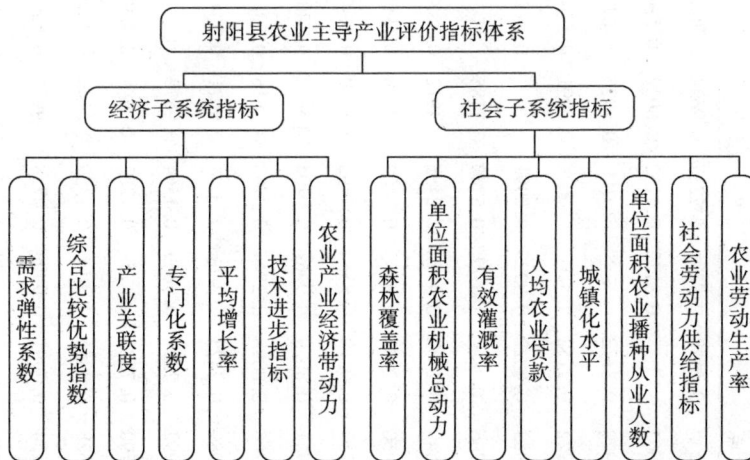

图 6 – 11 射阳县农业主导产业定量评价指标体系

Figure 6 – 11 The quantitative evaluation index system in county agriculture – led industrial of Sheyang

表 6 - 24　射阳县农业产业社会子系统评价指标变权关联矩阵

Table 6 - 24　The variable weights associated matrix of agricultural social subsystem evaluation indicator of Sheyang

	b_{11}	b_{12}	b_{13}	b_{14}	b_{15}	b_{16}	b_{17}	b_{18}	b_{21}	b_{22}	b_{23}	b_{24}	b_{25}	b_{26}	b_{27}	b_{28}
b_{11}	1	0.6628	0.9298	0.2227	0.9634	0.7663	0.5496	0.9501	0.7835	0.9512	0.2666	0.989	0.9926	0.7905	0.6284	0.9546
b_{12}	0.662	1	0.8172	0.2152	0.8022	0.504	0.1962	0.7799	0.9719	0.8029	0.0098	0.7423	0.7227	0.7889	0.7055	0.7991
b_{13}	0.929	0.8172	1	0.041	0.9925	0.672	0.4912	0.4905	0.8554	0.9967	0.2744	0.973	0.9669	0.75	0.551	0.9909
b_{14}	0.222	0.2152	0.041	1	0.0991	0.5749	0.2455	0.0402	0.0695	0.0404	0.3793	0.148	0.1564	0.1282	0.1359	0.0738
b_{15}	0.963	0.8022	0.9925	0.0991	1	0.7185	0.4912	0.4929	0.8659	0.997	0.2616	0.9921	0.9879	0.793	0.6146	0.9974
b_{16}	0.766	0.504	0.672	0.5749	0.7185	1	0.3887	0.6907	0.6342	0.6709	0.0985	0.7346	0.736	0.4299	0.4675	0.6899
b_{17}	0.549	0.1962	0.4912	0.2455	0.4912	0.3887	1	0.5578	0.254	0.5107	0.8224	0.5229	0.5377	0.2411	0.1124	0.4836
b_{18}	0.950	0.7799	0.9905	0.0402	0.9929	0.6907	0.5578	1	0.8332	0.9946	0.3696	0.9826	0.9792	0.7625	0.5456	0.9954
b_{21}	0.783	0.9719	0.8554	0.0695	0.8659	0.6342	0.254	0.8332	1	0.8549	0.0011	0.8321	0.8179	0.8693	0.8052	0.8567
b_{22}	0.951	0.8029	0.9967	0.0404	0.997	0.6709	0.5107	0.9946	0.8549	1	0.2887	0.9859	0.9815	0.7855	0.5819	0.9961
b_{23}	0.266	0.0098	0.2744	0.3793	0.2616	0.0985	0.8224	0.3696	0.0011	0.2887	1	0.2692	0.2807	0.0472	0.3185	0.2923
b_{24}	0.989	0.7423	0.973	0.148	0.9921	0.7346	0.5229	0.9826	0.8321	0.9859	0.2692	1	0.9995	0.8025	0.6254	0.9873
b_{25}	0.992	0.7227	0.9669	0.1564	0.9879	0.736	0.5377	0.4792	0.8179	0.9815	0.2807	0.9995	1	0.7976	0.6171	0.9828
b_{26}	0.790	0.7889	0.75	0.1282	0.793	0.4299	0.2411	0.7625	0.8693	0.7855	0.0472	0.8025	0.7976	1	0.901	0.7984
b_{27}	0.628	0.7055	0.551	0.1359	0.6146	0.4675	0.1124	0.5456	0.8052	0.5819	0.3185	0.6254	0.6171	0.901	1	0.6101
b_{28}	0.954	0.7991	0.9909	0.0738	0.9974	0.6899	0.4836	0.4954	0.8567	0.9961	0.2923	0.9873	0.9828	0.7984	0.6101	1
和	12.40	10.520	12.292	3.5698	12.569	9.7766	7.4051	10.464	11.304	12.438	4.9799	12.586	12.556	10.685	9.22	12.508
排序	5	10	7	16	2	12	14	11	8	6	15	1	3	9	13	4

表6-25　　　　　　　水平截距为0.6534的关联矩阵

Table 6-25　　　The Incidence matrix of level intercept 0.6534

	b_{11}	b_{12}	b_{13}	b_{14}	b_{15}	b_{16}	b_{17}	b_{18}	b_{21}	b_{22}	b_{23}	b_{24}	b_{25}	b_{26}	b_{27}	b_{28}
b_{11}	1	0.6628	0.9298	—	0.9634	0.7663	—	0.9501	0.7835	0.9512	—	0.989	0.9926	0.7905	—	0.9546
b_{12}	0.662	1	0.8172	—	0.8022	—	—	0.7799	0.9719	0.8029	—	0.7423	0.7227	0.7889	0.7055	0.7991
b_{13}	0.929	0.8172	1	-1	0.9925	0.672	—	0.9905	0.8554	0.9967	—	0.973	0.9669	0.75	—	0.9909
b_{14}	—	—	—	1	—	—	—	—	0.0695	—	—	—	—	—	—	—
b_{15}	0.963	0.8022	0.9925	—	1	0.7185	—	0.9929	0.8659	0.997	—	0.9921	0.9879	0.793	0	0.9974
b_{16}	0.766	—	0.672	—	0.7185	1	—	0.6907	—	0.6709	—	0.7346	0.736	—	—	0.6899
b_{17}	—	—	—	—	—	—	1	—	—	—	0.8224	—	—	—	—	—
b_{18}	0.950	0.7799	0.9905	—	0.9929	0.6907	—	1	0.8332	0.9946	—	0.9826	0.9792	0.7625	—	0.9954
b_{21}	0.783	0.9719	0.8554	—	0.8659	—	—	0.8332	1	0.8549	—	0.8321	0.8179	0.8693	0.8052	0.8567
b_{22}	0.951	0.8029	0.9967	—	0.997	0.6709	—	0.9946	0.8549	1	—	0.9859	0.9815	0.7855	—	0.9961
b_{23}	—	—	—	—	—	—	0.8224	—	—	—	1	—	—	—	—	—
b_{24}	0.989	0.7423	0.973	—	0.9921	0.7346	—	0.9826	0.8321	0.9859	—	1	0.9995	0.8025	0.6254	0.9873
b_{25}	0.992	0.7227	0.9669	—	0.9879	0.736	—	0.9792	0.8179	0.9815	—	0.9995	1	0.7976	—	0.9828
b_{26}	0.790	0.7889	0.750	0.1282	0.793	—	—	0.7625	0.8693	0.7855	—	0.8025	0.7976	1	0.901	0.7984
b_{27}	—	0.7055	—	—	0	—	—	—	0.8052	—	—	0.6254	—	0.901	1	—
b_{28}	0.954	0.7991	0.9909	—	0.9974	0.6899	—	0.9954	0.8567	0.9961	—	0.9873	0.9828	0.7984	—	1

6.5.2 射阳县农业主导产业定量评价

以第四章 4.2.3 模糊灰色关联农业主导产业定量评价模型为理论依据，对射阳县农业主导产业定量评价，确定射阳县的农业主导产业。

结合表 6 – 19 以及表 6 – 23 可得到射阳县农业的评价矩阵 R 如表 6 – 26 所示。为了方便分析，将评价矩阵进行归一化处理，如表 6 – 27 所示。

由表 6 – 27 可知，归一化矩阵中最大值 $d_3 = 0.2662$，最小值 $d_1 = 0.0011$，均值为 $d_2 = 0.0667$。从而根据 R、d_1，d_2，d_3 以及式（4 – 30）、（4 – 31）、（4 – 32）可以构造射阳县农业一般产业、优势产业及主导产业的隶属度函数（具体隶属度函数可以将上述数值带入相应的式中），结合式（4 – 33）计算可得到射阳县农业产业的各个指标的权值，如表 4 – 28 所示。由（4 – 34）、（4 – 35）分别计算各个产业的灰类评价系数、综合评价系数、综合测度及评价结果，计算射阳县的农业主导产业综合测度临界值分别为：1.8789、0.9148，各个数据具体如表 6 – 29 所示。

根据模糊灰色关联的县域农业主导产业定量评价模型分别对射阳县的农业产业进行了分析，从评价结果表 6 – 29 可知，射阳县农业主导产业为：农产品加工、棉花、水稻、水产养殖；优势产业为：畜禽养殖业、蔬菜、水果；一般产业为：小麦、玉米、大豆。

表 6 - 26　射阳县县域农业主导产业评价矩阵

Table 6 - 26　The evaluation matrix in county agriculture – led industrial of Sheyang

指标＼产业	水稻	小麦	玉米	大豆	棉花	蔬菜	水产养殖	水果	畜禽养殖业	农产品加工
B_{21}	0.6572	1.7459	0.2921	0.6784	0.86	0.0742	0.7957	-0.1348	1.0669	0.1026
B_{12}	0.9822	-0.3964	0.6949	1.7321	1.0748	1.0503	1.5819	1.4529	1.3647	1.6579
B_{13}	1.1538	-0.4583	1.756	1.5197	1.3833	1.386	1.3923	0.9224	1.8229	1.1328
B_{15}	0.4538	1.7545	0.6996	-0.0233	0.7673	2.1492	0.4942	1.2592	-0.5441	0.3153
B_{22}	-1.0547	-0.8857	-0.7805	-0.7	-1.1223	-0.9425	-0.9709	-1.0653	-1.0374	-1.0186
B_{35}	-0.3674	-0.3825	-0.5493	-0.603	-0.4237	-0.2119	-0.2335	-0.0079	0.1435	-0.4558
B_{36}	-0.9876	-0.684	-0.9524	-0.899	-1.0928	-0.83	-1.0095	-1.0069	-0.9193	-0.8211
b_{24}	0.1434	0.1434	0.1434	0.1434	0.1434	0.1434	0.1434	0.1434	0.1434	0.1434
b_{15}	-0.0649	-0.092	-0.1021	0.1393	0.1688	0.2048	0.2282	0.2663	0.2326	0.3564
b_{25}	0.1452	0.1452	0.1452	0.1452	0.1452	0.1452	0.1452	0.1452	0.1452	0.1452
b_{28}	0.1366	0.1366	0.1366	0.1366	0.1366	0.1366	0.1366	0.1366	0.1366	0.1366
b_{21}	-0.0571	-0.1206	-0.1285	0.1349	0.1539	0.1675	0.2375	0.1665	0.1692	0.1763
b_{11}	0.1689	0.1642	0.1537	-0.1442	-0.136	-0.1181	-0.1149	0.1781	0.1904	0.1909
b_{22}	-0.0567	-0.0787	-0.1209	0.1392	0.1647	0.199	0.2409	0.1280	0.1689	0.1283
b_{13}	-0.046	-0.0667	-0.1043	0.1379	0.1577	0.2172	0.2701	0.1991	0.1607	-0.0820

县域农业主导产业选择及生态适宜性 预测研究

表 6-27

Table 6-27 The evaluation matrix normalized data in county agriculture – led industrial

射阳县农业主导产业评价矩阵归一化数据

指标\产业	水稻	小麦	玉米	大豆	棉花	蔬菜	水产养殖	水果	畜禽养殖业	农产品加工
B_{21}	0.1039	0.2429	0.0435	0.0932	0.1079	0.0092	0.0978	0.0187	0.1277	0.0146
B_{12}	0.1553	0.0552	0.1034	0.2381	0.1348	0.1301	0.1944	0.2011	0.1633	0.2362
B_{13}	0.1824	0.0638	0.2613	0.2089	0.1735	0.1717	0.1711	0.1277	0.2182	0.1614
B_{15}	0.0717	0.2441	0.1041	0.0032	0.0962	0.2662	0.0607	0.1743	0.0651	0.0449
B_{22}	0.1667	0.1232	0.1161	0.0962	0.1408	0.1167	0.1193	0.1474	0.1242	0.1451
B_{35}	0.0581	0.0532	0.0817	0.0829	0.0531	0.0262	0.0287	0.0011	0.0172	0.0649
B_{36}	0.1561	0.0952	0.1417	0.1236	0.1371	0.1028	0.1241	0.1393	0.11	0.117
b_{24}	0.1000	0.1000	0.1000	0.1000	0.1000	0.1000	0.1000	0.1000	0.1000	0.1000
b_{15}	0.0103	0.0128	0.0152	0.0191	0.0212	0.0254	0.0281	0.0369	0.0278	0.0508
b_{25}	0.1000	0.1000	0.1000	0.1000	0.1000	0.1000	0.1000	0.1000	0.1000	0.1000
b_{28}	0.1000	0.1000	0.1000	0.1000	0.1000	0.1000	0.1000	0.1000	0.1000	0.1000
b_{21}	0.009	0.0168	0.0191	0.0185	0.0193	0.0207	0.0292	0.023	0.0203	0.0251
b_{11}	0.0267	0.0228	0.0229	0.0198	0.0171	0.0146	0.0141	0.0246	0.0228	0.0272
b_{22}	0.009	0.011	0.018	0.0191	0.0207	0.0247	0.0296	0.0177	0.0202	0.0183
b_{13}	0.0073	0.0093	0.0155	0.019	0.0198	0.0269	0.0332	0.0276	0.0192	0.0117

表6-28

Table 6-28

各个指标权值系数

The weight coefficient of each indicator

指标\产业	水稻	小麦	玉米	大豆	棉花	蔬菜	水产养殖	水果	畜禽养殖业	农产品加工
B_{21}	0.1206	0.9063	0.6999	0.7788	0.6761	0.916	0.6074	0.6476	0.4162	0.5447
B_{12}	0.5895	0.8797	0.6385	0.4235	0.2891	0.0012	0.1917	0.679	0.8419	0.6473
B_{13}	0.2262	0.8178	0.0336	0.0908	0.6718	0.4624	0.7384	0.6358	0.8329	0.5439
B_{15}	0.3846	0.2607	0.0688	0.2665	0.6951	0.4243	0.2428	0.9452	0.2564	0.721
B_{22}	0.583	0.5944	0.3196	0.1537	0.068	0.4609	0.9174	0.2089	0.6135	0.5225
B_{35}	0.2518	0.0225	0.5309	0.281	0.2548	0.7702	0.2691	0.7093	0.5822	0.9937
B_{36}	0.2904	0.4253	0.6544	0.4401	0.224	0.3225	0.7655	0.2362	0.5407	0.2187
b_{24}	0.6171	0.3127	0.4076	0.5271	0.6678	0.7847	0.1887	0.1194	0.8699	0.1058
b_{15}	0.2653	0.1615	0.82	0.4574	0.8444	0.4714	0.2875	0.6073	0.2648	0.1097
b_{25}	0.8244	0.1788	0.7184	0.8754	0.3445	0.0358	0.0911	0.4501	0.3181	0.0636
b_{28}	0.9827	0.4229	0.9686	0.5181	0.7805	0.1759	0.5762	0.4587	0.1192	0.4046
b_{18}	0.7302	0.0942	0.5313	0.9436	0.6753	0.7218	0.6834	0.6619	0.9398	0.4484
b_{11}	0.3439	0.5985	0.3251	0.6377	0.0067	0.4735	0.5466	0.7703	0.6456	0.3658
b_{22}	0.5841	0.4709	0.1056	0.9577	0.6022	0.1527	0.4257	0.3502	0.4795	0.7635
b_{13}	0.1078	0.6959	0.611	0.2407	0.3868	0.3411	0.6444	0.662	0.6393	0.6279

表 6 - 29

Table 6 - 29

射阳县农业各产业的模糊灰色关联评价结果

Fuzzy grey correlation evaluation results of county agricultural

农业产业名称	水稻	小麦	玉米	大豆	棉花	蔬菜	水产养殖	水果	畜禽养殖业	农产品加工
综合评价系数	0.7720	0.3329	0.3727	0.3920	0.7989	0.5263	0.6938	0.5254	0.5303	0.8611
综合测度	2.4546	0.4804	0.5043	0.5238	2.5602	1.0431	2.2500	1.7583	1.7864	2.7334
模糊灰类结果	1#	3#	3#	3#	1#	2#	1#	2#	2#	1#
评价结果	3	10	9	8	2	7	4	6	5	1

6.6 射阳县农业主导产业结构发展生态适宜性分析

本部分以第五章的县域农业主导产业结构发展生态适宜性研究方法为基础，对射阳县的农业主导产业结构发展生态适宜性进行分析。

6.6.1 生态适宜性指标体系及基准确定

根据第五章的 5.3.1 生态适宜性指标体系及 5.3.2 指标适宜性程度判别基准确定农业主导产业结构发展生态适宜性，其指标体系及生态适宜性指标适宜性程度基准值如表 5-1 所示。

6.6.2 射阳县农业主导产业单因子生态距离

根据 6.5 中的分析，得到射阳县农业主导产业为农产品加工、棉花、水稻、水产养殖，以表 5-2 数据为基准值分别计算农产品加工、棉花、水稻、水产养殖四类农业主导产业的单因子生态距离，计算结果如表 6-30、6-31、6-32、6-33 所示。

表 6-30　2005~2010 年射阳县农产品加工各指标的单因子生态距离

Table 6-30　**The Single factor of ecological distance of indexes on agricultural products of Sheyang during** 2005-2010

指标	2005	2006	2007	2008	2009	2010
D_1	0.7549	0.7904	0.4952	0.7386	0.0495	0.9479
D_2	0.2428	0.9493	0.1897	0.586	0.4896	0.0821
D_3	0.4424	0.3276	0.495	0.2467	0.1925	0.1057
D_4	0.6878	0.6713	0.1476	0.6664	0.1231	0.142
D_5	0.3592	0.4386	0.055	0.0835	0.2055	0.1665
D_6	0.7363	0.8335	0.8507	0.626	0.1465	0.621
D_7	0.3947	0.7689	0.5606	0.6609	0.1891	0.5737
D_8	0.6834	0.1673	0.9296	0.7298	0.0427	0.0521
D_9	0.704	0.862	0.6967	0.8908	0.6352	0.9312
D_{10}	0.4423	0.9899	0.5828	0.9823	0.2819	0.7287

指标	2005	2006	2007	2008	2009	2010
D_{11}	0.0196	0.5144	0.8154	0.769	0.5386	0.7378
D_{12}	0.3309	0.8843	0.879	0.5814	0.6952	0.0634
D_{13}	0.4243	0.588	0.9889	0.9283	0.4991	0.8604
D_{14}	0.2703	0.1548	0.0005	0.5801	0.5358	0.9344
D_{15}	0.1971	0.1999	0.8654	0.017	0.4452	0.9844
D_{16}	0.8217	0.407	0.6126	0.1209	0.1239	0.8589
D_{17}	0.4299	0.7487	0.99	0.8627	0.4904	0.7856
D_{18}	0.8878	0.8256	0.5277	0.4843	0.853	0.5134
D_{19}	0.3912	0.79	0.4795	0.8449	0.8739	0.1776
D_{20}	0.7691	0.3185	0.8013	0.2094	0.2703	0.3986
D_{21}	0.3968	0.5341	0.2278	0.5523	0.2085	0.1339
D_{22}	0.8085	0.09	0.4981	0.6299	0.565	0.0309
D_{23}	0.7551	0.1117	0.9009	0.032	0.6403	0.9391
D_{24}	0.3774	0.1363	0.5747	0.6147	0.417	0.3013
D_{25}	0.216	0.6787	0.8452	0.3624	0.206	0.2955

表6-31　2005~2010年射阳县棉花各指标的单因子生态距离

Table 6-31　The Single factor of ecological distance of indexes on cotton of Sheyang during 2005-2010

指标	2005	2006	2007	2008	2009	2010
D_1	0.3329	0.1781	0.0133	0.7463	0.0513	0.7894
D_2	0.4671	0.3596	0.8972	0.0103	0.0729	0.3677
D_3	0.6482	0.0567	0.1967	0.0484	0.0885	0.206
D_4	0.0252	0.5219	0.0934	0.6679	0.7984	0.0867
D_5	0.8422	0.3358	0.3074	0.6035	0.943	0.7719
D_6	0.559	0.1757	0.4561	0.5261	0.6837	0.2057
D_7	0.3947	0.7689	0.5606	0.6609	0.1891	0.5737
D_8	0.6834	0.1673	0.9296	0.7298	0.0427	0.0521
D_9	0.704	0.862	0.6967	0.8908	0.6352	0.9312
D_{10}	0.4423	0.9899	0.5828	0.9823	0.2819	0.7287

续表

指标	2005	2006	2007	2008	2009	2010
D_{11}	0. 1771	0. 9121	0. 062	0. 6925	0. 6407	0. 4845
D_{12}	0. 6628	0. 104	0. 2982	0. 5567	0. 3288	0. 1518
D_{13}	0. 3308	0. 7455	0. 0464	0. 3965	0. 6538	0. 7819
D_{14}	0. 8985	0. 7363	0. 5054	0. 0616	0. 7491	0. 3329
D_{15}	0. 1182	0. 5619	0. 7614	0. 7802	0. 5832	0. 4671
D_{16}	0. 8217	0. 407	0. 6126	0. 1209	0. 1239	0. 8589
D_{17}	0. 4299	0. 7487	0. 99	0. 8627	0. 4904	0. 7856
D_{18}	0. 7069	0. 2999	0. 0809	0. 7413	0. 735	0. 8422
D_{19}	0. 3912	0. 79	0. 4795	0. 8449	0. 8739	0. 559
D_{20}	0. 3912	0. 79	0. 4795	0. 8449	0. 8739	0. 1776
D_{21}	0. 7691	0. 3185	0. 8013	0. 2094	0. 2703	0. 3986
D_{22}	0. 8085	0. 09	0. 4981	0. 6299	0. 565	0. 0309
D_{23}	0. 7551	0. 1117	0. 9009	0. 032	0. 6403	0. 9391
D_{24}	0. 3774	0. 1363	0. 5747	0. 6147	0. 417	0. 3013
D_{25}	0. 216	0. 6787	0. 8452	0. 3624	0. 206	0. 2955

表 6 - 32　　　2005 ~ 2010 年射阳县水稻各指标的单因子生态距离

Table 6 - 32　　The Single factor of ecological distance of indexes on ripe of Sheyang during 2005 – 2010

指标	2005	2006	2007	2008	2009	2010
D_1	0. 4325	0. 0924	0. 7067	0. 5975	0. 4633	0. 0205
D_2	0. 6948	0. 0078	0. 5578	0. 3353	0. 2122	0. 9237
D_3	0. 7581	0. 4231	0. 3134	0. 2992	0. 0985	0. 6537
D_4	0. 4326	0. 6556	0. 1662	0. 4526	0. 8236	0. 9326
D_5	0. 6555	0. 7229	0. 6225	0. 4226	0. 175	0. 1635
D_6	0. 1098	0. 5312	0. 9879	0. 3596	0. 1636	0. 9211
D_7	0. 3947	0. 7689	0. 5606	0. 6609	0. 1891	0. 5737
D_8	0. 6834	0. 1673	0. 9296	0. 7298	0. 0427	0. 0521
D_9	0. 704	0. 862	0. 6967	0. 8908	0. 6352	0. 9312
D_{10}	0. 4423	0. 9899	0. 5828	0. 9823	0. 2819	0. 7287

指标	2005	2006	2007	2008	2009	2010
D_{11}	0.4876	0.0986	0.6841	0.1249	0.1536	0.7519
D_{12}	0.769	0.142	0.4024	0.0244	0.9535	0.2287
D_{13}	0.396	0.1683	0.9828	0.2902	0.5409	0.0642
D_{14}	0.2729	0.1962	0.4022	0.3175	0.6797	0.7673
D_{15}	0.0372	0.3175	0.6207	0.6537	0.0366	0.6712
D_{16}	0.8217	0.407	0.6126	0.1209	0.1239	0.8589
D_{17}	0.4299	0.7487	0.99	0.8627	0.4904	0.7856
D_{18}	0.4517	0.251	0.1611	0.4579	0.1202	0.419
D_{19}	0.3912	0.79	0.4795	0.8449	0.8739	0.1776
D_{20}	0.7691	0.3185	0.8013	0.2094	0.2703	0.3986
D_{21}	0.3158	0.5557	0.3508	0.7593	0.5464	0.3174
D_{22}	0.8085	0.09	0.4981	0.6299	0.565	0.0309
D_{23}	0.7551	0.1117	0.9009	0.032	0.6403	0.9391
D_{24}	0.3774	0.1363	0.5747	0.6147	0.417	0.3013
D_{25}	0.216	0.6787	0.8452	0.3624	0.206	0.2955

表 6 – 33　　2005 ~ 2010 年射阳县水产养殖各指标的单因子生态距离

Table 6 – 33　　**The Single factor of ecological distance of indexes on aquatic products of Sheyang during** 2005 – 2010

指标	2005	2006	2007	2008	2009	2010
D_1	0.6357	0.2238	0.9861	0.9456	0.4134	0.1079
D_2	0.9509	0.3736	0.03	0.6766	0.2177	0.1822
D_3	0.444	0.0875	0.5357	0.9883	0.1257	0.0991
D_4	0.06	0.6401	0.0871	0.7668	0.3089	0.4898
D_5	0.8667	0.1806	0.8021	0.3367	0.7261	0.1932
D_6	0.6312	0.0451	0.9891	0.6624	0.7829	0.8959
D_7	0.3947	0.7689	0.5606	0.6609	0.1891	0.5737
D_8	0.6834	0.1673	0.9296	0.7298	0.0427	0.0521
D_9	0.704	0.862	0.6967	0.8908	0.6352	0.9312
D_{10}	0.4423	0.9899	0.5828	0.9823	0.2819	0.7287

续表

指标	2005	2006	2007	2008	2009	2010
D_{11}	0.605	0.6273	0.7837	0.4116	0.771	0.3119
D_{12}	0.3872	0.0216	0.5341	0.6026	0.0427	0.179
D_{13}	0.1422	0.9106	0.8854	0.7505	0.3782	0.339
D_{14}	0.0251	0.8006	0.899	0.5835	0.7043	0.2101
D_{15}	0.4211	0.7458	0.6259	0.5518	0.7295	0.5102
D_{16}	0.8217	0.407	0.6126	0.1209	0.1239	0.8589
D_{17}	0.4299	0.7487	0.99	0.8627	0.4904	0.7856
D_{18}	0.3704	0.6173	0.1821	0.0826	0.673	0.1015
D_{19}	0.3912	0.79	0.4795	0.8449	0.8739	0.1776
D_{20}	0.7691	0.3185	0.8013	0.2094	0.2703	0.3986
D_{21}	0.571	0.2751	0.6164	0.3545	0.2364	0.5013
D_{22}	0.8085	0.09	0.4981	0.6299	0.565	0.0309
D_{23}	0.7551	0.1117	0.9009	0.032	0.6403	0.9391
D_{24}	0.3774	0.1363	0.5747	0.6147	0.417	0.3013
D_{25}	0.216	0.6787	0.8452	0.3624	0.206	0.2955

6.6.3 射阳县农业主导产业 B 层生态适宜性分析

根据生态适宜性动态赋权方法，计算指标分层（B层）的生态适宜性指标值，计算结果如图6-12、6-13、6-14、6-15所示。由图可知，四种县域农业主导产业在生态环境资源利用效率上都呈现出了上升趋势，但是随着时间的变化，四种主导产业上升的程度都发生了变化，如农产品加工在2008年前生态环境资源利用效率上升的程度明显低于2008年之后，然而对于水稻生态环境资源利用效率上升的程度在2008年之前明显高于2008年之后。同样的情况也出现在了棉花以及水产养殖中；在县域生态资源支撑与消耗上四种农业主导产业也呈现了上升趋势，但是在增长速度上也出现了明显的"先快后慢"或是"先慢后快"的现象；在县域剩余生态系统支撑能力上，四种农业主导产业都呈现了下降趋势。在上述三个指标中，其中生态环境资源利用率随着时间的变化与生态适宜性的综合指数相互耦合的程度最高，其中农产品加工、棉花在0.50~0.80之间，水稻、水产养殖在0.50~0.75之间。县域剩余生态系统支撑能力随着时间的变化与生态适宜性的综合指数相互耦合的程度降低，其中农产品加工、棉花在0.5~0.3之间，水稻、水产养殖在0.55~0.3之间。

农产品加工生态适宜性分目标层综合指数变化动态

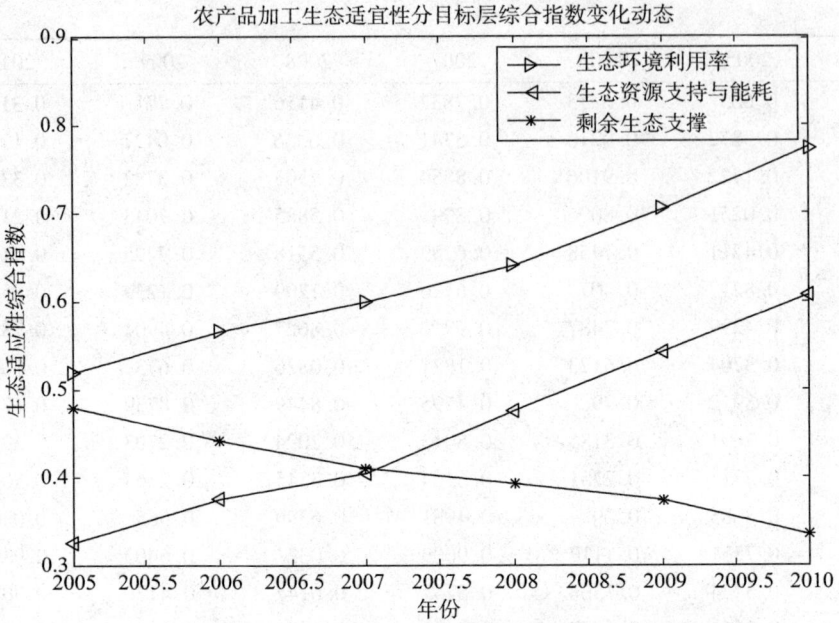

图 6 – 12　农产品加工生态适宜性分目标层综合指数变化动态
Figure 6 – 12　The ecological suitability for agricultural products

棉花生态适宜性分目标层综合指数变化动态

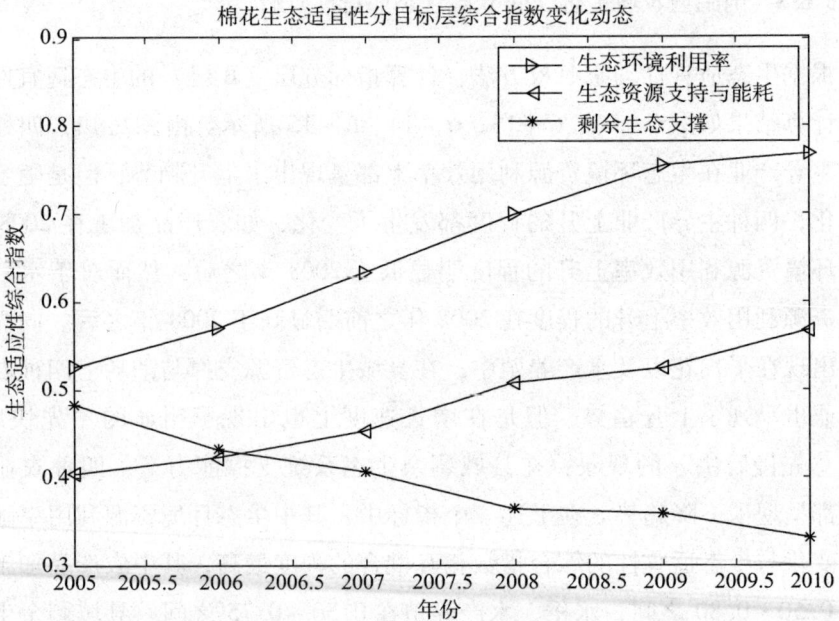

图 6 – 13　棉花生态适宜性分目标层综合指数变化动态
Figure 6 – 13　The ecological suitability for cotton

水稻生态适宜性分目标层综合指数变化动态

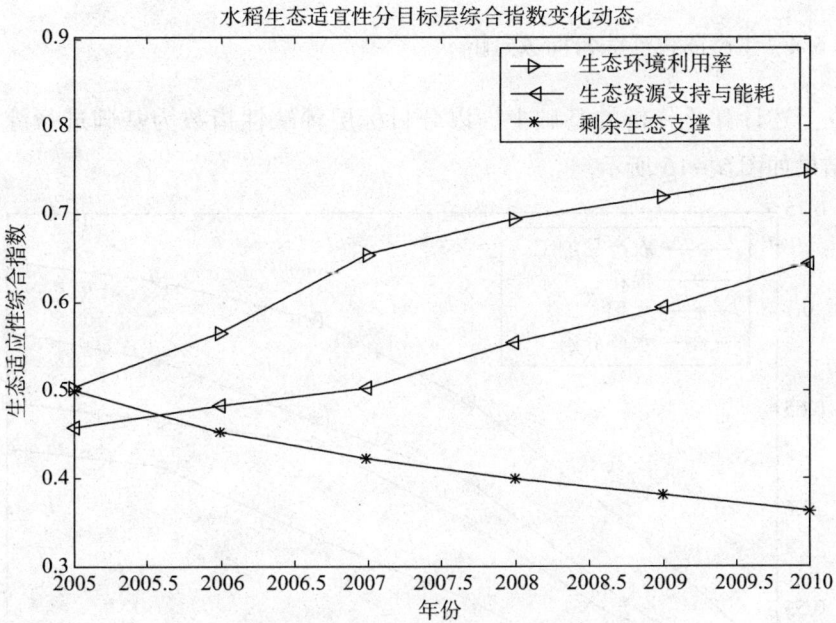

图 6-14　水稻生态适宜性分目标层综合指数变化动态
Figure 6-14　The ecological suitability for ripe

水产养殖生态适宜性分目标层综合指数变化动态

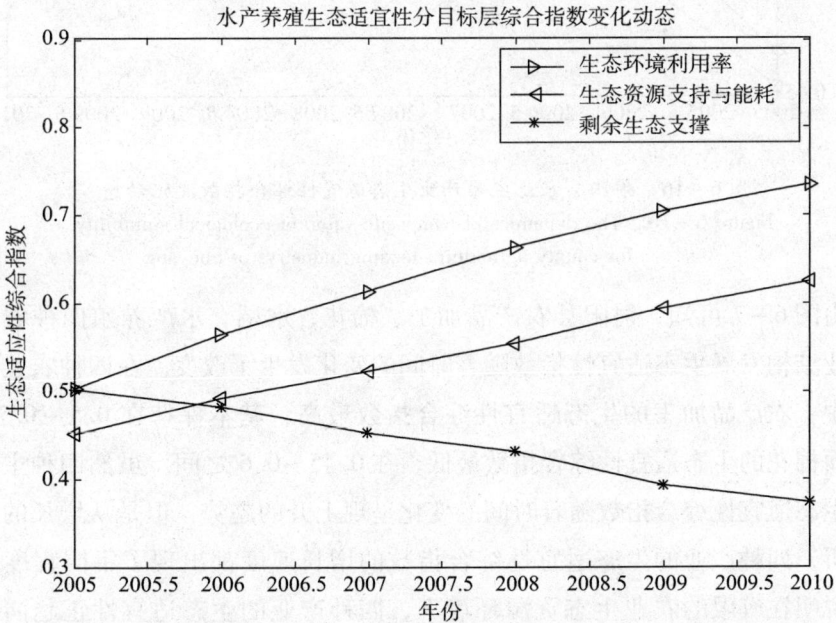

图 6-15　水产养殖生态适宜性分目标层综合指数变化动态
Figure 6-15　The ecological suitability for aquatic products

6.6.4 生态适宜性综合指数分析

在上述计算及分析的基础上，以分目标层稀缺性指数为基础进行综合分析，结果如图 6 − 16 所示。

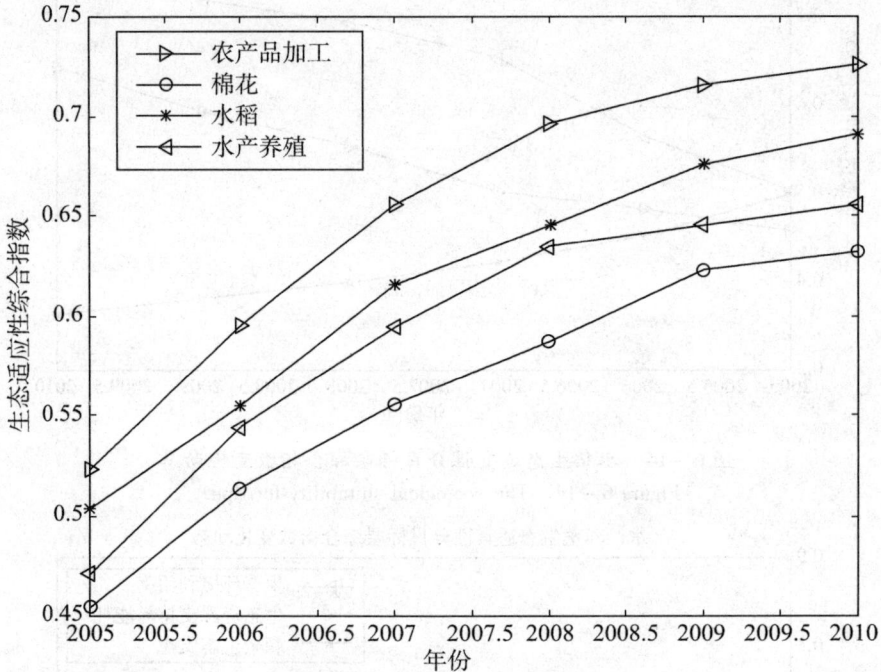

图 6 − 16 射阳县农业主导产业生态适宜性综合指数变化动态

Figure 6 − 16 The dynamics of composite value of ecological suitability for county agricultura leading industrys of Sheyang

由图 6 − 7 可知，射阳县农产品加工、棉花、水稻、水产养殖四种农业主导产业结构发展生态适宜性指数随着时间的变化发生了改变。在四种农业主导产业中，农产品加工的生态适宜性综合指数最高，基本保持在 0.5 ~ 0.75 之间，而棉花的生态适宜性综合指数最低，在 0.45 ~ 0.6 之间。虽然四种主导产业的生态适宜性综合指数随着时间的变化呈现上升的趋势，但是从增长的速度上分析，四种产业的生态适宜性综合指数的增长速度都出现了不同程度的下降，说明在有限的农业生态资源环境下，四种产业的生态适宜性正趋向一个极限。

6.6.5 农业主导产业生态适宜性预测

根据 5.3.5 的说明，采用一元二次方程对各个产业的生态适宜性综合指数进行拟合，得到拟合结果如图 6-17 所示。一元二次方程三个参数如表 6-34 所示。由图 6-17 及表 6-34 可得，在有限的县域农业生态资源下，随着时间的变化，农业主导产业的生态适宜性综合指数发生了明显的变化，以 2010 年为基准，对未来五年的主导产业生态适宜性综合指数进行预测，预测结果如图 6-18 所示。由图 6-18 可知，在有限的农业生态资源环境下，2011～2015 年中，四种农业主导产业的生态适宜性综合指数都下降，其中水产养殖产业的生态适宜性综合指数下降最快，同时也可以看出 2010 年生态适宜性指数最高的农产品加工随着时间的变化下降速度也较快。

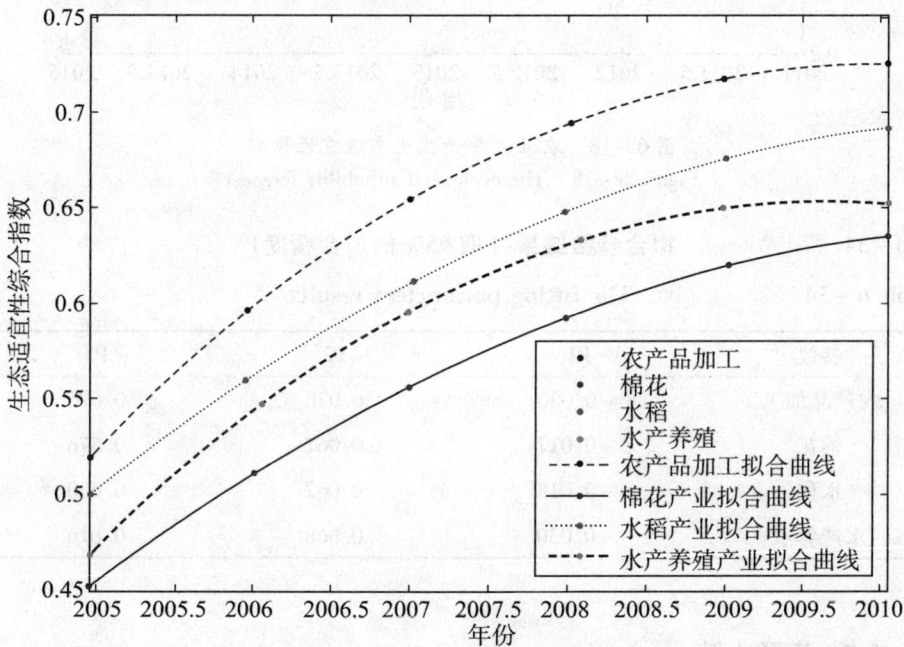

图 6-17 各个农业主导产业拟合结果
Figure 6-17 The fitting results

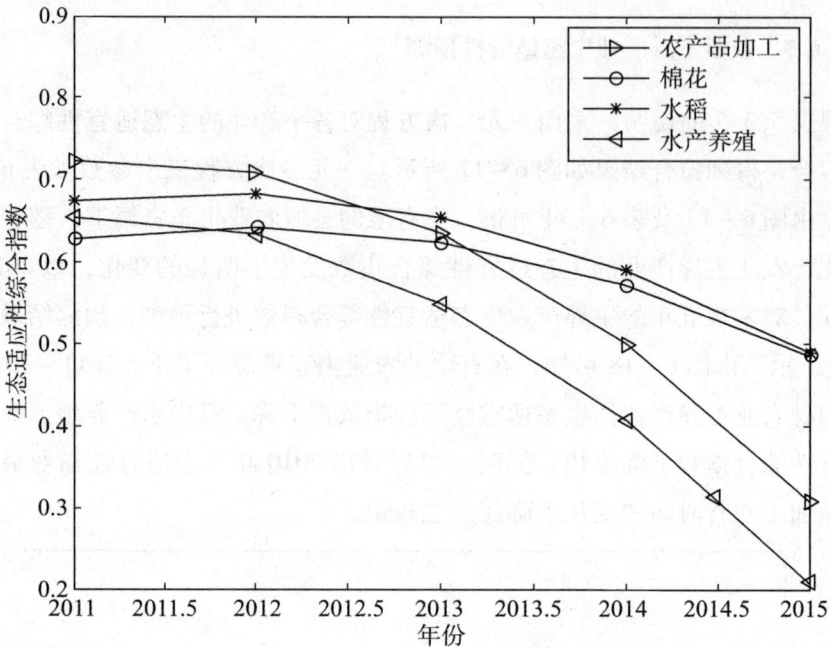

图 6 - 18　农业主导产业生态适宜性预测

Figure 6 - 18　The ecological suitability forecast

表 6 - 34　　　　　　　　拟合参数结果（取 95% 的拟合精度）

Table 6 - 34　　　　　　　　The fitting parameters results

参数	P1	P2	P3
农产品加工	- 0.030	0.076	0.676
棉花	- 0.017	0.067	0.576
水稻	- 0.018	0.062	0.630
水产养殖	- 0.030	0.068	0.616

6.7　本章小结

本章以第三章、第四章及第五章的理论为基础，对昆山市及射阳县的农业产业进行了分析，主要得到了以下几个研究结论：

（1）通过对不同县域不同时期的农业产业分析，分别验证了本书提出的主导产业指标体系建立及其子指标定量化的方法、模糊灰色关联农业主导产业定量评价方法以及县域农业主导产业生态适宜性分析方法，为县域农业部门的农业主导产业结构优化及农业生态资源配置提供了理论参考。

（2）利用前文提出的县域农业主导产业选择及其生态适宜性分析方法，得到了昆山市农业主导产业定量评价指标体系、确定了当前阶段昆山市农业主导产业，即水稻、水产养殖、蔬菜、水果。分析了昆山市农业主导产业结构发展的生态适宜性，并对四种农业主导产业的生态适宜性指数进行了预测。2011～2015年中，四种农业主导产业的生态适宜性综合指数都下降，其中蔬菜产业的生态适宜性综合指数下降最快。

（3）通过对射阳县的农业产业分析，得到了农业主导产业定量评价的指标体系，确定了当前阶段射阳县农业主导产业，即农产品加工、棉花、水稻、水产养殖，同时对四种农业主导产业的生态适宜性指数进行了分析和预测，在有限的农业生态资源环境下，2011～2015年中，四种农业主导产业的生态适宜性综合指数都下降，其中水产养殖产业的生态适宜性综合指数下降最快，同时也可以得到当前阶段生态适宜性指数高的农业产业在未来的发展中生态适宜性指数有可能下降较快。

（4）通过昆山市、射阳县农业的农业主导产业选择及其生态适宜性分析可知，不同县域的农业主导产业结构不同，农业主导产业生态适宜性指数也不相同，说明了农业部门在确定县域农业主导产业时必须结合县域农业的实际情况，同时也要充分考虑农业主导产业与县域生态资源环境的和谐发展。

第七章　县域农业主导产业结构优化发展途径

党的十六大报告指出："要加强农业基础地位，推进农业和农村经济结构调整，保护和提高粮食综合生产能力，健全农产品质量安全体系，增强农业的市场竞争力。"我国近年来对农业结构进行的战略性调整，既是增加农民收入、促进农村经济发展的迫切需要，也是增强我国农业国际竞争力的客观要求，这对于拥有10亿农民的大国而言，有着十分重要的意义。结合前文第四五六章节对县域农业主导产业的选择和适宜性研究后，本章重点就县域农业主导产业产业结构优化发展途径提出对策性建议，为县域政府相关部门在制定对策上提供策略。

7.1 推进县域农业主导产业发展规划建设

7.1.1 加强组织领导

建立农业主导产业发展规划是推行农业主导产业标准化、强化主导产业农产品质量安全管理的基础，对促进县域农业产业发展具有重要作用。地方政府应成立由质监、农业、科技、工商、供销、商贸等有关部门共同参加的县域农业主导产业规划建设工作领导小组，聘请高水平规划设计团队，结合当地实际，统一规划，规范程序，强化管理，抓好县域农业主导产业规划建设工作。

7.1.2 努力增加投入

农业主导产业规划的制订是一项业务性强、技术要求高的工作，必须经过调研、讨论、论证、评审等过程，需要一定的经费作保证。要积极争取地方政府支持，做到每五年都能列出专项经费用于农业主导产业规划的制订工作。

7.1.3 注重标准研究

加强农业主导产业标准的科学研究，选准主要项目，吸收先进的实用技术，结合当地种植、养殖经验习惯，制定出科学、实用、易于农民操作和掌握的农业技术标准，使体系建设科学合理、突出实效。

7.1.4 加快推广实施

建立健全农业主导产业规划的根本目的在于推广应用。农业主导产业规划的推广应用环节多、难度大，受到农业生产环境、农民文化素质等多方面因素的影响，有关部门及农业龙头企业应加大工作力度，扩大宣传与普及，加快规划的推广应用。

7.2 为县域农业主导产业发展提供良好的政策支持

7.2.1 政策保障

根据《农业法》等基本法规，落实中央政府关于推进现代农业发展的一系列方针政策，县域地方政府出台地方农业主导产业财政补贴政策、涉农投资优惠政策、涉农工商税收优惠政策、涉农创业扶持政策等一系列经济激励政策。加大对农业基础设施投入力度，加大对农业现代化设施的补贴额度，加大对农产品加工、物流产业的扶持程度，同时，积极引导承包土地流转集中经营，主动引导农村人力资源开发提升，加大对农业主导产业生态环境的监管力度，对农产品质量安全和农产品市场公平的监管力度。特别要注意着力为农业主导产业、农业新兴业态、区域农业经济新的增长点营造宽松良好的政策环境。

7.2.2 资金保障

建立政府引导、企业带动、农民参与、多方投入的县域农业主导产业开发建设机制。在继续调整市级财政支出确保对农业的投入有较大幅度增长的同时，进一步积极争取省级财政的专项支持，改进完善财政投入实施办法，引导和激励农业主导产业有序发展。充分发挥政府投资的引导作用，吸引实力雄厚、技术领先的国内外一流企业、资本投资参与建设现代农业大型骨干项目。加快建立资本充足、功能健全、服务完善、运行安全、能有效地加速县域农业主导产业现代化进程的农村金融体系和农业信贷、保险体系。鼓励有实力的龙头企业联营重组，优势互补，提升实力。筹措创设县域农业创业基金，扶持农业科技工作者、中小经营者、回乡创业者创建农业新兴产业项目，广泛吸引社会、个人资金对新兴产业项目的投入。

7.2.3 技术保障

加大与国内外一流涉农科研机构合作的力度，加大对农业技术推广服务体系财政支持的力度，支持涉农企业和农业技术人员原始技术创新、技术集成创新、引进消化吸收技术再创新，形成以科技创新为先导的县域农业主导产业发展态势。构建和完善技术要素参与收益分配的机制，使农业科技人员的收入与工作业绩和经济效益紧密挂钩。通过政策导向鼓励企业将自己的优质品牌上升为技术标准进行推广，通过技术指导、质量检验、贴牌销售形成利益联动机制，扩大品牌经营规模。加强管理、经营、市场预测、营销策略、人才开发等软技术的引进、推广应用和再开发研究，提高政府决策、管理部门的指导能力和本地企业的运营能力。

7.2.4 服务保障

整合政府、企业、社会各方面资源，构建和完善现代农业技术和产业服务体系，全面提升县域农业主导产业技术创新能力和农业产业化服务水平。围绕农业生产的产前、产中、产后服务，以涉农产业园区为纽带，加快构建和完善以销售服务、生产服务、土地服务、技术服务、信息服务和金融服务为主体的农业社会化服务网络。加强农业公共服务能力建设，创新农业综合服务事业单位管理机制，以特邀、招聘等方式加大各类人才引进力度，提高现有人员素质，进一步充实基层服务站点。支持涉农企业、专业公司、专业合作社、农民经纪人提供多种形式的生产性、经营性服务，推进农业产业化、农村流通现代化。引导农民专业合作社，提高民主管理水平、生产经营水平和互助服务水平。健全农产品市场物流体系。完善县、镇（乡）涉农部门干部和涉农事业单位人员的考核评价体系、奖励制度和问责制度，引导他们切实做到"权为民所用、情为民所系、利为民所谋"。

7.3 加快人力资源的培养和引进力度

7.3.1 高度重视优秀人才的突出作用

江泽民同志曾经指出："当今和未来的世界竞争，从根本上说是人才的竞争。"因此，县域人力资源开发的关键是要树立全新的人力资源观念，即"人力资源是第一资源"。要高度重视优秀人才在经济展中的突出作用，不断加大人力资源开发的力度。要加大对优秀人才推动经济社会发展的宣传力度，在全社会形成尊重知识、尊重人才的良好风气，教育和引导广大人民群众注重自身人力资本的提高，为县域经济发展注入源源不断的生机和活力。

7.3.2 积极创造人才辈出的良好环境

一是要优化人力资源的配置。要改变计划经济的行政调配模式，采取政府宏观调控为辅、市场配置为主的配置模式。要大力培植人才和劳动力市场体系，实现人力资源的合理流动与合理配置。二是要优化人力资源的管理。要在农业主导产业方面大胆选拔使用各级各类优秀人才，形成良好的用人氛围，建立科学的管理制度。三是要建立健全激励竞争机制。在人才的选拔使用、考核评价、职务升降、奖惩待遇等方面，分门别类地制定系统的规章制度并在实践中严格执行，为优秀人才的脱颖而出创造良好的竞争环境，尤其是对为地方经济发展做出突出贡献的优秀人才，要做到政治上给荣誉、社会上给地位、经济上给利益、经营上给自由、法律上给保护，以调动其艰苦创业、回报社会的积极性。四是要健全社会保障机制。县级政府应通过统筹安排财政预算、征集企业上缴基金、吸引社会闲散资金和各类投资资本等方式，按市场方式运作，成立公益性社会保障基金和风险投资基金，建立创业风险投资制度，为县域人力资源开发提供强有力的保障，真正使优秀人才有用武之地。

7.3.3 不断改善人力资源的整体结构

从当前情况看，县域人力资源总量和质量与县域农业可持续发展的要求有较大差距，必须大力拓宽人才培养渠道，建立健全人才培养网络，通过开展全方位的培训，提高县域人力资源的层次并改善其整体结构。一是开展乡土人才培训。大力开展现代农业技术培训；在二、三产业中大力开展职业技能培训和个体流通领域的经营技能培训，以培养大批乡土技能人才，积极鼓励其大力发展个体私营经济，振兴基层经济。二是规范党政干部培训。加大对党政干部的培训力度，提高广大干部的政治理论、公共管理水平和依法行政能力，为县域经济可持续发展提供坚强的组织保障。三是组织工商管理培训。组织引导各类企业经营管理者积极参加现代工商管理培训，提高其经营决策、组织管理、市场竞争能力，促进企业的发展与壮大。四是大力开展继续教育。对科技人员大力开展继续教育，使其及时更新业务知识，不断提高新技术开发应用能力，提高各类产品的科技附加值，增强县域经济可持续发展的后劲。

7.3.4 着力引进短缺的高级人力资市

要大力引进农业高新技术人才，促进县域农业高新技术产业的发展。县级政府要为引进高新技术人才做好服务工作。一是要科学确定人力资源开发的发展方向，制定符合县域实际的人力资源开发战略规划。二是要根据人力资源开发规划，通过政策扶持、物质支持，引导现有人才的合理流动，最大限度地盘活现有人力资源总量，使其充分发挥作用，降低人力资本投资成本。三是要积极对外联系，为高新技术企业牵线搭桥，帮助企业引进高新技术人才，并为之提供优质服务，确保他们全身心地投入高新技术产品的研制与开发，提高企业经济效益。

7.4 节约环境资源，保护生态环境，实行可持续发展

7.4.1 保护与治理

县级地方人民政府应当建立健全基本农田保护制度，对基本农田保护区的耕地依法实行特殊保护。加强对耕地使用和养护的监督管理，组织对耕地质量

状况的监测，并制订相应的耕地保养规划。农业行政主管部门应当会同土地行政主管部门对耕地地力分等定级。加快平原、丘陵山区绿化，提高林木覆盖率。依法合理开发利用农业资源，改造中低产田，开展小流域治理，预防和治理水土流失、土壤沙化、盐渍化和贫瘠化。加强对水资源的保护和管理，大力发展节水灌溉农业，合理利用水资源。制定生态农业发展规划，建立生态农业试验、示范区。

鼓励生产无公害农产品、绿色食品。组织制定无公害农产品生产技术规范，并组织对无公害农产品的审定，颁发无公害农产品证书和标志。指导农业生产者合理使用化肥，采用配方施肥和秸秆还田，使用微生物肥料，增施有机肥，提高土壤有机质，保持和培肥地力。禁止生产、销售和使用未经国家或者省级登记的化学、微生物肥料。加强对农业生物物种资源的保护和管理。加强对农产品农药残留量的检测工作。经检测农药残留量超过标准的农产品，禁止销售或限制其用途。专业从事畜禽饲养的单位和个人，必须对粪便、废水及其他废弃物进行综合利用或者无害化处理，避免和减少污染。

推广使用高效、低毒、低残留农药和生物农药。使用农药应当遵守国家有关农药安全、合理使用的规定，防止对土壤和农产品的污染。不得生产、销售、使用国家明令禁止生产或者撤销登记的农药。对国家禁止使用和限制使用的农药，农业行政主管部门应当予以公布和宣传，并加以监督管理。剧毒、高毒农药不得用于蔬菜、瓜果、茶叶、中草药和直接食用的其他农产品。

7.4.2 监督管理

依照国家有关规定，县级地方政府拟定有利于农业主导产业生态环境保护的地方环境质量标准和污染物排放标准；加强农业生态环境保护监测工作，并会同农业和其他有关行政主管部门对农业生态环境质量进行监测和评价，定期提出农业生态环境质量报告书。农业行政主管部门的农业环境监测机构，对基本农田保护区和绿色食品、无公害农产品生产基地环境质量进行监测和评价。对农业生态环境有重大影响的建设项目，应当征求农业行政主管部门的意见，其环境影响报告书中必须有农业生态环境影响评价的内容。环境保护行政主管部门和农业、林业、渔业等行政主管部门依照有关法律、法规的规定，分别按照各自的职责对本行政区域内的农业环境污染和农业资源破坏情况进行检查，被检查的单位和个人应当如实反映情况，提供必要的资料。发生农业环境污染事故的，由农业行政主管部门协同环境保护行政主管部门调查处理。其他有法律、法规规定的，依照有关法律、法规的规定办理。

7.5　本章小结

本章从以县域农业主导产业定量模型及结构发展模型为理论基础，结合县域生态适宜性及经济发展需求，从推进县域主导农业产业规划建设、为县域农业主导产业发展提供良好的政策支持、加快人力资源的培养和引进力度、节约环境资源，保护生态环境，实行可持续发展探讨县域农业主导产业结构优化途径，为制定县域农业主导产业结构优化政策措施提供理论参考。

第八章　结论与展望

8.1　本书结论

本书以县级行政区划形成的县级区域农业主导产业为研究对象，以区域产业经济学理论、区域产业结构优化理论以及生态适宜性理论为基础，对县域农业主导产业选择及其生态适宜性进行了研究。本书以县域农业主导产业为核心，主要开展了两大部分的研究：（1）由县域农业主导产业指标体系研究、县域农业主导产业选择方法研究以及县域农业主导产业结构发展生态适宜性组成的县域农业主导产业选择及其生态适宜性分析方法研究；（2）以昆山市和射阳县的农业产业为实例，对农业主导产业选择及其生态适宜性分析方法进行应用性验证研究。得出的结论主要有：

（1）分析研究总结了我国县域农业主导产业的"五"特征及"四"评价原则，提出了从县域农业经济、县域农村社会以及县域生态环境三个方面构建县域农业主导产业评价指标体系的方法，并且得到了以县域经济子系统评价指标、县域社会子系统评价指标、县域生态环境子系统评价指标为基础的县域农业主导产业评价指标体系，其中构建了包含县域主导产业比较指标、县域农业主导产业增长潜力指标以及县域农业主导产业综合效益指标三个方面共 15 个子指标的县域经济子系统评价指标以及包含系统功能、系统结构两个方面共 16 个子指标的县域社会子系统评价指标。

（2）从县域农业主导产业结构发展的要求与剩余生态资源支撑能力之间的耦合程度出发，首次提出了县域农业主导产业结构发展生态适宜性概念，构建了以县域农业主导产业生态环境子系统评价为中心，以生态适宜性为根本，建立了包含生态环境资源利用效率、县域生态资源支撑与消耗、剩余生态资源支撑能力等3个方面的县域农业主导产业生态适宜性评价指标。

（3）为了更加全面地对县域农业主导产业进行定性分析，提出了从县域农业经济发展阶段的需求、县域农业产业的布局、县域农业产业内外部环境三个方面对县域农业产业进行定性分析的方法，该方法包含了对县域农业主导产业选择的"需求"和"基准"两个基本条件。

（4）针对经济子系统指标之间的多重相关性问题，提出了经济子系统指标主成分分析计算方法，不仅有效地降低了多个指标之间的多重相关性，而且还得到了各个指标的相对重要性程度。针对社会子系统指标中某些指标的不确定性问题，提出了社会子系统指标灰色关联分析计算方法，降低了由于数据不全而造成指标的不确定性，同时给出了社会子系统指标的排序。并且以济南章丘市为实例，对上述两种方法进行了验证，为后续定量模型分析中实际指标体系的建立奠定了基础。

（5）基于两个基本的假设，即：①在一定时期内县域内的生态处于平衡状态，农业产业满足可持续发展要求；②不考虑县域内的"瓶颈"产业；提出了基于模糊综合评价及变权灰色关联评价的模糊灰色关联农业主导产业评价定量模型，确定了县域农业主导产业选择的基本步骤。并以济南章丘市为实例，进行了验证分析，得到了章丘市的农业主导产业。

（6）以生态适宜性"三基点"理论为基础，确定了农业主导产业发展生态适宜性评价指标体系的最佳取值范围（上下限）、最低（最高）指标值范围，即单指标适宜性分析的基准阈值，提出了生态适宜性指标动态赋权的方法，通过县域农业主导产业的综合生态适宜性指数综合评价县域农业主导产业的结构发展，以有限的农业生态资源环境为基础，采用一元二次方程对县域农业主导产业的生态适宜性与时间之间的关系进行了拟合，得到了县域农业主导产业的生态适宜性预测模型，为县域农业主导产业结构优化及农业生态资源配置提供了理论参考。

（7）以Logistic方程和统计分析为基础，根据当前时刻县域的农业生态资源的约束条件，建立了县域农业主导产业数目发展模型，得到了县域农业主导产业的最优数目，即县域农业主导产业数量增大到极限值的一半。

（8）基于三个基本假设，建立了同一观测时刻内不同时间段的县域农业主导产业数目与县域农业生态资源消耗的数学模型，结合平衡点稳定性判断方法，得到了县域农业主导产业数目的平衡点以及稳定条件，即平衡点 $P_1(N_{01}, 0)$ 及稳定性条件为 $\sigma_1 < 1, \sigma_2 > 1$；平衡点 $P_2(0, N_{02})$ 及稳定性条件为 $\sigma_1 > 1$，$\sigma_2 < 1$；平衡点 $P_3(\dfrac{N_{01}(1-\sigma_1)}{1-\sigma_1\sigma_2}, \dfrac{N_{02}(1-\sigma_2)}{1-\sigma_1\sigma_2})$ 及稳定性条件为 $\sigma_1 < 1, \sigma_2 < 1$。

（9）以昆山市、射阳县为实例，分别验证了本书提出的主导产业指标体系建立及其子指标定量化的方法、模糊灰色关联农业主导产业定量评价方法以及县域农业主导产业生态适宜性分析方法，证实了本书提出的县域农业主导产业选择及其生态适宜性分析方法的有效性和可靠性。

（10）确定了当前阶段昆山市农业主导产业，即水稻、水产养殖、蔬菜、水果，并对四种农业主导产业的生态适宜性指数进行了预测。2011～2015 年中，昆山市水稻、水产养殖、蔬菜、水果四种农业主导产业的生态适宜性综合指数都下降，其中蔬菜产业的生态适宜性综合指数下降最快。

（11）确定了当前阶段射阳县农业主导产业，即农产品加工、棉花、水稻、水产养殖。在有限的农业生态资源环境下，2011～2015 年，农产品加工、棉花、水稻、水产养殖四种农业主导产业的生态适宜性综合指数都下降，其中水产养殖产业的生态适宜性综合指数下降最快，同时也推测，当前阶段生态适宜性指数高的农业产业在未来的发展中生态适宜性指数有可能下降较快。

（12）通过昆山市、射阳县的农业主导产业选择及其生态适宜性分析可知，不同县域的农业主导产业结构不同，农业主导产业生态适宜性指数也不相同，说明了农业部门在确定县域农业主导产业时必须结合县域农业的实际情况，同时也要充分考虑农业主导产业与县域生态资源环境的和谐发展。

8.2 本书主要的创新点

（1）首次提出了县域农业主导产业结构发展生态适宜性概念，其以县域农业主导产业的构成及其数目的变化为依据，以县域内农业主导产业为核心，从县域农业主导产业结构发展的要求与剩余生态资源支撑能力之间的耦合程度出发，阐述了县域农业主导产业结构发展需求与生态资源环境供给之间的耦合协调程度，并构建了以县域农业主导产业生态环境子系统评价为中心，以生态适宜性为根本，建立了包含生态环境资源利用效率、县域生态资源支撑与消耗、剩余生态资源支撑能力等 3 个方面的县域农业主导产业生态适宜性评价指标。

（2）提出了经济子系统以及社会子系统指标定量化方法：利用经济子系统指标主成分分析计算方法解决了经济子系统多指标之间的多重相关性，并且得到了各个指标的相对重要性程度。利用社会子系统指标灰色关联分析计算方法解决了社会子系统指标定量化中的随意性和盲目性，同时给出了社会子系统指标的排序。

（3）提出了模糊灰色关联农业主导产业评价定量模型：基于两个基本的假设，从县域农业经济子系统、县域农业社会子系统两个方面建立了模型指标体系集合及评价集合，结合模糊综合评价得到评价集合的隶属度函数，根据变权灰色关联评价计算指标权值，从而得到各个农业产业的综合评价系数及主导产业综合测度，实现对县域农业主导产业的定量评价。

（4）提出了县域农业主导产业结构发展生态适宜性综合评价方法：构建了包含 25 个评价子指标的县域农业主导产业结构发展生态适宜性评价指标体系，基于生态适宜性"三基点"理论，确定了单指标适宜性分析的基准阈值，计算了农业主导产业对生态因子的最适要求与实际存在的生态因子状况的差距，采用了剩余动态配权方法确定各因子权重，同时以当前的农业生态资源环境为基础，采用一元二次方程对县域农业主导产业的生态适宜性与时间之间的关系进行了拟合，得到了县域农业主导产业的生态适宜性预测模型。

（5）提出了县域农业主导产业数目及其稳定性分析方法：以 Logistic 方程和统计分析为基础，建立了县域农业主导产业数目发展模型，在有限的县域农业生态资源环境内分析了县域农业主导产业的数目，得到了县域农业主导产业的最优数目，即县域农业主导产业数量增大到极限值的一半。基于三个基本假设，建立了同一观测时刻内不同时间段的县域农业主导产业数目与县域农业生态资源消耗的数学模型，以平衡点稳定性判断方法为基础，得到了县域农业主导产业数目的平衡点以及稳定条件，即平衡点 $P_1(N_{01},0)$ 及稳定性条件为 $\sigma_1 < 1, \sigma_2 > 1$；平衡点 $P_2(0,N_{02})$ 及稳定性条件为 $\sigma_1 > 1, \sigma_2 < 1$；平衡点 $P_3(\frac{N_{01}(1-\sigma_1)}{1-\sigma_1\sigma_2}, \frac{N_{02}(1-\sigma_2)}{1-\sigma_1\sigma_2})$ 及稳定性条件为 $\sigma_1 < 1, \sigma_2 < 1$。

（6）将本书提出的县域农业主导产业选择及其生态适宜性分析方法应用到昆山市和射阳县中，得到了昆山市和射阳县的农业主导产业及其当前阶段主导产业生态适宜性情况，并对昆山市和射阳县 2011～2015 年的农业主导产业生态适宜性进行了预测。

8.3 尚待进一步研究内容

尽管本书的研究取得了一定进展，并且在昆山市和射阳县的农业主导产业选择及生态适宜性分析中得到了应用和验证，但是县域农业主导产业的选择及其生态适宜性研究是一项动态的研究课题，其动态性主要体现在：（1）区域的动态性，即不同区域具有不同的农业主导产业及其生态适宜性环境。（2）指标体系的动态性，即评价指标体系是一个动态变化的过程。（3）县域生态环境的动态性，即县域内的生态资源环境不是一成不变的，而是一个动态变化的过程。因此在今后的研究中有必要在以下几个方面进行深入研究：

（1）县域农业主导产业选择的动态评价方法研究。县域农业资源、农业产业科学技术以及县域内"瓶颈"产业的发展都是一项动态过程，应该建立更加完善的动态评价方法来弥补本书中由于假设而引起的评价误差。

（2）县域农业主导产业结构发展生态适宜性动态分析方法的研究。县域内的生态资源环境是一个动态变化的过程，特别是当县域内人力资源、生态资金的投入使得县域内的生态资源环境发生了较大的变化，从而对农业主导产业结构发展生态适宜性产生了较大的影响。同时本书在对农业主导产业结构发展数目稳定性分析时只对当前阶段两个主导产业进行了理论分析，应该进一步完善三个或以上的农业主导产业数目稳定性分析。

（3）在应用中，对县域农业产业的统计还不完全，如特别在一些县域内还需要考虑由农业产业而带动起来的农业副业、农业休闲观光业等。

后 记

　　时光荏苒，日月如梭，从我2007年到南京农业大学攻读硕士博士学位至今，已经8年有余。在这8年的学习工作生活中，正是我逐渐走向成熟的8年，也是我人生最宝贵的8年。回首岁月往事，不禁感慨、感叹、感激。凡事但求无愧于父母的教育、恩师的教诲、朋友的支持和自己的努力，使得我在未来科学研究的道路上不断前行。

　　本书是在本人博士论文（2012年7月）以及后续研究的基础上凝练加工编著而成的。在本书即将付梓之际，谨向我的博士生导师南京农业大学区域农业研究所所长卞新民教授致以最诚挚的感谢和最崇高的敬意。聚精会神搞科研，一心一意为学生，正是卞教授敏锐开阔的思路、无微不至的关怀、宽厚待人的胸怀、循循善诱的教诲、忘我的工作精神，以及对科研严谨和勇于创新的态度，让我逐渐学会了如何做事，如何做人。卞教授"肯干事、能干事、干成事"的九字教诲，我将铭记于心，卞教授"认真、创新、不找借口"的工作态度也是我以后工作、生活的准则，令我终身受益，永志不忘！师之教诲，终生受益；师恩之情，永远铭记！

　　感谢南京农业大学王绍华教授、张卫健教授、孟亚利教授及南京农业大学区域农业研究所朱利群副教授、陈长青副教授、冯金侠副教授、段华平老师等的热情指导和大力帮助。感谢南京农业大学区域农业研究所冯金飞博士后、乔健明博士、焦瑞峰博士等的帮助和指导。

　　临沂大学的各级领导尤其是刘占仁副校长、申洪源院长、曹光杰书记、姜秀全处长、卢金荣书记、梁仁君教授、徐树建教授等一直关心和帮助我的研究工作。资源环境学院的高华中教授、赵敏副教授、董玉良博士、李

220

宝博士、史云飞博士、任丽英博士、孙爱德博士、于禄鹏博士等，农业与城乡规划研究所姜永见博士、王欣丽博士、董彬博士、郭成花博士、李蕴梅、刘丽华等，也给予了帮助和支持，在此深表谢意！

临沂市科技局的各级领导尤其是沈如茂局长、刘庆云副局长、殷洪涛科长、沈自亮科长、赵鑫科长等领导，临沂市农科院党委书记周绪元研究员、临沂市农业局管恩桦研究员、王献杰研究员等领导，民盟临沂市委各级领导刘继双主委、毛红旗副主委、孟凡明副主委、左志文副主委、刘蕴主任、大学总支徐丙臣主委等领导，一直关心和支持我的科研工作，在此深表谢意！

最后，要感谢我的父母和兄长，是他们的支持和鼓励伴随着我不断前进！特别要感谢我的妻子时时刻刻都在关心和支持我的研究工作！同样感谢我的岳父母及家人对我的理解和关心！

在本人从事的农业规划设计研究中，农业主导产业的不确定性和主观性是影响规划设计科学性和合理性的一大问题，一直困扰着很多从事农业规划的同仁。本书希望从农业主导产业的定量选择和生态适宜性评价预测上作出一些突破。

本书同时也受到山东省自然科学基金（ZR2015DL002）资助，参考借鉴了临沂大学农业与城乡规划研究所主持的20余个农业规划横向课题的研究成果，在此深表谢意！

本书从成稿到出版经历了近一年的时间，其参考文献和数据的新颖性等方面必将受到影响，在此深表歉意！

由于作者水平有限，加之时间仓促，书中尚有不足之处，敬请各位同仁斧正！

王　梁

2015 年 9 月